MONICA DIAS DE ARAÚJO

INCLUSÃO NA EDUCAÇÃO DE JOVENS E ADULTOS NA AMAZÔNIA PARAENSE

Monica Dias de Araújo

INCLUSÃO NA EDUCAÇÃO DE JOVENS E ADULTOS NA AMAZÔNIA PARAENSE

Editora CRV
Curitiba – Brasil
2021

Copyright © da Editora CRV Ltda.
Editor-chefe: Railson Moura
Diagramação e Capa: Designers da Editora CRV
Imagens de Capa: Roberta de Araújo Pontes
Revisão: Analista de Escrita e Artes

DADOS INTERNACIONAIS DE CATALOGAÇÃO NA PUBLICAÇÃO (CIP)
CATALOGAÇÃO NA FONTE
Bibliotecária Responsável: Luzenira Alves dos Santos CRB9/1506

In36

    Inclusão na Educação de Jovens e Adultos na Amazônia Paraense / Monica Dias de Araújo – Curitiba : CRV, 2021.
204 p.

    Bibliografia
    ISBN Digital 978-65-251-1397-5
    ISBN Físico 978-65-251-1396-8
    DOI 10.24824/978652511396.8

    1. Educação 2. Educação de jovens e adultos 3. Política educacional I. Araújo, Monica Dias de II. Título III. Série.

CDU 37   CDD 371.9

Índice para catálogo sistemático
1. Educação – inclusão – 371.9

ESTA OBRA TAMBÉM ENCONTRA-SE DISPONÍVEL
EM FORMATO DIGITAL.
CONHEÇA E BAIXE NOSSO APLICATIVO!

2021
Foi feito o depósito legal conf. Lei 10.994 de 14/12/2004
Proibida a reprodução parcial ou total desta obra sem autorização da Editora CRV
Todos os direitos desta edição reservados pela: Editora CRV
Tel.: (41) 3039-6418 - E-mail: sac@editoracrv.com.br
Conheça os nossos lançamentos: www.editoracrv.com.br

Conselho Editorial:

Aldira Guimarães Duarte Domínguez (UNB)
Andréia da Silva Quintanilha Sousa (UNIR/UFRN)
Anselmo Alencar Colares (UFOPA)
Antônio Pereira Gaio Júnior (UFRRJ)
Carlos Alberto Vilar Estêvão (UMINHO – PT)
Carlos Federico Dominguez Avila (Unieuro)
Carmen Tereza Velanga (UNIR)
Celso Conti (UFSCar)
Cesar Gerónimo Tello (Univer Nacional Três de Febrero – Argentina)
Eduardo Fernandes Barbosa (UFMG)
Elione Maria Nogueira Diogenes (UFAL)
Elizeu Clementino de Souza (UNEB)
Élsio José Corá (UFFS)
Fernando Antônio Gonçalves Alcoforado (IPB)
Francisco Carlos Duarte (PUC-PR)
Gloria Fariñas León (Universidade de La Havana – Cuba)
Guillermo Arias Beatón (Universidade de La Havana – Cuba)
Jailson Alves dos Santos (UFRJ)
João Adalberto Campato Junior (UNESP)
Josania Portela (UFPI)
Leonel Severo Rocha (UNISINOS)
Lídia de Oliveira Xavier (UNIEURO)
Lourdes Helena da Silva (UFV)
Marcelo Paixão (UFRJ e UTexas – US)
Maria Cristina dos Santos Bezerra (UFSCar)
Maria de Lourdes Pinto de Almeida (UNOESC)
Maria Lília Imbiriba Sousa Colares (UFOPA)
Paulo Romualdo Hernandes (UNIFAL-MG)
Renato Francisco dos Santos Paula (UFG)
Rodrigo Pratte-Santos (UFES)
Sérgio Nunes de Jesus (IFRO)
Simone Rodrigues Pinto (UNB)
Solange Helena Ximenes-Rocha (UFOPA)
Sydione Santos (UEPG)
Tadeu Oliver Gonçalves (UFPA)
Tania Suely Azevedo Brasileiro (UFOPA)

Comitê Científico:

Altair Alberto Fávero (UPF)
Ana Chrystina Venancio Mignot (UERJ)
Andréia N. Militão (UEMS)
Anna Augusta Sampaio de Oliveira (UNESP)
Barbara Coelho Neves (UFBA)
Cesar Gerónimo Tello (Universidad Nacional de Três de Febrero – Argentina)
Diosnel Centurion (Univ Americ. de Asunción – Py)
Eliane Rose Maio (UEM)
Elizeu Clementino de Souza (UNEB)
Fauston Negreiros (UFPI)
Francisco Ari de Andrade (UFC)
Gláucia Maria dos Santos Jorge (UFOP)
Helder Buenos Aires de Carvalho (UFPI)
Ilma Passos A. Veiga (UNICEUB)
Inês Bragança (UERJ)
José de Ribamar Sousa Pereira (UCB)
Jussara Fraga Portugal (UNEB)
Kilwangy Kya Kapitango-a-Samba (Unemat)
Lourdes Helena da Silva (UFV)
Lucia Marisy Souza Ribeiro de Oliveira (UNIVASF)
Marcos Vinicius Francisco (UNOESTE)
Maria de Lourdes Pinto de Almeida (UNOESC)
Maria Eurácia Barreto de Andrade (UFRB)
Maria Lília Imbiriba Sousa Colares (UFOPA)
Mohammed Elhajji (UFRJ)
Mônica Pereira dos Santos (UFRJ)
Najela Tavares Ujiie (UTFPR)
Nilson José Machado (USP)
Sérgio Nunes de Jesus (IFRO)
Silvia Regina Canan (URI)
Sonia Maria Ferreira Koehler (UNISAL)
Suzana dos Santos Gomes (UFMG)
Vânia Alves Martins Chaigar (FURG)
Vera Lucia Gaspar (UDESC)

Este livro passou por avaliação e aprovação às cegas de dois ou mais pareceristas *ad hoc*.

AGRADECIMENTOS

Este momento é apenas uma forma concreta de registrar os agradecimentos que sempre estiveram presentes durante toda minha caminhada. Esta conquista representa algo indescritível. As lembranças e memórias do passado tomam conta dos meus pensamentos, lembro-me de muitas coisas que vivi até chegar aqui. Uma em especial, é a dos meus colegas de infância sorrindo, quando eu dizia que um dia seria professora. Para muitos, pode ser uma simples profissão; para mim, a concretização de um sonho.

Quando morava no interior de Minas Gerais, onde a escola só ofertava os anos iniciais do ensino fundamental, meus colegas até tinham razão para sorrir se os obstáculos encontrados fossem maiores que meus sonhos. Obstáculos, desafios, foram muitos, não dá para compartilhar neste momento. No entanto, sempre fui movida por uma força maior, que me conduziu a uma vontade existencial de buscar novos saberes para melhor servir. Assim, numa mistura de Fé, convicção e emoção, quero registrar meus sinceros agradecimentos:

A Deus, responsável pela força, coragem, determinação e todas as realizações alcançadas durante minha vida.

A minha família que sempre me apoiou, mesmo sem entender, às vezes, as minhas decisões. À mamãe, Rosa Clemente de Araújo, que lutou com muita dificuldade para nos deixar estudar quando crianças e adolescentes; que cuidou dos meus filhos quando adulta; pelos seus ensinamentos na vida e na 1ª série. Ao papai, Alceu Dias de Araújo, com seu jeito simples, humilde e rígido, sempre guiando-nos com seus valores. Às minhas irmãs, Ronilda e Núbia, que sempre apoiaram e ajudaram a cuidar dos meus filhos. Aos meus irmãos Edésio, Clodoaldo e, de modo especial, Alceu Filho que me deu o privilégio de aprender sempre com sua diferença e com seus saberes.

A minha filha, Manuele de Araújo Melo e meu filho, Miler de Araújo Melo e que conviveram com a distância e saudade da mamãe, mas não com a ausência. Ao Manoel que, com seu jeito diferente, também contribuiu ajudando a cuidar dos nossos filhos.

A minha admirada professora orientadora, Profª. Drª. Ivanilde Apoluceno de Oliveira, exemplo de educadora. Como não posso retribuir todo o bem que nos faz, comprometo-me em colocar em prática os seus ensinamentos para, assim, tentar multiplicá-los.

À professora Roseane Rabelo e ao professor Fernando Farias, pessoas maravilhosas que Deus colocou no meu caminho para contribuir com meu ingresso no PPGED.

À escola "Roda de Sisos", lócus desta pesquisa, em especial, às professoras e aos professores da Educação de Jovens e Adultos e da Educação

Especial, estudantes com necessidades educacionais especiais, intérpretes e coordenadoras que participaram da pesquisa.

À Universidade do Estado do Amazonas, pelo apoio na fase final.

Às professoras e aos professores do PPGED, em especial à Profª. Drª. Maria de Jesus, que não está mais entre nós, mas suas lembranças permanecerão vivas entre todas as pessoas que conviveram e aprenderam com ela. E, ao Prof. Dr. José Anchieta Bentes, por todas as contribuições desde a ocasião da banca de ingresso e qualificação.

Às professoras Tânia Regina Lobato dos Santos e Mariza Borges Wall.

Às técnicas da Secretaria Municipal de Educação de Altamira, pelas contribuições e fornecimento de dados para esta pesquisa.

Ao Estado do Pará que me acolheu e me proporcionou compartilhar de seus saberes e sabores. De modo especial, às pessoas da região da Transamazônica e Xingu e da cidade de Altamira, à Universidade do Estado do Pará, ao Núcleo de Educação Popular Paulo Freire, por meio da Rede de Educação Inclusiva na Amazônia Paraense e à Secretaria de Estado de Educação do Pará.

Aos colegas do PPGED, pelos momentos que compartilhamos saberes.

Aos amigos e amigas que torceram por mim e expressam constantemente seus apoios e palavras de incentivo, em especial aos "amigos e amigas da Pedagogia da UFPA". Incluo aqui a Profª. Léia Gonçalves e demais professores.

Aos educadores, educadoras, estudantes e demais pessoas que contribuíram direta ou indiretamente, para a realização desta pesquisa, em especial Rubens de Jesus, pelo apoio técnico.

"Que a nossa presença no mundo, implicando escolha e decisão, não seja uma presença neutra. Se a minha não é uma presença neutra na história, devo assumir tão criticamente quanto possível sua politicidade. Se, na verdade, não estou no mundo para simplesmente a ele me adaptar, mas para transformá-lo sem um certo sonho ou projeto de mundo, devo usar toda possibilidade que tenha para não apenas falar de minha utopia, mas para participar de práticas com ela coerentes."

(Paulo Freire)

SUMÁRIO

PREFÁCIO 13
Ivanilde Apoluceno de Oliveira

CAPÍTULO 1
INTRODUÇÃO 15

CAPÍTULO 2
METODOLOGIA 27

CAPÍTULO 3
INCLUSÃO ESCOLAR E EDUCAÇÃO DE JOVENS
E ADULTOS NA POLÍTICA EDUCACIONAL BRASILEIRA 39

CAPÍTULO 4
POLÍTICA DE INCLUSÃO NO CONTEXTO
EDUCACIONAL NO MUNICIPIO DE ALTAMIRA 71

CAPÍTULO 5
TESSITURAS DA INCLUSÃO NA EDUCAÇÃO DE
JOVENS E ADULTOS NA ESCOLA "RODA DE SISOS" 95

CAPÍTULO 6
REFLEXÕES SOBRE A POLÍTICA DE EDUCAÇÃO INCLUSIVA:
conflitos nos sistemas oficiais e contradições no contexto de Altamira 163

CONSIDERAÇÕES FINAIS:
nossas representações acerca da realidade pesquisada 185

REFERÊNCIAS 191

ÍNDICE REMISSIVO 199

PREFÁCIO

Monica Dias de Araújo apresenta em seu livro "Inclusão na Educação de Jovens e Adultos na Amazônia Paraense" um debate sobre a inclusão escolar e estabelece em seu estudo uma interface necessária entre a Educação Especial e a Educação de Jovens e Adultos, considerando existir um número significativo de jovens e adultos com deficiência que estão fora da escola ou inclusos de forma marginalizada ou preconceituosa.

Essa interface entre a Educação de Jovens e Adultos e a Educação Especial indica a relevância social do tema em estudo.

Trata-se do resultado de uma dissertação de mestrado, que tive a honra e a satisfação de orientar, por meio da qual Monica demonstra em sua produção um interesse pessoal pelo tema, mas sobretudo, uma fundamentação teórico-metodológica consistente, que qualifica o livro aqui apresentado.

O foco é para a inclusão escolar, tendo sido realizado um estudo de caso, em uma escola do ensino fundamental da cidade de Altamira no Estado do Pará, que a autora denominou de "Roda de Sisos", pelo fato dos educandos com deficiência ficarem conversando em rodinhas e serem pessoas excluídas socialmente.

Há uma preocupação da autora em identificar as contradições entre a política educacional e o processo de inclusão na escola pesquisada, perpassando por questões como a acessibilidade, o envolvimento dos atores da escola, o Atendimento Educacional Especializado em Salas de Recursos Multifuncionais, a formação de professores, entre outras. Enfim, verificar a realidade escolar e os desafios da inclusão de pessoas jovens e adultas público da Educação Especial.

O leitor encontrará no livro da Monica que a inclusão escolar de jovens e adultos vem se processando com muitas contradições, sendo encontradas ainda atitudes de preconceitos e discriminação pelos educandos, apontando a necessidade de melhorar a formação e as práticas pedagógicas.

Por isso, torna-se uma leitura necessária a todos/as os/as educadores/as e pesquisadores/as que realizam atividades pedagógicas e/ou de pesquisas na Educação de Jovens e Adultos e na Educação Especial.

Profª Drª Ivanilde Apoluceno de Oliveira
Belém, 10/11/2018

CAPÍTULO 1
INTRODUÇÃO

Este livro é resultado da Dissertação de Mestrado em Educação – Linha Saberes Culturais e Educação na Amazônia da Universidade do Estado do Pará, sob a orientação da Prof^a. Dr^a. Ivanilde Apoluceno de Oliveira. A Dissertação foi defendida no ano de 2013, com a temática: **Tessituras da Inclusão na Educação de Jovens e Adultos no município de Altamira – Pará**.

O tema da Educação Inclusiva teve origem no fato de ter em meu cerne uma vontade existencial e humana de contribuir com uma sociedade mais humana, mais justa e mais fraterna. Vontade esta que me move pessoalmente e profissionalmente, por meio do envolvimento com a causa da pessoa com necessidades educacionais especiais na cidade de Altamira, região centro-oeste do Pará.

A aprendizagem e os desafios da convivência com o meu irmão surdo vêm me proporcionando um envolvimento e vontade de lutar em busca da concretização dos Direitos Humanos de pessoas e grupos que historicamente tiveram e ainda têm seus direitos negados. Entre estes grupos, destaco o das pessoas com necessidades educacionais especiais. Essa vivência me impulsionou a cursar Pedagogia, na Universidade Federal do Pará, e a desenvolver um Trabalho de Conclusão de Curso intitulado "A inserção das pessoas com necessidades especiais no mercado de trabalho na cidade de Altamira – Pará". Entre os resultados desse trabalho, destacam-se a realização de audiência pública para tratar do referido tema e o fortalecimento do grupo de pessoas com necessidades educacionais especiais que tão logo se instituiria legalmente.

Na intenção de aprofundar os textos no campo de conhecimento da Educação Inclusiva, ingressei no curso de Especialização em Metodologias Inovadoras Aplicadas à Educação, na especificidade Educação Especial e Inclusiva. A partir dessa Especialização, desenvolvi a pesquisa: "A Inclusão das Pessoas Surdas na 'EMEF Deodoro da Fonseca' na cidade de Altamira" (ARAÚJO; LOPES, 2007).

Para complementar minha formação profissional, cursei outros cursos de Aperfeiçoamento como o de "Atendimento Educacional Especializado", promovido pela Universidade Federal de Santa Catarina e pelo MEC; curso de "Educar na Diversidade", pelo MEC, do qual sou formadora na Região; curso de "Libras", promovido pela SEDUC; uma Especialização em Língua de Sinais Brasileira – Libras, pela Faculdade Integrada de Jacarepaguá; e, curso sobre Acessibilidade, promovido pela "Escola de Gente", no Rio de

Janeiro, entre outros. Todos os cursos são multiplicados para professores(as), educadores(as) e sociedade em geral.

Socialmente, posso dizer que o marco histórico do meu envolvimento com este objeto de estudo, bem como, com os direitos das pessoas com deficiência, materializou-se com o Centro de Apoio e Promoção de Acessibilidade e Inclusão Social – CAPAIS –, associação não governamental fundada no ano de 2006, no município de Altamira. Essa associação desenvolve trabalhos voluntários visando o empoderamento das pessoas com necessidades educativas especiais e de suas famílias, bem como, realiza cursos, palestras, oficinas e encontros visando à transformação de atitudes e comportamentos.

Profissionalmente, costumo dizer que tenho o privilégio de não apenas gostar do que faço, mas, sobretudo, de fazer o que gosto. Desde o ano de 1997, estou inserida na implantação da Educação Inclusiva no município de Altamira, primeiramente atuando em Instituição Especializada, mais especificamente em classes especiais. Também atuei na Educação Infantil; na Educação de Jovens e Adultos; nos anos iniciais do Ensino Fundamental; na direção de escolas; e, no ano de 2009, tive a oportunidade de ser lotada na Educação Especial atuando no Atendimento Educacional Especializado e na Formação de Professores para a Inclusão Escolar.

Meus trabalhos na área da Educação Especial e Inclusiva também estão voltados ao âmbito da pesquisa e da formação de professores em municípios que integram a Região do Xingu: Brasil Novo, Medicilândia, Uruará, Vitória do Xingu, Senador José Porfírio, Anapú, entre outros. Integro, também, o "Grupo de Pesquisa em Educação Inclusiva", no município de Altamira, vinculado à Rede de Pesquisa em Educação Inclusiva, coordenado pelo Núcleo de Educação Popular Paulo Freire – NEP/UEPA. Esta rede de pesquisa, cadastrada no Diretório do CNPQ, realizou no período de 2011 a 2012 a pesquisa intitulada "A Prática da Escolarização Inclusiva e o Atendimento Especializado na Amazônia Paraense". Este estudo versa sobre a prática de Educação Inclusiva e o atendimento especializado em escolas públicas de municípios do Estado do Pará, entre os quais, Altamira.

Essa trajetória na Educação Especial motivou-me a dar continuidade aos estudos ingressando no Mestrado em Educação, na Universidade do Estado do Pará, e, por conseguinte, à pesquisa sobre a Educação Inclusiva no município de Altamira. A princípio, a ideia era discutir a inclusão no ensino fundamental e médio. O interesse de pesquisar a temática na modalidade da Educação de Jovens e Adultos surgiu após o ingresso no Programa de Mestrado e a participação no "II Encontro de Educação Inclusiva e Diversidade na Amazônia Paraense", que congregou o "II Seminário de Políticas e Práticas de Educação Inclusiva no Estado do Pará" e a "IX Jornada Paulo Freire". O evento foi realizado dias 21 e 22 de setembro de 2011, na Universidade do Estado do Pará, por meio do NEP – Núcleo de Educação Popular Paulo Freire. A proposta foi discutida com a orientadora que aprovou e encaminhou o desenvolvimento da pesquisa na modalidade EJA – Educação de Jovens e Adultos. Assim, algumas políticas e práticas que perpassam pela temática da inclusão nesta modalidade foram priorizadas nesta discussão.

A Política de Educação Inclusiva publicada pelo Ministério da Educação, no ano de 2008, prevê o desenvolvimento de ações no âmbito da gestão, da formação de professores, das relações entre a escola, a família e a comunidade, visando uma nova organização de ambientes educacionais acessíveis e não discriminatórios ou segregados, capaz de reconhecer as diferenças e garantir a escolarização de todos os alunos nas turmas comuns do ensino regular. Tais ações envolvem os sistemas de ensino, as escolas, os(as) professores(as), as famílias e demais pessoas comprometidas com o processo de inclusão escolar

A Secretaria Municipal de Educação de Altamira – SEMED – vem implantando a Política de Educação Inclusiva envolvendo a Educação de Jovens e Adultos. Algumas escolas da Rede Municipal que atendem a esta modalidade, incluem em suas turmas alunos com necessidades educacionais especiais. Além disso, observamos um diferencial em uma das escolas do município, que historicamente vem sendo pioneira em ações que promovem a inclusão, entre as quais, a implantação da Educação de Jovens e Adultos no turno diurno, no ano de 2010. Indagamos, então, apesar do trabalho pioneiro, quais as condições do atendimento educacional especializado com jovens e adultos nessa escola? Há a concretização da proposta de inclusão escolar? Questões que, por meio da pesquisa acadêmica, pudemos analisar, considerando o que diz Freire (2011, p. 30), pois:

> não há ensino sem pesquisa e pesquisa sem ensino. Esses quefazeres se encontram um no corpo do outro. Enquanto ensino, continuo buscando, reprocurando. Ensino porque busco, porque indago e me indago. Pesquiso para constatar, constatando, intervenho, intervindo educo e me educo. Pesquiso para conhecer o que ainda não conheço e comunicar ou anunciar a novidade.

Desta forma, analisar como vem acontecendo o processo de inclusão de estudantes com necessidades educacionais especiais na Educação de Jovens e Adultos no município de Altamira, identificando a realidade e os desafios enfrentados para concretizar uma educação de todos(as), torna-se a grande motivação desta pesquisa, visto que:

> a Educação de Jovens e Adultos apresenta uma *especificidade etária* porque tem um olhar para jovens, adultos e idosos das classes populares, que

não tiveram acesso à escola, na faixa etária da chamada escolarização (dos 07 aos 14 anos) ou foram "evadidos" ou "expulsos" da escola. Jovens, adultos e idosos "excluídos" e "marginalizados" pelo sistema econômico-social, vistos como "analfabetos" e muitas vezes considerados "incapazes de aprender" (OLIVEIRA, 2011, p. 47, grifo do autor).

Vale lembrar que essa exclusão se intensifica quando se trata de pessoas com necessidades educacionais especiais. Assim sendo, o problema levantado neste estudo é: **Como a escola do ensino fundamental "Roda de Sisos"[1], de Altamira, vem incluindo os estudantes com necessidades educacionais especiais, na Educação de Jovens e Adultos?**

Esse questionamento ganha sustentação em outras questões propostas como norteadoras desta pesquisa, que são:

- Quais são as condições de acessibilidade da escola e como ela se prepara para receber os estudantes com necessidades educacionais especiais?
- Como se dá o envolvimento da gestão escolar, equipe técnica, administrativa e demais servidores, no processo de inclusão escolar?
- Como se processa a inclusão escolar e o atendimento educacional especializado com jovens e adultos na escola?
- Quais são as necessidades educacionais pedagógicas e de formação dos professores que atuam na Educação de Jovens e Adultos e na Sala de Recurso Multifuncional?
- Quais são as principais experiências vivenciadas pela escola com ênfase nas práticas educativas, Projeto Político Pedagógico e relação escola-família e comunidade?
- Que reflexões podem ser realizadas sobre a Política de Educação Especial na perspectiva da Educação Inclusiva, no município de Altamira, a partir das realidades e dos desafios evidenciados pela Educação de Jovens e Adultos na escola pesquisada?

Neste estudo objetivamos, de forma geral, analisar como a escola de ensino fundamental "Roda de Sisos", da cidade de Altamira, considerada referência na Educação Inclusiva, vem incluindo estudantes com necessidades

---

[1] Nesta obra, a escola será denominada pelo pseudônimo "Roda de Sisos". A escolha do pseudônimo foi intencional, pelo fato de esta escola ser considerada referência histórica para receber as pessoas com necessidades educacionais especiais. Algumas escolas, quando não queriam receber algum aluno, o mandavam para esta escola. O sentido de "roda" é pelo que representa historicamente para os estudantes com necessidades educacionais especiais que se encontram e ficam conversando nas famosas "rodinhas", mesmo os que já saíram continuam frequentando a escola. "Sisos", por serem os últimos, os excluídos.

educacionais especiais na Educação de Jovens e Adultos. E, de forma específica, objetivamos:

- Verificar as condições de acessibilidade e a preparação da escola para receber os estudantes com necessidades educacionais especiais;
- Identificar como se dá o envolvimento da gestão escolar, equipe técnica, administrativa e demais servidores, com o processo de inclusão escolar;
- Analisar como se processa a inclusão escolar e o atendimento educacional especializado de jovens e adultos na escola;
- Identificar as necessidades educacionais pedagógicas e a formação dos professores que atuam na Educação de Jovens e Adultos e na Sala de Recurso Multifuncional;
- Analisar as principais experiências vivenciadas pela escola com ênfase nas práticas educativas, Projeto Político Pedagógico e relação escola-família e comunidade;
- Refletir sobre a Política de Educação Especial na perspectiva da Educação Inclusiva, no município de Altamira, a partir das realidades e dos desafios evidenciados pela Educação de Jovens e Adultos na escola pesquisada.

Ao sugerir o estudo sobre a Inclusão na Educação de Jovens e Adultos no município de Altamira, tenho como propósito contribuir para a compreensão das práticas na Educação Especial e Inclusiva deste município e da Região em que está situada, a Amazônia. A educação na Amazônia vem sendo vítima de um processo de exclusão que se manifesta de diversas formas, seja por falta de valorização dos saberes e das realidades específicas desta Região, que não são levadas em consideração ao se instituir e/ou implementar políticas públicas, ou por outros motivos relacionados às práticas educativas excludentes, que se manifestam ou ficam camufladas no interior das escolas.

Segundo Loureiro (2007), a educação na Amazônia passou a ser uma promotora de exclusão social devido à falta de planejamento específico para esta Região, entre outros fatores. O cenário real apresenta a ineficiência do sistema quando se observa que a entrada do estudante na escola é tardia, sem acessar a educação infantil, pouco investimento na formação de professores, classe multisseriada, transporte escolar inadequado e quase inexistente, poucos recursos, baixos salários, entre outros. Neste contexto somado aos déficits quantitativos e qualitativos, encontra-se a Educação de Jovens e Adultos no Brasil, com 14,4 milhões de jovens analfabetos acima de 15 anos, segundo dados do IBGE (2006). De acordo com Freire (2011, p. 133), esses "déficits, realmente alarmantes, constituem óbices ao desenvolvimento do país e à criação de uma mentalidade democrática. São termos contraditórios ao ímpeto de sua emancipação".

Esse cenário de exclusão faz com que alguns(mas) educadores(as) não se conformem com a realidade apresentada. Anseiam contribuir com a constituição de um sistema de ensino pautado nos princípios do desenvolvimento inclusivo, que visa o empoderamento das pessoas com o (re)conhecimento de seus saberes, suas culturas, suas diferenças manifestadas de diversas formas. Educadores e educadoras que, segundo Freire (2004), são movidos pelos sonhos de ter o amanhã como fruto do que hoje transformam.

Assim como esses(as) educadores(as) movidos(as) por este sonho, tenho o objetivo de prosseguir em busca de uma sociedade pautada em princípios de igualdade social e de respeito à diferença como alteridade, que reconheça o outro na sua inteireza. Uma sociedade capaz de promover o desenvolvimento social verdadeiramente sustentável e uma educação que seja de fato de todos e para todas as pessoas. Desta forma, percebo a relevância de estudar a Educação Inclusiva na Amazônia, na modalidade de Educação de Jovens e Adultos, considerando o que diz Moll (2004, p. 17):

> fazer-se professor ou professora de adultos implica empreender trajetórias que se enveredem pela razão sensível que, compreendendo e explicando o mundo com seus condicionantes históricos, sociais, políticos, econômicos e culturais, permita que a singularidade das histórias humanas se explicitem no espaço da sala de aula para que cada um, se dizendo, possa dizer de seu mundo. E dizendo suas novas palavras, possa encontrar-se com o universo de conhecimento que vem através delas.

A observação, o contato e as experiências desenvolvidas no Sistema de Ensino da Região da Transamazônica e Xingu, permitiram o reconhecimento de que ainda há a necessidade de superar práticas educativas que foram herdadas de determinadas épocas históricas e que não se sustentam na atualidade. De acordo com Oliveira (2011, p. 40), o discurso e a prática inclusiva precisam ser "socializados, debatidos, problematizados e praticados por todos vinculados ao sistema educacional. Enfim, que o discurso da inclusão seja extensivo a todos os excluídos da escola e convertido em práticas de inclusão".

Outro fato que merece destaque é a ineficiência do Poder público na interiorização de políticas públicas. A política de Educação Especial na perspectiva da Educação Inclusiva, por exemplo, está estabelecida legalmente, no entanto, não está implantada em todos os municípios brasileiros ou está ainda em lento processo de implantação. Política que, segundo Cláudia Dutra[2]

---

2 Secretária da SEESP/MEC, na época do governo Lula, em entrevista para Revista *Inclusão* (2008).

(2008, grifo do autor), tem o mérito de "afirmar o direito de todos à educação, invertendo o foco da 'deficiência' para a eliminação de barreiras físicas, pedagógicas, de comunicação e informação, entre outras, que interpõem no processo educacional e delimitam fronteiras entre alunos denominados 'normais' e 'especiais'".

Entretanto, a realidade educacional do nosso país evidencia a exclusão, tanto no interior como fora das escolas. De acordo com Oliveira (2004, p. 224):

> a escola pública não só discrimina os/as alunos/as com necessidades especiais, mas todos/as aqueles/as que apresentam dificuldades na aprendizagem cognitiva de apreensão dos conteúdos escolares e que, portanto fogem do modelo tradicional escolar estabelecido. A escola pública no processo pedagógico está direcionada para dentro de si, valorizando o/a aluno/a que apresenta aproveitamento escolar e discriminando o/a aluno/a que apresenta dificuldades e limitações na aprendizagem, não levando em conta a estrutura global do sistema social e educacional.

Diante de práticas e atitudes excludentes que permeiam o sistema, surge a necessidade e a importância de buscar a transformação. Como diz Mantoan (2003, p. 2), "a inclusão como consequência de um ensino de qualidade para todos os alunos provoca e exige da escola novo posicionamento e é um motivo a mais para que se modernize e para que os professores aperfeiçoem em suas práticas".

De acordo com Oliveira (2005) e Souza (2009), a Educação Inclusiva problematiza a educação no sentido amplo: dos processos de exclusão e inclusão das minorias, os paradigmas da modernidade, entre outras temáticas. Enfatizam ainda que a escola, em uma perspectiva inclusiva, precisa reconhecer e contemplar os saberes e valores de todos os grupos e não de um grupo específico, ciente de que não basta apenas a inserção de todo e qualquer aluno nas salas de aula, mas, de que é necessário oportunizar condições de aprendizado e desenvolvimento. Essas compreensões nos fortalecem em diversos aspectos, entre eles, a necessidade de continuar estudando e problematizando a Educação Inclusiva na Amazônia.

Como diz Mantoan (1997, p. 45), "do ponto de vista pedagógico a construção do processo de inclusão implica em transformar a escola, no que diz respeito ao currículo, a avaliação e principalmente as atitudes". O fato de estar sempre interagindo com as escolas e com as pessoas com necessidades educacionais especiais inseridas no sistema de ensino, possibilita uma constatação inicial de fatos e atitudes que permite considerar que o processo de inclusão vem se dando de maneira lenta, uma vez que os investimentos na formação continuada dos professores não são suficientes, bem como, não são feitas as adequações necessárias para a concretização desta proposta.

Assim sendo, cabe assumir uma posição epistemológica rumo à conscientização. De acordo com Freire (2001, p. 30, grifo do autor):

> quanto mais conscientização, mais se desvela a realidade, mais se penetra na essência fenomênica do objeto, frente ao qual nos encontramos para analisá-lo. Por esta mesma razão, a conscientização não consiste em *estar frente à realidade* assumindo uma posição falsamente intelectual. A conscientização não pode existir fora da *práxis,* ou melhor, sem o ato ação-reflexão. Esta unidade dialética constitui, de maneira permanente, o modo de ser ou de transformar o mundo que caracteriza os homens.

Freire (2011, p. 88) alerta que é necessário desenvolver uma atitude crítica permanente, que permita criar, recriar e decidir como participar das épocas históricas que se formam, integrando-se no espírito delas, se apropriando de seus temas e reconhecendo suas tarefas concretas. Assim, pesquisar esta temática neste momento histórico, século XXI, representa a possibilidade de reconhecer e dar visibilidade para uma parcela de jovens e adultos que ainda estão sendo impedidos de "ser". De acordo com Oliveira (2003, p. 59), "são os sujeitos negados".

As pessoas com necessidades educacionais especiais, de acordo com Ferreira (2009, p. 116), "em geral são analfabetas, quando têm acesso à educação na escola regular são matriculadas nos anos iniciais ao lado de crianças pequenas". Acrescenta ainda que esta modalidade foi pensada para o trabalhador que não possui necessidades educacionais especiais levando o sistema a optar pelo horário noturno. Organizado desta forma, o ensino exclui além das pessoas com necessidades educacionais especiais, os jovens e adultos que trabalham no horário noturno. Estes fatores contribuem para a necessidade de discutir e propor, durante a realização da Conferência Nacional de Educação – CONAE –, em 2010, a obrigatoriedade de se implementar a modalidade EJA nos turnos diurnos. Segundo dados do IBGE 2009:

> a Educação de Jovens e Adultos (EJA) era frequentada em 2007, ou anteriormente, por cerca de 10,9 milhões de pessoas, o que correspondia a 7,7% da população com 15 anos ou mais de idade. Das cerca de 8 milhões de pessoas que passaram pela EJA antes de 2007, 42,7% não concluíram o curso, sendo que o principal motivo apontado para o abandono foi a incompatibilidade do horário das aulas com o de trabalho ou de procurar trabalho (27,9%), seguido pela falta de interesse em fazer o curso (15,6%). Nos cursos de Alfabetização de Jovens e Adultos no país (AJA), o perfil mais comum de aluno era mulher, com mais de 50 anos, nordestina, com rendimento domiciliar per capita de até 1 salário-mínimo.

Esse cenário da Educação de Jovens e Adultos amplia a convicção da necessidade de conhecer melhor os fenômenos que envolvem esta modalidade, pela via da Educação Inclusiva. Pesquisando no banco de dados de Teses e Dissertações da Capes, foi possível constatar algumas pesquisas que se aproximam da temática deste estudo, entre as quais: "Programa de Educação de Jovens e Adultos: da experiência de vida à experiência escolar" (COELHO; FIAMENGHI JÚNIOR, 2011); esta pesquisa investiga a história de vida e realiza o resgate de experiências de quatro alunos de uma instituição particular da cidade de São Paulo. Neste estudo, destacaram-se as dificuldades que os mesmos enfrentam na vida e a importância da Educação de Jovens e Adultos como uma alternativa de inclusão social para alunos que não estão inseridos no sistema de ensino.

Outra pesquisa encontrada foi: "Estudos e Observações sobre Vivências Docentes da Educação de Jovens e Adultos no Processo de Inclusão Escolar" (FERNANDES, 2011); esta pesquisa foi desenvolvida em uma escola pública de Belém – Pará. Por meio de observações, analisou a prática pedagógica do professor da EJA no processo de inclusão escolar e constatou que a prática docente não atende às necessidades educacionais especiais e às especificidades etárias. Constatou-se também a existência da política de integração no interior da escola.

Na pesquisa seguinte: "Trilhas da Inclusão Escolar percorridas por uma aluna com paralisia cerebral na EJA: concepções e práticas" (VARELLA, 2011); a autora apresenta as trilhas da inclusão escolar percorrida por uma aluna com paralisia cerebral na Educação de Jovens e Adultos, estabelecendo o diálogo entre a modalidade EJA e a Educação Especial. As trilhas percorridas pela autora possibilitaram constatar lacunas existentes entre as duas modalidades, bem como, na articulação dessas políticas. As discussões perpassaram ainda pela formação dos educadores e o destaque da modalidade EJA no processo de inclusão escolar.

Destaca-se ainda a pesquisa: "A educação escolar de jovens e adultos com deficiência: do direito conquistado à luta por sua efetivação" (FREITAS, 2010); a pesquisa tem o objetivo de "resgatar, sistematizar e analisar a evolução do direito à Educação de Jovens e Adultos com deficiência na legislação nacional, bem como, conhecer os principais programas e projetos adotados pelo município de São Paulo para garantir o direito à Educação de Jovens e Adultos com deficiência", após a Constituição de 1988. Por meio desta pesquisa, constatou-se a invisibilidade de jovens e adultos com deficiência na política governamental e a ausência de articulação entre as políticas educacionais da Educação de Jovens e Adultos e da Educação Especial, apontando o longo caminho para que jovens e adultos com deficiência tenham a garantia dos direitos previstos na Legislação.

A pesquisa: "Desafios e superações na relação entre Educação Inclusiva e trabalho: um estudo sobre as experiências de jovens com deficiência" (BORBA, 2010); objetiva compreender e analisar de que maneira jovens com deficiência que frequentam a Educação de Jovens e Adultos no município de Camboiú – SC enfrentam os desafios na relação que se estabelece entre Educação Inclusiva e trabalho na sociedade contemporânea. Entre os resultados, destacam-se a influência do trabalho e da educação na construção das experiências pessoais, profissionais e sociais dos jovens. Os territórios escolares e profissionais, o trabalho, o emprego, a formação e o pertencimento a grupos, são responsáveis pelo modo como os jovens com deficiência se identificam e são identificados socialmente. Verifica-se que a inclusão, como prática educativa, ainda está em andamento.

A pesquisa: "EJA & DEFICIÊNCIA: estudo da oferta da modalidade EJA para estudantes com deficiência" (FERREIRA, 2010); a pesquisa tem como objetivo mapear a oferta da modalidade EJA em escolas da rede de ensino comum para jovens e adultos com deficiência, com foco em experiências educacionais de oito escolas de duas redes de ensino municipais de Porto Alegre – RS e João Pessoa – PR. Entre os resultados, destacam-se as evidências quanto à forma como as redes de ensino estão se organizando na modalidade EJA para atender aos estudantes com deficiência. A EJA e Deficiência constituem áreas cujo público-alvo é composto por grupos de vulnerabilidade social.

Destaca-se ainda: "Alfabetização de Adultos: Saberes Docentes em uma Escola Municipal de Ananindeua – PA" (ALMEIDA, 2010); esta pesquisa foi desenvolvida em uma Escola Municipal de Ananindeua – Pará, onde investiga a construção dos saberes de três professoras da Alfabetização de Jovens e Adultos para atuar em turmas de 1ª etapa da EJA, e constata-se que esses saberes são construídos de forma diversificada, destacando-se: a aprendizagem inicial da leitura e escrita, a formação inicial e continuada e a atuação específica na EJA.

Outra pesquisa destacada aborda a seguinte temática: "Do Ensino Especializado à Educação de Jovens e Adultos: análise das trajetórias escolares na perspectiva dos alunos, familiares e professores" (TOMAINO, 2009); a pesquisa descreve as "trajetórias escolares de alunos oriundos de ambientes institucionalizados e incluídos em escolas regulares, especificadamente em uma sala de aula do segmento da EJA". Entre os resultados destaca-se que a inclusão foi descrita de maneira positiva por aqueles que procuraram conhecer a sua ideia original, contudo apresentaram críticas sobre a estrutura da EJA. Outro destaque foi o distanciamento entre professor e aluno e as dificuldades de relacionamento entre os alunos. As instituições são vistas como promotoras da socialização, contudo, existem poucas possibilidades de trabalho relacionadas à aprendizagem. As análises das trajetórias e as comparações estabelecidas entre o ensino especializado e a Educação de Jovens e Adultos apontaram a inexistência de propostas que garantam o sucesso na aprendizagem do aluno com deficiência em um "ambiente democrático e genuinamente inclusivo".

Entre as pesquisas destacadas, encontram-se a de Almeida (2010) e a de Fernandes (2011), que são contribuições de pesquisadores do Programa de Pós-Graduação em Educação, da Universidade do Estado do Pará – PPGED/UEPA. A primeira enfatiza os saberes docentes na Educação de Jovens e Adultos e a segunda está voltada para as vivências docentes no processo de inclusão escolar na modalidade em questão. Contudo, nenhuma das pesquisas encontradas trabalha a temática da Inclusão na Educação de Jovens e Adultos. Desta forma, contribuiremos com o fortalecimento de pesquisas nesta área e, consequentemente, com os impactos no âmbito das políticas e das práticas educativas.

> Não há possibilidade de pensarmos o amanhã, mais próximo ou mais remoto, sem que nos achemos em processo permanente de "emersão" do hoje, molhados do tempo que vivemos, tocados por seus desafios, instigados por seus problemas, inseguros ante a insensatez que anuncia desastres, tomados de justa raiva em face das injustiças profundas que expressam, em níveis que causam assombro, a capacidade humana da transgressão da ética (FREIRE, 2000, p. 117).

Assim, alguns desafios que nos tocam, determinados problemas que nos instigam e a exclusão que nos causa indignação, estruturam-se em uma tessitura que compõe a organização desta obra, por meio de seis capítulos, a saber:

O primeiro, capítulo introdutório, destaca um pouco das vivências e o processo de imersão na temática da inclusão. No segundo, destacamos a **"Metodologia"** utilizada, com ênfase na abordagem escolhida, no tipo de pesquisa, as pessoas que participaram da pesquisa e seus respectivos perfis, os procedimentos de coleta de dados e as categorias de análise.

O terceiro traz uma reflexão acerca da **"Inclusão Escolar e Educação de Jovens e Adultos na política educacional brasileira"**. As discussões iniciam com uma abordagem em torno do paradigma da inclusão, perpassando pelas políticas no âmbito das legislações até as políticas de Educação de Jovens e Adultos. O quarto aborda a **"Política de inclusão no contexto educacional no município de Altamira"** com a projeção de alguns olhares sobre o município e o contexto histórico da educação municipal.

No quinto, **"Tessituras da inclusão na Educação de Jovens e Adultos na escola 'Roda de Sisos'"**, analisamos o processo de inclusão na escola; as práticas vivenciadas; as necessidades pedagógicas dos docentes; o processo de formação para atuar na EJA e o que faz a escola ser "Especial" para os estudantes e professores. Envolvemos nesta análise estudantes, professores, intérpretes e coordenadores, dialogando sobre os diversos itens abordados dentro de cada tópico, tais como: Projeto Político Pedagógico participação, especificidade da EJA e inclusão, processo de ensino e aprendizagem, princípios da prática inclusiva, planejamento das aulas, currículo, metodologia, avaliação, entre outros.

No sexto capítulo, **"Reflexões sobre a política de educação inclusão: conflitos nos sistemas oficiais e contradições no contexto de Altamira"**, refletimos inicialmente sobre os conflitos nos sistemas de ensino no processo de implantação da política inclusiva e, na sequência, dialogamos com as pessoas envolvidas na pesquisa sobre os objetivos da política de Educação Especial na perspectiva inclusiva, perpassando pelo acesso à educação, participação e aprendizagem, transversalidade da Educação Especial, atendimento educacional especializado, continuidade da escolarização, a formação para o atendimento educacional especializado, a participação da família e da comunidade, acessibilidade, articulação intersetorial e a concretização da política de inclusão. Partindo do diálogo e constatação, destacamos as contradições evidenciadas no contexto educacional de Altamira.

Assim, encerramos a obra com as **"Considerações Finais: nossas representações acerca da realidade pesquisada"**. E é com a convicção da importância de receber outros olhares e sugestões que contribuem com a continuidade desta tessitura, que manifestamos nossa satisfação em colocá-la a sua disposição.

CAPÍTULO 2
METODOLOGIA

A pesquisa aqui apresentada se configura como **Qualitativa**. A escolha deste tipo de análise, no desenvolvimento metodológico deste trabalho, se efetivou pelas características do objeto de estudo e da intenção de pesquisa. Segundo Marcondes (2010), a origem da pesquisa qualitativa se deu na Antropologia e na Sociologia, uma vez que os pesquisadores perceberam que o objeto que investigavam como as vidas dos povos, as práticas culturais, entre outros, necessitavam de uma análise mais completa, o que dificultaria com a análise apenas quantitativa.

Cabe então, ao pesquisador, envolver-se ativamente na realidade pesquisada para descrevê-la, analisá-la e interpretá-la. Neste sentido, a pesquisa de campo compõe o conjunto de escolhas no processo de desenvolvimento deste estudo, uma vez que para compreender a realidade em seu sentido mais completo, faz-se necessário compartilhar, participar, vivenciar, incluindo-se na realidade em busca de sua reconstrução atentando sempre pelo processo ação-reflexão.

A abordagem escolhida é a **Crítico-Dialética**. A escolha dessa abordagem satisfaz a intenção da pesquisa, uma vez que, segundo Gamboa (1999), ela se caracteriza pela problematização da realidade e se configura por um desejo de mudança dos fenômenos estudados. Outra característica deste tipo de pesquisa é o fato de perpassar por um caráter histórico, possibilitando apontamentos de transformações em relação à ordem social e política.

> As propostas nelas contidas se caracterizam por destacar o dinamismo da práxis transformadora dos homens como agentes históricos. Para isso, além da formação da consciência e da resistência espontânea dos sujeitos históricos nas situações de conflito, propõem a participação ativa na organização social e na ação política (GAMBOA, 1999, p. 97).

Desta forma, esta abordagem permite que os fatos sejam analisados qualitativamente, relacionando-os com suas épocas históricas, compreendendo suas contradições e, neste processo, perpassa ainda a convicção que as realidades podem ser transformadas. Segundo Gamboa (1999, p. 113), "admitem a inter--relação quantidade/qualidade dentro de uma visão dinâmica dos fenômenos". Entretanto, alerta o autor:

> O uso de técnicas qualitativas não deve ser entendido como opção epistemológica. As técnicas não se explicam por si mesmas. Tanto as técnicas

qualitativas como as quantitativas adquirem significação e dimensão diferentes dependendo da abordagem na qual se inserem ou do paradigma que as prioriza ou não em relação aos outros elementos da pesquisa (GAMBOA, 1999, p. 113).

Nesta perspectiva, podemos retomar o que diz Oliveira (2005, p. 12), sobre "a concepção de ciência que deixa de ser neutra, dimensionando-se como história e política". A realidade histórica, o olhar e a forma de relacionar-se com o objeto cobra da pessoa que pesquisa o seu compromisso ético e político com a realidade.

Esta pesquisa se configura como um **Estudo de Caso**. De acordo com Goode e Hatt (*apud* LÜDKE; ANDRÉ, 1986, p. 17):

> o caso se destaca por se constituir numa unidade dentro de um sistema mais amplo. O interesse, portanto, incide naquilo que ele tem de único, de particular, mesmo que posteriormente venham a ficar evidentes certas semelhanças com outros casos ou situações. Quando queremos estudar algo singular, que tenha um valor em si mesmo, devemos escolher o estudo de caso.

No desenvolver deste estudo, as fases se articulam em diversos momentos da pesquisa. Entretanto, a fase exploratória destina-se ao levantamento da literatura, contato inicial com a instituição e com as pessoas envolvidas na pesquisa. Segundo Lüdke e André (1986, p. 22), este:

> é o momento de especificar as questões ou pontos críticos, de localizar os informantes e as fontes de dados necessárias para o estudo. Essa visão de abertura para a realidade tentando captá-la como ela é realmente, e não como se queria que fosse, deve existir não só nessa fase, mas no decorrer de todo o trabalho, já que a finalidade do estudo de caso é retratar uma unidade em ação.

Na fase sistemática, sem desarticular da exploratória, houve a coleta sistemática, por meio de alguns instrumentos apresentados a seguir, bem como, os registros da observação e transcrição das entrevistas, encaminhando, assim, para a fase interpretativa, visando conhecer melhor e compreender de maneira mais profunda os problemas da escola ou a realidade escolar.

De acordo com Lüdke e André (1986, p. 24), "ao retratar o cotidiano escolar em toda a sua riqueza, esse tipo de pesquisa oferece elementos preciosos para uma melhor compreensão do papel da escola e suas relações com outras instituições da sociedade". Sendo assim, espero que esta escolha favoreça a compreensão de uma realidade única, complexa que envolve a escola municipal a ser pesquisada no Município de Altamira.

A escola municipal *locus* da pesquisa, situa-se no município de Altamira, que é considerado o segundo maior município do mundo em extensão territorial, com 160.775 km². De acordo com o IBGE, censo de 2010, Altamira possui uma população de 94.624 habitantes. Entretanto, este número cresce a cada dia, podendo já ter ultrapassado 100.000 habitantes.

A Rede Pública de Ensino atende escolas do campo e cidade, das quais algumas em áreas de rio, rodovias e em áreas indígenas. A Educação Infantil, o Ensino Fundamental e a Educação de Jovens e Adultos são de responsabilidade do município e o Ensino Médio é de competência do Estado. A Educação Especial, entendida como uma Modalidade de Ensino, perpassa transversalmente todos os níveis, etapas e modalidades de ensino na Educação Básica e é de responsabilidade do sistema municipal e estadual. Em algumas escolas municipais e estaduais, percebe-se um número significativo de alunos com necessidades educacionais especiais.

De acordo com a pesquisa realizada enquanto atuava na Educação Especial da 10ª URE/SEDUC[3], foi possível constatar que a 10ª URE/Altamira, no ano de 2010, atendeu 309 (trezentos e nove) alunos com necessidades educacionais especiais. Destes, 247 (duzentos e quarenta e sete) pertenciam a "ERC Despertar Para a Vida"/APAE/SEDUC[4]. Os demais, ou seja, 62 (sessenta e dois) alunos frequentavam o ensino médio. No entanto, apenas 37 (trinta e sete) alunos foram informados no Censo Escolar, fato este que dificulta a interiorização da política pública específica voltada para a inclusão escolar.

Outro fato que merece atenção é a falta de laudo médico na pasta escolar dos alunos. Dos 309 (trezentos e nove) alunos, apenas 197 (cento e noventa e cinco) possuem laudo médico, sendo que, 194 (cento e noventa e quatro) alunos que possuem laudo, pertencem a "ERC Despertar Para Vida"/APAE/SEDUC e apenas 3 (três) alunos das escolas estaduais tinham laudo na pasta escolar, no ano de 2010. Vale ressaltar ainda que foi possível constatar *in loco*, que uma parte significativa dos alunos que não apresentaram laudo médico e não foram informados no Censo Escolar, possuem laudo, porque recebem o Benefício de Prestação Continuada – BPC[5].

Outra questão que chama atenção refere-se ao fato de haver 153 (cento e cinquenta e três) alunos acima de 17 anos de idade matriculados em oficinas e projetos extras na "ERC Despertar Para a Vida"/APAE/SEDUC, que não frequentaram o ensino fundamental e nem a EJA, pelo fato desta modalidade de ensino ser ofertada apenas no período noturno. Este fato evidencia a urgência

---

3   10ª Unidade Regional de Educação do Estado do Pará. Secretaria do Estado de Educação do Pará.
4   Escola Despertar para a Vida, da APAE – Associação dos Pais e Amigos dos Excepcionais –, em Regime de Convênio com a SEDUC – Secretaria de Estado de Educação do Pará.
5   Benefício concedido pelo Governo Federal às pessoas com deficiência, cuja renda mensal familiar não ultrapasse um quarto do valor do salário mínimo por pessoa que reside na mesma casa.

de se ofertar a Educação de Jovens e Adultos no período diurno, para facilitar o processo de inclusão escolar de jovens e adultos, com e sem necessidades educacionais especiais, que não tiveram a oportunidade de frequentar a escola e são impossibilitados de estudar no período noturno.

Na Educação de Jovens e Adultos da escola "Roda de Sisos" da Rede Municipal, há um número maior de pessoas com surdez matriculadas, se comparado à quantidade de alunos com outras necessidades educacionais especiais. A matrícula inicial das turmas de Educação de Jovens e Adultos, do ano de 2012, aponta para o número de 14 estudantes com surdez, um aluno com deficiência intelectual, um com baixa visão, um com deficiência física, totalizando 17 estudantes com necessidades educacionais especiais.

No final da década de 1980, quando se implantou na cidade de Altamira a Educação Especial, foram selecionadas seis escolas onde funcionariam as "classes especiais" (ARAÚJO; LOPES, 2007). Na década de 1990, com o processo da Inclusão, deixam de existir as turmas "especiais" em algumas escolas. De 2005 a 2008, somente a escola "Roda de Sisos" continuou funcionando com classes especiais. No ano de 2009, a escola deixou de ofertar a Educação Especial no modelo de classes especiais, encaminhando os alunos para as classes comuns nas escolas próximas de suas residências e passou a ofertar atendimento educacional especializado no contraturno, incluindo alunos jovens e adultos.

Todo o contexto histórico que envolve a escola "Roda de Sisos" no que se refere à Educação Especial e à Educação de Jovens e Adultos, levou-me a escolhê-la como *locus* da pesquisa. A referida escola funciona nos três turnos e atende aos anos finais do ensino fundamental, à Educação de Jovens e Adultos e possui Sala de Recurso Multifuncional. É a única escola que oferta a Educação de Jovens e Adultos no turno diurno[6].

Os **sujeitos da pesquisa** são educadores(as), estudantes, intérpretes, Coordenadora da escola "Roda de Sisos" e a Coordenadora da Educação Especial do município de Altamira. A escolha das pessoas envolvidas foi intencional, mas não arbitrária. Considerou-se, primeiramente, o desejo de participar de cada um. A pesquisa volta-se para os professores que atuam na Educação de Jovens e Adultos e que possuem em suas turmas alunos com necessidades educacionais especiais; professores que atuam no atendimento educacional especializado com estudantes da EJA e para alguns alunos com deficiência que compartilham da convivência dos saberes e fazeres das práticas educativas na Educação de Jovens e Adultos.

Os critérios para escolha dos estudantes foram: a) ser matriculado na EJA; b) ter algum tipo de necessidade educacional especial; e, c) aceitar participar da pesquisa. Os(as) educadores(as) que atuam na gestão, na coordenação da

---
6   Aprofundaremos a descrição da escola na quinta seção desta obra.

Educação Especial e Educação de Jovens e Adultos também foram convidados a participar da pesquisa, levando em consideração serem participantes da equipe gestora da escola e serem coordenadores no processo de inclusão. No entanto, a gestora em exercício optou por não participar, pelo fato de estar há poucos dias na gestão da escola. Mesmo assim, se colocou a disposição para colaborar com o que fosse necessário para o desenvolvimento da pesquisa.

O coordenador da EJA do município também foi convidado, mas preferiu não participar. Dessa forma, aceitaram participar da pesquisa: nove professores que atuam na EJA com estudantes com necessidades educacionais especiais na sala comum; uma professora da Sala de Recursos; seis estudantes com necessidades educacionais especiais; dois intérpretes; uma coordenadora da Educação Especial do município; e, uma coordenadora da EJA da escola, totalizando 20 pessoas, conforme os quadros com os perfis a seguir. As informações descritas nos quadros seguem na sequência para facilitar a leitura da pessoa cega.

Quadro 1 – Perfil dos Professores

PROFESSOR(A)	IDADE	FORMAÇÃO	ATUAÇÃO	TEMPO DE ATUAÇÃO NA EJA OU NO AEE	CH NA EJA OU NO AEE	TIPO DE NOMEAÇÃO
Nice – P/SC	38 anos	Cursando Licenciatura em Letras	Sala Comum	2 anos	200h/ 100h	Contratada
Rosita – P/SC	38 anos	Licenciatura em Letras com Especialização em Espanhol	Sala Comum	2 anos e 6 meses	210h/ 100h	Contratada
Neta – P/SC	30 anos	Licenciatura em Pedagogia	Sala Comum	2 anos	200h/ 100h	Concursada
Ada – P/SC	42 anos	Licenciatura em Letras com Especialização em Educação Especial e Inclusiva	Sala Comum	3 anos	200h/ 30h	Concursada
Iany – P/SC	52 anos	Licenciatura em Letras com Especialização em Arte-terapia	Sala Comum	3 anos	345h/ 125h	Concursada
Jane – P/SC	25 anos	Licenciatura em Matemática	Sala Comum	3 anos	230h/ 200h	Contratada
Ney – P/SC	25 anos	Licenciatura em Biologia com Especialização em Docência no Ensino Superior	Sala Comum	1 ano	245h/ 110h	Contratado
Lia – P/SC	29 anos	Licenciatura em Pedagogia com Especialização em Psicopedagogia	Sala Comum			Contratada

continua...

continuação

PROFESSOR(A)	IDADE	FORMAÇÃO	ATUAÇÃO	TEMPO DE ATUAÇÃO NA EJA OU NO AEE	CH NA EJA OU NO AEE	TIPO DE NOMEAÇÃO
Bia – P/SC	51 anos	Licenciatura em Geografia com Especialização em Metodologia do Ensino de História e Geografia	Sala Comum	12 anos	235h/ 90h	Concursada
Soriedem – P/SEM	38 anos	Licenciatura em Letras com Especialização em Educação Especial e Inclusiva e Aperfeiçoamento em AEE	Sala de Recurso Multifuncional	4 anos AEE	300h/ 100h	Concursada

Constatamos que os professores são, em sua maioria, do sexo feminino, apenas um é do sexo masculino. Entre os nove professores que ministram aulas na Sala Comum, um está cursando Licenciatura em Letras, três são licenciados em Letras, um licenciado em Geografia, um licenciado em Matemática, um em Biologia e dois licenciados em Pedagogia. Os que possuem Especialização em diferentes áreas são seis e uma possui Especialização em Educação Especial e Inclusiva. Contratados são cinco e três concursados, com experiências que variam de um a 12 anos, com prevalência de dois e três anos de experiência na Educação de Jovens e Adultos. A carga horária total varia entre 200h e 345h na educação, sendo complementadas na modalidade EJA, com lotação de 30h até 125h.

A professora Soriedem – SRM possui licenciatura em Letras, Especialização em Educação Especial e Inclusiva e Aperfeiçoamento em Atendimento Educacional Especializado; é concursada com quatro anos de experiência no AEE, atuando com a carga horária total de 300h, sendo 200h no AEE do Ensino Médio e 100h no AEE do município.

Quadro 2 – Perfil dos Estudantes

ESTUDANTE	IDADE	TIPO DE NEE	TURMA	TURNO SALA COMUM	TURNO DO AEE
Isabel – E	16 anos	Baixa visão	4ª Etapa	Vespertino	Não frequenta
Maria – E	17 anos	Surdez	4ª Etapa	Vespertino	Não frequenta
João – E	27 anos	Surdez	4ª Etapa	Noturno	Vespertino
Paulo – E	43 anos	Surdez	4ª Etapa	Noturno	Não frequenta
Pedro – E	19 anos	Surdez	4ª Etapa	Vespertino	Não frequenta
Marta – E	17 anos	Surdez	4ª Etapa	Vespertino	Não frequenta

O perfil dos estudantes demonstrou que dos seis estudantes que participaram da pesquisa, três são do sexo feminino e três do sexo masculino, com idades que variam entre 16 e 46 anos. Percebe-se que entre os estudantes do sexo feminino, a idade varia entre 16 e 17 anos; e, entre os do sexo masculino, a idade varia entre 19 e 43 anos. Este dado revela que entre os estudantes com necessidades educacionais especiais que acessam a escola, os do sexo masculino estão com maior defasagem idade/série.

Entre os estudantes, encontram-se um com baixa visão e cinco com surdez, todos cursando, no ano de 2012, a 4ª Etapa, sendo dois no turno da noite e quatro no turno vespertino. Entre os seis estudantes, apenas um cursava AEE no turno vespertino, os outros cinco não frequentavam o Atendimento Educacional Especializado. Percebe-se que a maioria dos estudantes com necessidades educacionais especiais da EJA não participam do Atendimento Educacional Especializado e não há um incentivo por parte da escola quando se trata de estudantes da modalidade EJA. Este fato compromete o processo de inclusão escolar, considerando que a participação nos atendimentos significa um complemento importante no processo de escolarização de estudantes com necessidades educacionais especiais matriculados em qualquer nível ou modalidade de ensino.

Quadro 3 – Perfil das Intérpretes

INTÉRPRETES	IDADE	FORMAÇÃO	TEMPO DE ATUAÇÃO COMO INTÉRPRETE	CH TOTAL/ CH NA ESCOLA	TIPO DE NOMEAÇÃO
Juliana – I	53 anos	Licenciatura em Ciências Sociais (Curso de Libras em Contexto)	3 anos	300h/ 200h	Contratada
Luísa – I	22 anos	Licenciatura em Educação Física com Especialização em Libras	1 ano	200h/ 200h	Contratada

São duas intérpretes, ambas contratadas. A intérprete Juliana, com 53 anos, possui Licenciatura em Ciências Sociais e curso de Libras em Contexto e três anos de experiência na função. A sua carga horária total é de 300h, sendo 200h na escola pesquisada. A Intérprete Luísa, com 22 anos, possui Licenciatura em Educação Física e Especialização em Libras. Possui experiência de um ano na função e carga horária de 200h todas na escola pesquisada.

Quadro 4 – Perfil das Coordenadoras

COORDENADORAS DA EDUCAÇÃO ESPECIAL E DA EJA	IDADE	FORMAÇÃO	TEMPO DE ATUAÇÃO NA EDUCAÇÃO	TEMPO DE ATUAÇÃO NA FUNÇÃO	TIPO DE NOMEAÇÃO
Silvia – C/EE	60 anos	Licenciatura em Pedagogia	8 anos	6 anos	Concursada no cargo de professora
Luisa – C/EJA	40 anos	Licenciatura em Pedagogia	24 anos	2 anos	Concursada no cargo de professora

As duas Coordenadoras são do sexo feminino, ambas com Licenciatura em Pedagogia e concursadas no Cargo de Professor. A Coordenadora da EE tem 60 anos, há oito anos atuando na educação e seis anos atuando na função de Coordenadora da Educação Especial e Inclusiva do Município de Altamira. A Coordenadora da EJA tem 40 (quarenta) anos, há 24 anos atuando na educação e dois anos na função de Coordenadora da EJA na escola pesquisada.

Para a **coleta dos dados** elegemos os seguintes procedimentos:

1. **Visita à escola** com o objetivo de apresentar a proposta para a direção e coordenação e também solicitar o perfil das turmas e marcar o retorno para apresentar a proposta para os(as) educadores(as) e as turmas selecionadas.
2. **Apresentação da proposta para os(as) educadores(as)**, após ser agendado o encontro. Uso do projetor de mídia para facilitar a explanação e acessibilidade à informação, sobre a pesquisa, seus objetivos e metodologias. Neste momento foi construído coletivamente o cronograma de encontros para a observação e entrevistas semiestruturadas.
3. **Observação sistemática nas salas selecionadas**, com foco nas práticas pedagógicas, nos processos que envolvem o aprender e ensinar no contexto inclusivo. Considerando a observação como um método adequado para envolver diretamente com a realidade, optamos como modalidade a **Observação Participante**.

Essa observação, conforme Martins (2008), com tradição na Sociologia e na Antropologia, tem origem a partir das experiências de campo de Malinowski. A escolha se deve ao fato dessa estratégia possibilitar uma interação com a realidade estudada. De acordo com Martins (2008, p. 25), na Observação Participante "o pesquisador não é apenas um observador passivo. Ao contrário, o pesquisador pode assumir uma variedade de funções dentro de um Estudo de Caso e pode, de fato, participar dos eventos que estão sendo estudados". Entretanto, Lüdke e André (1986) alertam sobre a necessidade de revelar ao grupo no início da pesquisa a identidade do pesquisador e os objetivos do estudo.

Atentando para as orientações teóricas, as observações aconteceram no segundo semestre de 2012, nos turnos vespertino e noturno, nas salas comuns da 1ª à 4ª Etapa da Educação de Jovens e Adultos, onde havia estudantes com necessidades educacionais especiais. Para nortear as observações, utilizamos uma Matriz Observacional (Apêndice D) e diário de campo para registrar os acontecimentos durante as aulas.

4. **Realização de entrevistas semiestruturadas** com as pessoas envolvidas na pesquisa, cujo tema é o processo de inclusão escolar dos alunos com necessidades educacionais especiais na Educação de Jovens e Adultos do município de Altamira.

Os assuntos abordados nas entrevistas estão diretamente relacionados aos objetivos da pesquisa, ou seja, são questões que possibilitam um aprofundamento no que se refere às condições de acessibilidade e à preparação da escola para receber os alunos com necessidades educacionais especiais; ao envolvimento dos atores educacionais no processo de inclusão escolar; ao processo de inclusão escolar (necessidades das práticas pedagógicas, formação de professores, projeto político pedagógico, relação escola e família) e ao de atendimento educacional especializado com jovens e adultos na escola, incluindo a Sala de Recurso Multifuncional; enfim, sobre a política de Educação Especial de Altamira, na perspectiva da Educação Inclusiva, a partir das realidades e dos desafios evidenciados pela Educação de Jovens e Adultos da escola pesquisada.

A entrevista semiestruturada, de acordo com Oliveira, Fonseca e Santos (2010, p. 46), "parte de um roteiro pré-estabelecido, mas, na sua aplicação, o entrevistador pode acrescentar novas perguntas, conforme o teor da narrativa do entrevistado". Acrescentam ainda que o roteiro pode contemplar perguntas abertas e fechadas possibilitando ao participante a coparticipação no processo de pesquisa.

As entrevistas com os professores, coordenadoras e intérpretes foram realizadas no mês de dezembro de 2012, após as observações, conforme os agendamentos e disponibilidade de cada um para ser entrevistado. Como instrumentos, utilizamos o Roteiro de Entrevista (Apêndice E) e um gravador de voz. Com os estudantes, as entrevistas aconteceram nos meses de dezembro de 2012 e janeiro de 2013 e também houve o agendamento com os mesmos, utilizamos o Roteiro de Entrevista (Apêndice G) e o gravador de voz. Com os estudantes com surdez, contamos com o apoio do profissional de um intérprete com Proficiência em Interpretação e Tradução em Libras/Língua Portuguesa e Língua Portuguesa/Libras pelo MEC. O intérprete tem convivência com as pessoas com surdez e trabalha na Rede Municipal de Ensino. No entanto, não trabalha na escola pesquisada. As entrevistas com os estudantes com surdez, além dos instrumentos já citados, também foram filmadas as respostas na Língua de Sinais e gravamos a interpretação feita pelo intérprete em tempo real.

5. **Levantamento bibliográfico.** Selecionamos como referencial teórico: Ferreira (2009), Freire (2001; 2004; 2011), Ireland (2010),

Moll (2008), que tratam da Educação de Jovens e Adultos; Duk (2006) Ferreira (2007), Mantoan (2003; 2006), Mantoan e Prieto (2006), Oliveira (2004; 2011) e Ross (2004) que discutem a Educação Especial e Inclusiva. Após a leitura e interpretação do referencial houve a seleção das citações e sistematização por meio de resumos.

6. **Levantamento documental.** Alguns documentos legais como: Diretrizes Educacionais; Nota técnica do Ministério da Educação; Documento da "VI CONFINTEA"; Relatórios de Conferências e Convenções; "Marco de Ação de Belém", bem como, os instrumentos de planejamento da Educação Municipal como: Regimento Unificado das Escolas Municipais de Altamira, Relatórios de Eventos e Atividades do Conselho Municipal de Educação foram analisados no intuito de ampliar as informações da pesquisa.

8. **Para análise da investigação** foram usadas algumas técnicas da **Análise de Conteúdo,** segundo Bardin (1995), a saber: a Pré-análise, Descrição Analítica e Interpretação Referencial.
   8.1 **Pré-análise:** seleção e organização dos dados da pesquisa oriundos das entrevistas observações;
   8.2 **Descrição Analítica:** organização dos dados da pesquisa focalizando o processo de inclusão escolar de alunos com necessidades educacionais especiais na Educação de Jovens e Adultos no município de Altamira;
   8.3 **Interpretação Referencial:** interpretação dos dados visando realizar interpretações próximas ao contexto concreto e dinâmico dos sujeitos da pesquisa.

Na análise dos dados foram construídas algumas categorias analíticas, entre elas a Inclusão Escolar e Educação de Jovens e Adultos na Política Brasileira, e categorias temáticas foram criadas visando à organização dos dados na obra conforme o Quadro 5, a seguir.

Quadro 5 – Categorias de Análises

CATEGORIAS ANALÍTICAS	CATEGORIAS TEMÁTICAS	UNIDADES TEMÁTICAS
Inclusão Escolar e Educação de Jovens e Adultos na Política Brasileira	A política de Inclusão Escolar: um novo paradigma	
	A política de inclusão escolar no âmbito das legislações	
	A Educação de Jovens e Adultos na Política Brasileira	
Política de Inclusão no Contexto Educacional Municipal de Altamira	O município de Altamira: projeção de alguns olhares	
	A educação municipal: contexto histórico	

continua...

continuação

CATEGORIAS ANALÍTICAS	CATEGORIAS TEMÁTICAS	UNIDADES TEMÁTICAS
Tessituras da Inclusão na Educação de Jovens e Adultos na escola "Roda de Sisos"	O processo de Inclusão na Escola	A escola "Roda de Sisos": caracterização
		Projeto Político Pedagógico
		Participação dos atores da escola no processo de inclusão escolar
		Preparação da escola para a inclusão de estudantes com necessidades educacionais especiais
		O significado da inclusão
		Especificidades da EJA e da Inclusão Escolar
		O processo de inclusão na EJA
		O olhar do educando com necessidade educacional sobre a inclusão
	Práticas Inclusivas vivenciadas na escola	O processo de inclusão no ensino aprendizagem de jovens e adultos
		O olhar dos estudantes sobre o ensino e aprendizagem
		Interações interpessoais do estudante da EJA na escola
		A experiência de trabalhar na EJA com estudantes com necessidades educacionais especiais: olhar dos professores e intérpretes e coordenadores
		Apoio institucional que os professores recebem para realizarem suas práticas
		A contextualização das práticas: Princípios da prática inclusiva; planejamento; currículo; metodologia; avaliação
		As práticas na EJA não promovem a inclusão
	Necessidades pedagógicas dos docentes	
	Processo de formação para atuar na EJA	
	O que faz a escola ser especial para os estudantes e professores	
Reflexões sobre a política de Educação Inclusiva	Conflitos nos sistemas de ensino	
	Contradições evidenciadas no contexto educacional de Altamira	O acesso à escola
		A participação e aprendizagem
		Transversalidade da Educação Especial
		O atendimento educacional especializado
		A continuidade da escolarização
		Formação para o AEE
		A participação da família e da comunidade
		Acessibilidade
		Articulação intersetorial
		A concretização da política de inclusão

Fonte: Elaborado no desenvolvimento da pesquisa.

Entre os **cuidados éticos** necessários considerou-se, inicialmente, o convite escrito aos educadores(as) e à coordenação da escola, comunicando os objetivos e a metodologia da pesquisa, da qual os educadores(as) farão parte como construtores(as) de dados; o uso de pseudônimos no momento de transcrição e análise de dados, garantindo o sigilo dos informantes. No final da pesquisa, os resultados foram socializados com os sujeitos envolvidos, no intuito de refletir e debater os conhecimentos produzidos durante a pesquisa.

Essa pesquisa pode possibilitar compreender, de forma significativa, as implicações que envolvem as práticas educativas e grupos de pessoas com saberes diferenciados e necessidades específicas, levando em consideração que a realidade evidenciada pela educação brasileira e, consequentemente, refletida pelo sistema de ensino de nossa região, constitui-se em constantes indagações.

Conhecer melhor e contribuir com o processo de inclusão será relevante, uma vez que, pensar na escola inclusiva significa pensar uma escola de todas as pessoas, que vai além do respeito e da aceitação das diferenças. Uma escola inclusiva que seja capaz de promover a convivência humana e a tolerância que nos fala Freire (2004), valorizando cada pessoa com o seu jeito de ser e garantindo os direitos humanos e os princípios constitucionais, com o objetivo de construir uma escola justa e solidária, reduzindo ou, por que não, extirpando as desigualdades e promovendo o bem-estar social.

CAPÍTULO 3
INCLUSÃO ESCOLAR E EDUCAÇÃO DE JOVENS E ADULTOS NA POLÍTICA EDUCACIONAL BRASILEIRA

A inclusão é um sonho possível.
(MANTOAN, 2003, p. 92)

3.1 A política de inclusão escolar: um novo paradigma

A política de inclusão escolar tem perpassado por reflexões sobre vários aspectos referentes às diversas formas de exclusão vivenciadas por pessoas, em diferentes épocas históricas no cenário mundial, como exemplo, as atitudes dos romanos que asfixiavam as pessoas com deficiência ou alguma diferença em nome da razão. As atitudes dos gregos que sacrificavam em nome da perfeição. A categorização dos excluídos que prevaleceu na Idade Média envolvia, em uma mesma categoria, as pessoas com deficiência, os criminosos, os considerados loucos e possuídos pelo demônio e, por meio de um processo de dominação, determinava os seus destinos impondo-lhes o sacrifício (ARAÚJO; LOPES, 2007). Vale lembrar que este processo se estendeu por um longo período da história da humanidade, alternando entre algumas pessoas que eram marcadas para morrer e outras submetidas a um processo de purificação, ou seja, estes atos eram justificados em nome de uma determinada cultura.

Na modernidade, a herança histórica reflete atitudes que variam entre a indiferença, a rejeição, a proteção e até mesmo a supervalorização, que manifestam sentimentos que perpassam pelo desconhecimento, religiosidade, sentimento de culpa e piedade. Em nome de um mercado capitalista que capacitava trabalhadores adequados a este modo de produção, quem não se enquadrava nos perfis determinados, estava jogado a própria sorte. O que remete a refletir sobre o pensamento abissal moderno em diversos campos, como nos falam Santos e Meneses (2010, p. 33), pensamento que "salienta-se pela sua capacidade de produzir e radicalizar distinções". Acrescentam os autores:

> as distinções invisíveis são estabelecidas através de linhas radicais que dividem a realidade social em dois universos distintos: o universo "deste lado da linha" e o universo "do outro lado da linha". A divisão é tal que "o outro lado da linha" desaparece enquanto realidade, torna-se inexistente,

e é mesmo produzido como inexistente. Inexistência significa não existir sob qualquer forma de ser relevante ou compreensível (SANTOS; MENESES, 2010, p. 32).

Assim, percebe-se que pensar em um novo modelo de sociedade e, consequentemente, em um novo modelo de educação, embora pareçam impossíveis diante do sistema capitalista, todas as lutas e reivindicações contra as diversas formas de dominação e exclusão não podem ser silenciadas ou negadas.

Na época contemporânea, os avanços significativos em diversos setores da sociedade, das tecnologias, da informatização, da universalização de saberes, nos possibilitam um novo olhar, resultante de uma luta histórica que os movimentos da pessoa com deficiência, entre outros, vêm desenvolvendo ao longo da história, o que não quer dizer que o respeito, a compreensão e os direitos humanos são vivenciados na totalidade. De acordo com Ross (2004, p. 19):

> as críticas à inclusão situam-se nas relações entre a condição social das pessoas que apresentam necessidades especiais e o processo atual de globalização econômica caracterizado pelo incremento da competitividade. Numa sociedade competitiva em que se valoriza o êxito acadêmico, o rendimento e a capacidade de competir, não parece possível defender a inclusão baseada em valores, tais como a cooperação, a solidariedade e o respeito.

A herança histórica de exclusão prevalece principalmente em relação às pessoas que possuem necessidades educacionais especiais. A sociedade se estrutura com determinados padrões e valores que promovem a exclusão. A língua oral se sobrepondo ao uso da Língua de Sinais, o "letrado" em detrimento do não alfabetizado, e assim sucessivamente. Entretanto, surge na contemporaneidade a possibilidade epistemológica de problematizar uma realidade estabelecida por meio de reflexões históricas, epistemologia paradigmática que será priorizada neste texto – o paradigma da inclusão.

Os contextos educacionais evidenciados em diversas épocas históricas traduzem um sistema de ensino que vem se desenvolvendo por meio de contradições manifestadas nas políticas, nas culturas, nas práticas e atitudes de pessoas e grupos sociais que se desenvolvem em contextos diversos, que produzem e reproduzem desigualdades. Entretanto, neste mesmo contexto, estabelecem-se forças sociais que permeiam os diversos espaços da sociedade, com proposições que permitem construir e reconstruir saberes, considerando as demandas históricas de uma determinada época.

Assim, em meio às contradições sociais e forças antagônicas, surge no Brasil o movimento pela Educação Inclusiva no final da década de 1980, que ganha força na década de 1990, e historicamente vem se fortalecendo no século XXI.

> Este movimento constitui-se como uma ação política, cultural, social e pedagógica, desencadeada em defesa do direito de todos os alunos de estarem juntos, aprendendo e participando, sem nenhum tipo de discriminação. A Educação Inclusiva constitui um paradigma educacional fundamentado na concepção de direitos humanos, que conjuga igualdade e diferença como valores indissociáveis, e que avança em relação à ideia de equidade formal ao contextualizar as circunstâncias históricas da produção da exclusão dentro e fora da escola (BRASIL, 2007, p. 1).

Considerando que a escola está inserida em uma realidade social, construída historicamente e que o sistema de ensino reflete o contexto histórico, político e social, pode-se considerar que o paradigma da inclusão surge em um contexto de lutas e indignação com a prevalência histórica de diferentes formas de exclusão que evidenciavam e ainda evidenciam, nos diversos setores da sociedade. Desta forma, o movimento pela Educação Inclusiva surge juntamente com um movimento mais amplo de inclusão social que propõe e reflete questões referentes ao Desenvolvimento Inclusivo pautado, de acordo com discussões realizadas, na "I Conferência dos Direitos das Pessoas com Deficiência", em "uma nova visão de sociedade que se reconhece na diversidade: social, cultural, humana, étnica, política, religiosa, linguística, educacional, sexual, de gênero, científica, pessoal e ambiental ou da biodiversidade" (BRASIL, 2006, p. 104).

Portanto, o sistema ambiental, a tecnologia, o mundo das ciências, e as instituições são envolvidos no intuito de responder às demandas sociais, de forma equitativa e sustentável. Assim, as ações e políticas se voltam para o "desenvolvimento socioeconômico e humano que visem à igualdade de oportunidades e de direitos para todas as pessoas, independentemente de seu status social, gênero, condições físicas, mentais ou sensoriais e de sua raça" (BRASIL, 2006, p. 104). Vale lembrar que:

> este conceito está em fase de apresentação e discussão, sendo utilizado para expressar e valorizar a estreita e complexa relação entre pobreza, diversidade e exclusão social. O conceito de desenvolvimento inclusivo vem sendo construído por profissionais e organizações que atuam na área de sociedade inclusiva com foco na deficiência, em parceria com profissionais da área de desenvolvimento (BRASIL, 2006, p. 104).

Assim, o movimento pela Educação Inclusiva surge em contraposição ao movimento de integração, o qual considerava que as pessoas com necessidades educacionais especiais deveriam se adaptar à sociedade por mérito próprio, se esforçar para se aproximar dos "padrões de normalidade" estabelecidos pela sociedade como sendo o "normal".

> Os movimentos em favor da integração de crianças com deficiência surgiram nos Países Nórdicos, em 1969, quando se questionaram as práticas sociais escolares de segregação. Sua noção de base é o princípio de normalização, que, não sendo específico da vida escolar, atinge o conjunto de manifestações e atividades humanas e todas as etapas da vida das pessoas, sejam elas afetadas ou não por uma por uma incapacidade, dificuldade ou inadaptação (MANTOAN, 2003, p. 22).

Ao contrário do paradigma da integração, o paradigma da Educação Inclusiva desenvolve-se pautado em uma nova visão de escola e na questão de direitos humanos.

> A Educação Inclusiva é um movimento que compreende a educação como um direito humano fundamental e base para uma sociedade mais justa e solidária. Preocupa-se em atender todas as crianças, jovens e adultos, a despeito de suas características, desvantagens ou dificuldades, e habilitar todas as escolas para o atendimento na sua comunidade. Assim concentra-se naqueles que têm sido mais excluídos das oportunidades educacionais (MUNDO JOVEM, 2006).

Cabe destacar ainda que, para Mantoan e Prieto (2006), o movimento de inclusão consiste na valorização e apreço à diversidade, no respeito aos diferentes ritmos de aprendizagem e, consequentemente, na proposição de novas práticas pedagógicas. Estas transformações exigem ruptura com as práticas instituídas na sociedade e nos sistemas de ensino. Para tanto, alertam que:

> a ideia de ruptura é rotineiramente empregada em contraposição à ideia de continuidade e tida como expressão do novo, podendo causar deslumbramento a ponto de não ser questionada e repetir-se como modelo que nada transforma. Por outro lado, a ideia de continuidade, ao ser associada ao que é velho, ultrapassado, pode ser maldita sem que suas virtudes sejam reconhecidas em seu devido contexto histórico e social (MANTOAN; PRIETO, 2006, p. 40).

Desta forma, considerando os contextos históricos excludentes que vêm fazendo parte da história mundial, de nosso país e desta região, bem como os que antecederam a década de 1980, como as diferentes formas de massacres que variam da exploração, violência, assassinatos, abandono, segregação e negação de direitos, sofridos por determinados grupos como os negros, os indígenas, as pessoas com deficiência, entre outros; surgem, no cenário mundial, várias organizações em diversos campos sociais que propõem novos paradigmas, no intuito de dialogar, reconhecer e valorizar saberes e realidades silenciadas ou negadas historicamente. Conforme Mantoan (2003, p. 13):

> o mundo gira e, nestas voltas, vai mudando, e nestas mutações, ora drásticas ora nem tanto, vamos também nos envolvendo e convivendo com o novo, mesmo que não nos apercebamos disso. Há, contudo, os mais sensíveis, os que estão de prontidão, "plugados" nessas reviravoltas e dão os primeiros gritos de alarme, quando anteveem o novo, a necessidade do novo, a emergência de adotá-lo, para não sucumbir à morte, à degradação do tempo, à decrepitude da vida.

Nesta perspectiva, destaca-se o paradigma da inclusão impulsionado pelos movimentos sociais e ancorado em autores contemporâneos, que deram os primeiros "gritos", no sentido de romper com o modelo de escola que segrega, que separa, que exclui e de desenvolvimento elitista, pautado na economia e medido com base no Produto Interno Bruto – PIB –, que se estabeleceu historicamente no sistema de ensino e na sociedade, respectivamente. De acordo com Mantoan e Prieto (2006, p. 78):

> para romper com o instituído na instituição escolar, caminhamos pelas trilhas das identidades móveis, pelos estudos culturais e adotamos propostas sugeridas por um ensino não disciplinar, transversal, e que se configura uma rede complexa de relações entre os conhecimentos e os sentidos atribuídos pelo sujeito a um dado objeto. Esses pilares de nossa redefinição da escola estão fincados em novos paradigmas educacionais e implicados nas ideias de autores contemporâneos, tais como Hall, McLaren, Souza Santos, Freire, Bauman, Morin, Prigogine, Lyotard. A teoria da equilibração piagetiana nos assegura a firmeza dessa reconstrução e nos esclarece sobre o papel da interação social como fonte de toda possibilidade de transformação intelectual, mas sem retirar do sujeito a autoria de suas ideias. Estes e outros que nos propiciam a adoção de uma linha conceptual inclusiva de educação também nos apoiam no delineamento do cenário escolar inclusivo. A pedagogia freinetiana está entre as nossas referências pedagógicas, por ter como eixos o trabalho, a cooperação, a livre expressão e a autonomia.

Aliados a este novo olhar, surgem outros autores, educadores e educadoras, na tentativa de superar lacunas deixadas no processo de Integração[7] e repensar a educação a partir de um novo modelo epistemológico que, em meios

---

7 Segundo Mantoan (2003, p. 22), "o processo de integração ocorre dentro de uma estrutura educacional que oferece ao aluno a oportunidade de transitar no sistema escolar. [...] Trata-se de uma concepção de inserção parcial, porque o sistema prevê serviços educacionais segregados".

às contradições e lutas históricas, vem demarcando espaço – o paradigma da inclusão. Afirma Dussel (2000 *apud* OLIVEIRA, 2004, p.15, grifo do autor):

> quem procura "explicar" as causas (como cientista social) da negatividade das vítimas está obrigado, de certo modo, a inventar novos paradigmas, novas explicações (e até novas interpretações hermenêuticas na posição da "compreensão"), ao descobrir novos fatos antes inobservados (e inobserváveis) no mundo no qual se adentra por uma decisão ético-prática (muitas vezes política) que lhe abre novos horizontes.

Assim sendo, o paradigma da inclusão "abre novos horizontes" quando se institucionaliza por meio das políticas públicas. Contudo, cabe nos envolvermos neste processo, contribuindo com as mudanças necessárias para implantá-las.

Freire (2011, p. 88), alerta que é necessário desenvolver uma atitude crítica permanente que permita criar, recriar e decidir como participar das épocas históricas que se formam, integrando-nos no espírito delas, apropriando-nos de seus temas e reconhecendo suas tarefas concretas. Desta forma, não se trata de atribuir ao paradigma inclusivo uma dimensão que seja capaz de resolver todos os problemas sociais, é preciso atitude crítica na tentativa de desenvolver novas práticas diante de novas demandas históricas, considerando que faz parte da política educacional brasileira.

3.2 A política de inclusão escolar no âmbito das legislações

No Brasil, segundo Oliveira (2011, p. 32), a política inclusiva objetiva:

> oportunizar a educação democrática para todos, considerando ser o acesso ao ensino público de qualidade e o exercício da cidadania um direito de todos; viabilizar a prática escolar da convivência com a diversidade e diferenças culturais e individuais, e incluir o educando com necessidades educacionais especiais no ensino regular comum.

Considerando esses objetivos da política destacados por Oliveira (2011), refletiremos sobre um percurso histórico de criações de leis que foram instituídas no sentido de promover a Educação Inclusiva no âmbito das escolas. Analisar o contexto histórico das políticas de Inclusão Escolar no âmbito das legislações brasileiras permite-nos um recorte histórico, a partir da Constituição Federal de 1988. Daí considerar as forças dos movimentos sociais emergentes dessa década, para contribuir com a difusão desta proposta.

Quando, em seu Artigo 205, a Constituição Federal determina o direito de todos à educação, pode-se considerar um marco para as lutas que seguem e surgem amparadas neste Artigo, no sentido de garantir que a educação seja de fato de todos. Seguindo as determinações constitucionais, destacam-se algumas reflexões referentes ao acesso e permanência na escola com igualdades de condições determinadas no Artigo 206 da referida Lei. Tal igualdade ainda incompreendida por alguns educadores leva-os a pensarem que tratar igual é dar a todos a mesma coisa; e, quanto à permanência, que alguém pode permanecer o tempo todo na mesma série. Enfim, em meio às contradições e interpretações equivocadas, a luta segue no sentido de fazer a Lei materializar-se nos contextos educacionais.

Assim, continuando as tentativas de garantir o que já determinou a Constituição Federal, criou-se a Lei 7.853/89 que em seu Artigo 8° determina a prisão, com 1 a 4 anos de reclusão, seguido de multa, ao representante de escolas públicas e privadas que se recusar, procrastinar ou fazer cessar a matrícula de aluno por motivo de deficiência, o que é considerado um crime. Vale lembrar que esta Lei só foi regulamentada dez anos depois pelo Decreto 3.298 de 1999, ou seja, onze anos após a Constituição Federal.

No ano de 1990, outra lei importante, a Lei n° 8.069/1990, a do Estatuto da Criança e do Adolescente, surge para direcionar os direitos das crianças e adolescentes determinando aos pais ou responsáveis a obrigação de matricular seus filhos na rede regular de ensino. Ainda em 1990, passou a fazer parte deste cenário a "Declaração Mundial de Educação para Todos" que fortemente contribuiu e vem contribuindo com novos direcionamentos nas reformulações das políticas educacionais.

Outro instrumento a ser considerado neste processo histórico de reformulações das políticas públicas é a "Declaração de Salamanca", de 1994, que trata, entre outras questões, dos princípios, da política, da prática e da transversalidade da Educação Especial. Seguem alguns dos compromissos assumidos pelos delegados:

> nós, os delegados da Conferência Mundial sobre Necessidades Educativas Especiais, representando 92 governos e 25 organizações internacionais, reunidos nesta cidade de Salamanca, Espanha entre 7 e 10 de junho de 1994, reafirmamos pela presente Declaração, nosso compromisso para com a Educação para Todos, reconhecendo a necessidade e a urgência de ser o ensino ministrado, no sistema comum de educação, a todas as crianças, jovens e adultos com necessidades educacionais especiais, e apoiamos além disso, a Linha de Ação para as Necessidades na Educação Especial, cujo espírito, refletido em suas disposições e recomendações, deve orientar organizações e governos (BRASIL, 2002, p. 17).

Na década de 90 do século passado, o Ministério da Educação publicou a "Política de Educação Especial" que determinava o acesso dos alunos com necessidades educativas especiais às classes comuns. Entretanto, percebe-se um retrocesso nesta política quando permite a permanência de classes especiais. Esta política orienta-se pelo processo de "integração instrucional" que condiciona o acesso às classes comuns do ensino regular àqueles que "possuem condições de acompanhar e desenvolver as atividades curriculares programadas do ensino comum, no mesmo ritmo que os alunos ditos normais" (BRASIL, 2008, p. 19). Assim sendo:

> ao reafirmar os pressupostos construídos a partir de padrões homogêneos de participação e aprendizagem, a Política não provoca uma reformulação das práticas educacionais de maneira que sejam valorizados os diferentes potenciais de aprendizagem no ensino comum, mas mantendo a responsabilidade da educação desses alunos exclusivamente no âmbito da Educação Especial (BRASIL, 2008, p. 3).

No ano de 1996, a Lei de Diretrizes e Bases da Educação Nacional, Lei 9.394/96, em seu Artigo 59, determina, entre outras obrigações do sistema de ensino, o dever de assegurar aos educandos com necessidades educacionais especiais, professores com especialização adequada para atuar no Atendimento Educacional Especializado bem como, nas classes comuns para que seja feita a integração desses alunos.

Em 1999, outro documento de relevância história se concretizou na "Convenção Interamericana para Eliminação de Todas as Formas de Discriminação contra as Pessoas Portadoras de Deficiência", que subsidiou o Decreto 3.956, criado no ano de 2001. Entre as inovações deste Decreto, destaca-se a redação que visa esclarecer o conceito de diferenciação que durante décadas se perdia nas interpretações equivocadas de igualdade proposta pela Constituição Federal, ou seja, por meio deste Decreto ficou estabelecido quando a diferenciação é permitida e quando não é. Conforme a redação, não é permitida a diferenciação que gera a exclusão ou restrição, entretanto, permite diferenciação que visa promover inclusão e acessibilidade. No Artigo 1º diz que:

> a) o termo "discriminação contra as pessoas portadoras de deficiência" significa toda diferenciação, exclusão ou restrição baseada em deficiência, antecedente de deficiência, consequência de deficiência anterior ou percepção de deficiência presente ou passada, que tenha o efeito ou propósito de impedir ou anular o reconhecimento, gozo ou exercício por parte das pessoas portadoras de deficiência de seus direitos humanos e suas liberdades fundamentais;

b) não constitui discriminação a diferenciação ou preferência adotada pelo Estado-Parte para promover a integração social ou o desenvolvimento pessoal dos portadores de deficiência, desde que a diferenciação ou preferência não limite em si mesma o direito à igualdade dessas pessoas e que elas não sejam obrigadas a aceitar tal diferenciação ou preferência. Nos casos em que a legislação interna preveja a declaração de interdição, quando for necessária e apropriada para o seu bem-estar, esta não constituirá discriminação (BRASIL, 2001, p. 209).

No ano de 2001 o Conselho Nacional de Educação estabelece, por meio da Resolução de n° 2, no Artigo 2°, que: "Os sistemas de ensino devem matricular todos os alunos, cabendo às escolas organizar-se para o atendimento aos educandos com necessidades educacionais especiais, assegurando as condições necessárias para uma educação de qualidade para todos" (MEC/SEESP, 2001).

No ano de 2003, o Ministério da Educação, por meio da Secretaria de Educação Especial, cria o "Programa Nacional de Educação Inclusiva: direito à diversidade", com o intuito de:

apoiar a transformação dos sistemas de ensino em sistemas educacionais inclusivos, promovendo um amplo processo de formação de gestores e educadores nos municípios brasileiros para a garantia do direito de acesso de todos à escolarização, à oferta do atendimento educacional especializado e à garantia da acessibilidade (BRASIL, 2008, p. 4).

Inserido neste Programa, encontra-se o "Projeto Educar na Diversidade" iniciado no ano de 2005, coordenado pela Secretaria de Educação Especial nos países do Mercosul, ou seja, Brasil, Argentina, Chile, Paraguai e Uruguai, visando contribuir "para aumentar as oportunidades de acesso, permanência e participação educacional e social de todas as crianças, jovens e adultos com ou sem deficiências e que enfrentam barreiras para participação e aprendizagem" (BRASIL, 2006, p. 9). Pelo fato de reconhecer que a formação de professores constitui um dos principais desafios na implantação da política de inclusão, o Ministério da Educação, tentando fazer valer o termo de colaboração entre os governos federal, estadual e municipal, propõe ações conjuntas para a implementação deste projeto de formação.

Em 22 de dezembro de 2005, foi criado o Decreto 5.626 22 que trata, entre outros, da difusão da Língua de Sinais Brasileira e torna obrigatória a disciplina de Libras nos cursos de Formação de Professores e Fonoaudiologia, bem como, a presença de intérpretes nos sistemas de ensino. Na construção histórica das políticas no âmbito das legislações, destaca-se ainda a elaboração do Documento Base da Política Nacional de Educação Especial na Perspectiva da Educação Inclusiva no ano de 2007, publicado em 2008. Para contribuir com a legitimação do documento, o Ministério da educação o colocou em discussão com educadores envolvidos neste processo por meio de encontros que reuniram educadores do Norte e Nordeste, na cidade de Natal – RN e, em seguida, educadores do Sul e Sudeste do país, na cidade de Brasília – DF.

O documento que trata da Política de Educação Especial na Perspectiva da Educação Inclusiva, publicado no ano de 2008, possibilita uma reflexão cronológica acerca das políticas e legislações criadas no sentido de determinar a inclusão escolar e orientar os sistemas de ensino. Tomando como base este documento, as próprias legislações, entre outros autores, seguem em discussão alguns aspectos legais referentes à inclusão escolar que vem embasando a política e permeando o contexto histórico em meios conflitantes e contraditórios entre as determinações legais e o que é garantido por meio de uma política que se concretiza no cotidiano das escolas.

Esse documento, por sua vez, altera a visão integracionista da política publicada no ano de 1994, quando afirma que:

> a Política Nacional de Educação Especial na Perspectiva da Educação Inclusiva tem como objetivo o acesso, a participação e a aprendizagem dos alunos com deficiência, transtornos globais do desenvolvimento e altas habilidades/superdotação nas escolas regulares, orientando os sistemas de ensino para promover respostas às necessidades educacionais especiais, garantindo:
> – transversalidade da Educação Especial desde a educação infantil até a educação superior;
> – atendimento educacional especializado;
> – continuidade da escolarização nos níveis mais elevados do ensino; –
> Formação de professores para o atendimento educacional especializado e demais profissionais da educação para a inclusão escolar;
> – participação da família e da comunidade;
> – acessibilidade urbanística, arquitetônica, nos mobiliários e equipamentos, nos transportes, na comunicação e informação; e
> – articulação intersetorial na implementação das políticas públicas. (BRASIL, 2008, p. 8).

Nesse mesmo ano, foi criado o Decreto 6.571 que regulamenta o Atendimento Educacional Especializado, que já estava determinado pela Constituição Federal de 1988, e estabelece a distribuição em dobro dos recursos do FUNDEB (Lei 11.494/07), para alunos público-alvo da Educação Especial, matriculados nas escolas comuns e no Atendimento Educacional Especializado, realizados nas Salas de Recursos da própria escola, de outra escola ou em centros conveniados com o poder público para este fim.

Cabe destacar que quando os sistemas de ensino começaram a implantar este Decreto, encaminhando os alunos que só frequentavam as instituições especializadas para que os mesmos se matriculassem nas classes comuns, o mesmo foi revogado. Entretanto, ainda no ano de 2008, o Decreto 186 determina direitos das pessoas com deficiência em diversas áreas como educação, saúde, entre outras. Este Decreto resultou da "Convenção Sobre os Direitos das Pessoas com Deficiência" aprovada em Assembleia Geral das Nações Unidas, no ano de 2006, e traz como princípios:

> a) o respeito pela dignidade inerente, à autonomia individual, inclusive a liberdade de fazer as próprias escolhas, e a independência das pessoas;
> b) a não discriminação;
> c) a plena e efetiva participação e inclusão na sociedade;
> d) o respeito pela diferença e pela aceitação das pessoas com deficiência como parte da diversidade humana e da humanidade;
> e) a igualdade de oportunidades;
> f) a acessibilidade;
> g) a igualdade entre o homem e a mulher;
> h) o respeito pelo desenvolvimento das capacidades das crianças com deficiência e pelo direito das crianças com deficiência de preservar sua identidade. (BRASIL, 2010, p. 26).

Em 2010, o Conselho Nacional de Educação instituiu a Resolução nº 4 que estabelece as Diretrizes Curriculares Nacionais Gerais para a Educação Básica e alguns elementos novos para favorecer a interpretação de outras legislações. Em destaque, dois artigos, o Artigo 6º, pelo fato de destacar que "na Educação Básica, é necessário considerar as dimensões do educar e do cuidar, em sua inseparabilidade, buscando recuperar, para a função social desse nível da educação, a sua centralidade, que é o educando, pessoa em formação na sua essência humana"; e, o Artigo 8º que dispõe sobre:

> a garantia de padrão de qualidade, com pleno acesso, inclusão e permanência dos sujeitos das aprendizagens na escola e seu sucesso, com redução da evasão, da retenção e da distorção de idade/ano/série, resulta na qualidade social da educação, que é uma conquista coletiva de todos os sujeitos do processo educativo.

No ano de 2011, o Decreto nº 7.611, em substituição ao Decreto nº 6.571, dispõe sobre a Educação Especial e o Atendimento Educacional Especializado e reconhece que os públicos-alvo da educação são "as pessoas com deficiência, com transtornos globais do desenvolvimento e com altas habilidades ou superdotação". Este Decreto determina no seu Artigo 1º que o sistema educacional seja inclusivo em todos os níveis.

> Art. 1º O dever do Estado com a educação das pessoas público-alvo da Educação Especial será efetivado de acordo com as seguintes diretrizes:
> I – garantia de um sistema educacional inclusivo em todos os níveis, sem discriminação e com base na igualdade de oportunidades;
> II – aprendizado ao longo de toda a vida;
> III – não exclusão do sistema educacional geral sob alegação de deficiência;
> IV – garantia de ensino fundamental gratuito e compulsório, asseguradas adaptações razoáveis de acordo com as necessidades individuais;
> V – oferta de apoio necessário, no âmbito do sistema educacional geral, com vistas a facilitar sua efetiva educação;
> VI – adoção de medidas de apoio individualizadas e efetivas, em ambientes que maximizem o desenvolvimento acadêmico e social, de acordo com a meta de inclusão plena;
> VII – oferta de Educação Especial preferencialmente na rede regular de ensino; e
> VIII – apoio técnico e financeiro pelo Poder público às instituições privadas sem fins lucrativos, especializadas e com atuação exclusiva em Educação Especial.

Entretanto, embora esclareça algumas dúvidas ainda existentes no sistema educacional, representa um retrocesso na política de inclusão, uma vez que tira a obrigação das instituições especializadas de encaminharem os estudantes para as escolas comuns, quando revoga o Decreto nº 6.571 e altera as disposições do Decreto nº 6.253, de 2007, passando a vigorar com as alterações que seguem.

> Art. 9º Para efeito da distribuição dos recursos do FUNDEB, será admitida a dupla matrícula dos estudantes da educação regular da rede pública que recebem atendimento educacional especializado.
> § 1º A dupla matrícula implica o cômputo do estudante tanto na educação regular da rede pública, quanto no atendimento educacional especializado.
> § 2º O atendimento educacional especializado aos estudantes da rede pública de ensino regular poderá ser oferecido pelos sistemas públicos de ensino ou por instituições comunitárias, confessionais ou filantrópicas sem fins lucrativos, com atuação exclusiva na Educação Especial, conveniadas com o Poder Executivo competente, sem prejuízo do disposto no Art. 14. [...].
> Art. 14º Admitir-se-á, para efeito da distribuição dos recursos do FUNDEB, o cômputo das matrículas efetivadas na Educação Especial oferecida por instituições comunitárias, confessionais ou filantrópicas sem fins

lucrativos, com atuação exclusiva na Educação Especial, conveniadas com o Poder Executivo competente (DECRETO nº 7.211/11).

Assim, a Legislação Nacional vem orientando, em termos de política de inclusão, os Estados e Municípios. No Estado do Pará, em 2005, o Conselho Estadual de Educação do Pará instituiu a Resolução de nº 400 e estabeleceu as "diretrizes para o atendimento educacional aos alunos com necessidades educacionais especiais no Sistema de Ensino do Estado do Pará, com base nos preceitos da Educação Inclusiva". No ano de 2010, esta Resolução foi substituída pela de nº 1 – CEE, que reafirma as orientações ao sistema de ensino daquele Estado, com base nas determinações da Política Nacional de Educação Inclusiva. Desta forma, discorre no Parágrafo Único do Artigo 80, que:

> a inclusão escolar referida no *caput* envolve não somente princípios e procedimentos para inserção, eliminando-se barreiras e bloqueios para o acesso, mas, sobretudo, mudanças atitudinais, relativamente à postura do educador e dos grupos sociais, garantindo a permanência nas classes regulares, aperfeiçoando e otimizando a educação em benefício dos alunos com e sem necessidades educacionais especiais.

Sobre a Educação de Jovens e Adultos, o Artigo 58 destaca o compromisso do Sistema Estadual de Ensino do Pará em promover uma educação adequada às necessidades específicas deste público, ou seja:

> a Educação de Jovens e Adultos será destinada àqueles que não tiveram acesso ou continuidade de estudos no Ensino Fundamental e médio na idade própria.
> § 1º O Sistema Estadual de Ensino do Pará assegurará gratuitamente aos jovens e aos adultos, que não puderam efetuar os estudos na idade regular, oportunidades educacionais apropriadas, consideradas as características do alunado, seus interesses, condições de vida e de trabalho, mediante cursos e exames.

Embora seja possível perceber a relevância das legislações, principalmente as que resultam de um processo de lutas e construções históricas, este percurso reafirma que não basta a construção de leis. Mantoan (2003, p. 35), nos alerta: "problemas conceituais, desrespeito a preceitos constitucionais, interpretações tendenciosas de nossa legislação educacional e preconceitos distorcem o sentido da inclusão escolar, reduzindo-a unicamente à inserção de alunos com deficiência no ensino regular". É necessário considerar ainda que determinação legal não garante a inclusão, ela só terá cumprido seu papel quando se materializar nas práticas nas culturas e nas políticas. Entretanto, constituem em fortes aliadas nos processos de lutas e transformações sociais.

3.3 A Educação de Jovens e Adultos na política brasileira

> A prática política que se funda na compreensão mecanicista da História, redutora do *futuro* a algo inexorável, "castra" as mulheres e os homens na sua capacidade de decidir, de optar, mas não tem força suficiente para mudar a natureza mesma da História. Cedo ou tarde, por isso mesmo, prevalece a compreensão da História como *possibilidade,* em que não há lugar para as explicações mecanicistas dos fatos nem tampouco para projetos políticos de esquerda que não apostam na capacidade crítica das classes populares (FREIRE, 2001, p. 9, grifo do autor).

As inspirações surgidas das ideias de Freire nos fazem perceber as realidades construídas historicamente por meio de lutas e mobilizações que nascem da capacidade crítica das pessoas que compreendem e participam das épocas históricas com compromisso ético e político com as transformações. Nesta perspectiva, evidenciamos neste estudo, algumas construções políticas que nos permitem compreender a história como possibilidade de reinventá-la, de direcioná-la rumo às transformações desejadas numa determinada época.

Estamos cientes dos desafios de discutir a Educação de Jovens e Adultos no contexto político educacional brasileiro pelo viés da Educação Inclusiva, principalmente por perceber as diversas realidades contraditórias que permeiam as políticas destinadas a esta modalidade nesta perspectiva e, ainda, das adversidades que compõem o cenário educacional nacional, principalmente no que se refere ao acesso e à qualidade do ensino. Discutiremos esta modalidade na política brasileira na perspectiva inclusiva, não desconsideramos os processos históricos de educação de adultos que foram iniciados pelos jesuítas, a "Concepção Libertadora" de educação, proposta pelo educador Paulo Freire, na década de 1960, e o Sistema de Supletivos empregado no país.

Entretanto, nosso recorte teórico permite uma discussão sobre as políticas considerando a Educação de Jovens e Adultos no seu formato após a Lei 9.394/96, de Diretrizes e Bases da Educação – LDB –, com ênfase na "VI Conferência Internacional da Educação de Adultos" – "VI CONFINTEA" –, por considerar este evento uma construção histórica que apostou na capacidade crítica dos envolvidos e evidenciou possibilidades de avançarmos politicamente com transformações na modalidade de Educação de Jovens e Adultos, embora esta Conferência não tenha apresentado dados com relação ao quantitativo de pessoas com necessidades educativas especiais analfabetas no país.

No entanto, para refletir sobre esta modalidade no início de século XXI, há que se considerar ainda o analfabetismo que afeta 14,4 milhões de brasileiros(as), que ainda estão fora do processo de escolarização, bem como, os fatores ligados ao analfabetismo de jovens e adultos acima de 15 (quinze) anos, que os levam a necessidade de cursar esta modalidade. De acordo com Oliveira (2011), o analfabetismo está diretamente relacionado à exclusão social. Assim, compreendemos que enquanto existir analfabetismo persistirá também a exclusão. Acrescenta a autora que:

> no âmbito social, o analfabetismo passa a ser uma forma ideológica de silenciamento de pessoas pobres, de cor, pertencentes a grupos sociais minoritários e a alfabetização torna-se uma "forma de capital cultural privilegiado" para aqueles que possuem o saber escolar. E o não saber escolar passa a ser fator de discriminação e de exclusão social (OLIVEIRA, 2011, p. 11, grifo do autor).

Entre os fatores que envolvem os educandos desta modalidade, podemos destacar várias realidades sociais e educacionais que promovem a exclusão de alguma forma. Na sociedade, os fatores socioeconômicos denominados por Basegio e Medeiros (2009, p. 36), como uma "lamentável chaga social" têm contribuído para expressar esta triste realidade brasileira. Ainda de acordo com Basegio e Medeiros (2009, p. 36), "a necessidade desde cedo de ter que contribuir para o sustento da família é um grave problema que milhares de brasileiros enfrentam diariamente e é uma situação que o Brasil ainda não eliminou da sociedade".

Para somar aos fatores socioeconômicos que promovem a exclusão, destacam-se alguns fatores educacionais produzidos no interior das escolas, como por exemplo: a falta de um currículo adequado às diferenças humanas. O que gera entre outros, os altos índices de reprovação e abandono. Conforme Basegio e Medeiros (2009, p. 37):

> o fracasso escolar está intimamente ligado à desmotivação, por parte dos alunos, no que refere-se à continuidade dos estudos. É claro que esse se soma a muitos outros problemas, como as dificuldades financeiras que geram a obrigatoriedade de contribuir com o salário em casa, para o custeio das despesas e a sobrevivência do grupo familiar.

Entretanto, temos que considerar os fatores que estão diretamente ligados e promovem a desmotivação. Para esta reflexão tomamos como referência Oliveira (2003, p. 59), quando associa a exclusão social e educacional às "representações que negam as potencialidades das pessoas com necessidades especiais como sujeitos". De acordo com a autora, "a sociedade e a escola apresentam uma estrutura conservadora pautada em modelos sociais de classe (a alta), de etnia (a branca), de gênero (masculino) e de capacidades (normal)".

Romper com essas representações e estruturas historicamente construídas na sociedade e na escola resultaria em avanços significativos para minimizar ou extirpar fatores que excluem no âmbito das culturas e das práticas educativas nos sistemas educacionais. Para isso, faz-se necessário considerar a necessidade de implantar novos projetos comprometidos com essas mudanças de representações e estruturas historicamente construídas. Para tanto, há que se considerar a educação ético-crítica, conforme enfatiza Oliveira (2003, p. 48):

> compreendida como necessidade política e histórica, que pressupõe o debate teórico sobre a exclusão socioeducacional e o desenvolvimento de práticas pedagógicas críticas e dialógicas. Educação comprometida ética e politicamente com a luta pela superação da discriminação e da exclusão na sociedade e na escola. Educação da pessoa humana, como indivíduo, cidadão e profissional, objetivando uma vivência social mais humana, justa e solidária.

Pensar a Educação de Jovens e Adultos nesta perspectiva é um requisito básico para desenvolvê-la na perspectiva da Educação Inclusiva. Neste mesmo sentido, as práticas pedagógicas se orquestram pautadas no diálogo e na cooperação, criando possibilidades ativas e significativas para todas as pessoas, independente de suas diferenças e de suas necessidades específicas, por meio de um "movimento dinâmico, dialético, entre o fazer e o pensar sobre o fazer", conforme nos diz Freire (1997, p. 43). Contudo, no sistema educacional, há que considerar ainda as bases legais de sustentação sistêmica e implantar as políticas historicamente construídas. Entre as diversas legislações voltadas para a Educação de Jovens e Adultos destacaremos a Lei 9.394/96, de Diretrizes e Bases da Educação.

Os artigos destinados a esta modalidade na referida Lei, são os Artigos 37 e 38. No artigo 37 está presente a ideia de acesso, continuação, gratuidade, oportunidades apropriadas, considerações às características dos educandos e seus interesses por parte dos sistemas bem como, o estímulo ao acesso e permanência por meio de ações integradas por parte do Poder público. Assim, segue em destaque o referido artigo.

> Art. 37. A Educação de Jovens e Adultos será destinada àqueles que não tiveram acesso ou continuidade de estudos no ensino fundamental e médio na idade própria.
> § 1º Os sistemas de ensino assegurarão gratuitamente aos jovens e adultos, que não puderam efetuar seus estudos na idade regular, oportunidades

educacionais apropriadas, consideradas as características do alunado, seus interesses, condições de vida e de trabalho, mediante cursos e exames.
§ 2º O Poder público viabilizará e estimulará o acesso e a permanência do trabalhador na escola, mediante ações integradas e complementares entre si.
§ 3º A Educação de Jovens e Adultos deverá articular-se, preferencialmente, com a educação profissional, na forma do regulamento (Incluído pela Lei nº 11.741, de 2008) (BRASIL, 2010, p. 25).

Diante das terminações legais, podemos constatar que os desafios evidenciados pela realidade educacional brasileira perpassam por todo o artigo. Contudo, a democratização do acesso, principalmente para os jovens e adultos com necessidades educativas especiais, continua sendo motivo de preocupação, uma vez que seus direitos de acesso continuam negados em escolas brasileiras e prevalece o silêncio e a omissão com relação a esses dados. De acordo com Ferreira (2009, p. 95):

cabe aqui enfatizar que os dados acerca do analfabetismo entre jovens e adultos com deficiência, por tipo de deficiência, é ainda inexistente, assim como o são números acerca de pessoas analfabetas que associam um tipo de condição vulnerável à uma deficiência, por exemplo ser do sexo feminino & deficiente.

Assim, percebe-se além da exclusão pelo "não acesso", conforme diz Oliveira (2003), uma outra exclusão é silenciada neste processo histórico, a exclusão que os torna "invisíveis" e inexistentes quantitativamente. Ferreira (2010, p. 75) explica que:

jovens e adultos com deficiência constituem hoje ampla parcela da população de analfabetos do mundo porque não tiveram oportunidades de acesso à educação na idade apropriada. Nos países economicamente ricos, a maioria das pessoas com deficiência está institucionalizada, nos países economicamente pobres, está escondida, invisível na escola e nos vários espaços sociais. Em ambos os casos eles são privados de oportunidades de aprendizagem formal e de desenvolvimento humano.

Somando à Lei de Diretrizes e Bases da Educação, destacamos o Artigo 214 da Constituição Federal, de 1988, que contempla em sua redação a Educação de Jovens e Adultos. A redação já traz as alterações estabelecidas por meio da Emenda Constitucional de nº 59, de 2009. O referido Artigo diz que:

a lei estabelecerá o plano nacional de educação de duração decenal, com o objetivo de articular o sistema nacional de educação em regime de colaboração e definir diretrizes, objetivos, metas e estratégias de implementação

> para assegurar a manutenção e desenvolvimento do ensino em seus diversos níveis, etapas e modalidades por meio de ações integradas dos poderes públicos das diferentes esferas federativas que conduzam a:
> I – erradicação do analfabetismo;
> II – universalização do atendimento escolar;
> III – melhoria da qualidade do ensino;
> IV – promoção humanística, científica e tecnológica do País.
> VI – estabelecimento de meta de aplicação de recursos públicos em educação como proporção do produto interno bruto (BRASIL, 2010, p. 57).

De fato, a construção do Plano Nacional de Educação – PNE – (2011-2021) se deu por meio da realização da Conferência Nacional de Educação – CONAE/2010 –, cujo tema foi "Construindo o Sistema Nacional Articulado de Educação: o Plano Nacional de Educação, Diretrizes e Estratégias de Ação". Nesta construção histórica ficou evidenciado o esforço de diversos segmentos da sociedade e do Poder público, no sentido de contribuir com propostas consistentes capazes de redirecionar as políticas educacionais brasileiras. Com destaque para algumas propostas da Educação de Jovens e Adultos que visam, entre outras ações, à consolidação de uma política:

> concretizada na garantia da formação integral, da alfabetização e das demais etapas ao longo da vida, inclusive àqueles/as em situação de privação de liberdade, [...] pautada pela inclusão e qualidade social e alicerçada em um processo de gestão e financiamento que lhe assegure isonomia de condições em relação às demais etapas e modalidades da educação básica, na implementação do sistema integrado de monitoramento e avaliação (BRASIL, 2010, p. 138).

Todas as propostas estabelecidas no documento base da CONAE/2010 surgiram no sentido de contemplar as determinações da Constituição Federal e da Lei de Diretrizes e Bases da Educação e foram pautadas pela inclusão. Segundo Abicalil (2010, p. 78), "a nova oportunidade realizada pela CONAE não é a única, não é a primeira, e não será a última. Entretanto, não terá cumprido sua tarefa se for apenas a mais recente; se não cumprir a ousadia inovadora".

Contudo, Saviani (2010) aponta alguns "obstáculos à construção do Sistema Nacional de Educação no Brasil". Estes obstáculos são: os obstáculos **econômicos** que estão relacionados com a "histórica resistência à manutenção da educação pública no Brasil"; os obstáculos **políticos** que se referem "a descontinuidade nas políticas educativas"; os obstáculos **filosóficos** e **ideológicos**, estes estão relacionados "a resistência no nível das ideias"; e, por último, os obstáculos **legais,** que se referem "a resistência no plano da atividade legislativa". Para os obstáculos legais, Saviani (2010, p. 64) diz que:

> do ponto de vista lógico resulta evidentemente a relação de implicação entre os conceitos de "lei de diretrizes e bases da educação nacional" e de "sistema nacional de educação". Quando a Constituição determina que a União estabeleça as diretrizes e bases da educação nacional, obviamente ela está pretendendo com isso que a educação, em todo o território do país seja organizada segundo diretrizes comuns e sobre bases também comuns. E a organização educacional com essas características é o que se chama "sistema nacional de educação". Essa situação se encontra ainda mais tipificada no caso da Constituição atual que estabeleceu no artigo 211, o regime de colaboração.

Neste sentido, Saviani (2010) argumenta que o regime de colaboração entre a União, os Estados, o Distrito Federal e os Municípios é o ponto referência na construção do Sistema Nacional de Educação.

> A implementação do regime de colaboração implicará uma repartição das responsabilidades entre os entes federativos, todos voltados para o objetivo de prover uma educação com o mesmo padrão de qualidade a toda população brasileira. Assim deixam de ter sentido os argumentos contra o sistema nacional baseado no caráter federativo que pressupõe a autonomia de estados e municípios. O regime de colaboração é um preceito constitucional que não fere a autonomia dos entes federativos. Mesmo porque sistema não é a unidade da identidade, mas a unidade da variedade. Logo, a melhor maneira de preservar a diversidade e as peculiaridades locais não é isolá-las e considerá-las em si mesma, secundarizando suas inter-relações. Ao contrário, trata-se de articulá-las num que todo coerente, como elementos que são da mesma nação, a brasileira, no interior da qual se expressam toda a sua força e significado (SAVIANI, 2010, p. 72).

Como percebemos, vivenciamos momentos significativos de construções históricas nas políticas educacionais brasileiras. Contudo, faz se necessário destacar outro marco de relevância histórica no âmbito mundial e de construções política que envolveu educadores e movimentos sociais na busca da melhoria da qualidade da educação na Modalidade da Educação de Jovens e Adultos, a Conferência Internacional de Educação de Adultos – CONFINTEA. Em destaque a "VI CONFINTEA" realizada na cidade de Belém – PA, no ano de 2009, cujo objetivo foi "debater e avaliar as políticas implantadas em âmbito internacional para essa modalidade de educação e traçar as principais diretrizes que nortearão as ações neste campo" (BRASIL, 2009 p. 5).

Conforme o documento preparatório para esta Conferência, denominado "BRASIL – Educação e Aprendizagens de Jovens e Adultos ao Longo da Vida", o evento vem sendo realizado desde 1949, pela Organização das Nações Unidas para a Educação, a Ciência e a Cultura – UNESCO –, a cada 12 anos. Foram sediadas na Dinamarca, Canadá, Japão, França, Alemanha e Brasil, destacando ainda que o Brasil foi o primeiro país do hemisfério Sul a sediar uma Conferência Internacional de Adultos, e o Pará, o primeiro Estado brasileiro que recebe um evento da Educação de Jovens e Adultos de tamanha proporção. De acordo com o referido documento:

> de fato, a realização da Conferência no Brasil desencadeou um rico e democrático processo de discussão e construção dos documentos básicos do país. Durantes os dois últimos anos, o Ministério da Educação, em parceria com os sistemas de ensino e movimentos sociais vinculados à educação popular, promoveu 33 encontros preparatórios à VI CONFITEA – 27 estaduais, cinco regionais e um nacional. A partir desse amplo debate com a sociedade, no qual interagiram gestores, educadores, alunos, organizações não governamentais e sindicais, universidades, coletivos e colegiados vinculados à educação, entre outros, foi possível obter um diagnóstico aprofundado e mapear a situação da EJA em todo o país (BRASIL, 2009, p. 6).

Vale apresentar ainda de forma mais minuciosa, como se deu esta organização para a realização da "VI CONFINTEA" no Brasil. Antes da realização da Conferência em dezembro de 2009, foram realizados:

> – 05 (cinco) Oficinas Regionais de Formação em Organização e Análise de Dados, no mês de fevereiro, que produziram dados para o diagnóstico estadual da alfabetização e da EJA;
> – 27 (vinte e sete) encontros estaduais/distrital, nos meses de março e abril, reunindo em cada um entre 80 e 600 participantes de diferentes segmentos interessados na temática da EJA;
> – 05 (cinco) encontros regionais com cerca de 10 (dez) delegados por estado, realizados no mês de abril de 2008;
> – 01 (um) Encontro Nacional, com 300 participantes, vindos como delegados de cada um dos estados brasileiros e do Distrito Federal e das representações do GT IntraMEC (que reúne as várias secretarias/órgãos envolvidos na construção da política de EJA), do GT Interministerial, do Conselho Nacional de Educação e da Comissão Nacional de Alfabetização e Educação de Jovens e Adultos – CNAEJA, realizado em maio de 2008 (BRASIL, 2009, p.10).

Entre os resultados de toda esta mobilização, estudos e debates que antecederam a 6ª Conferência, destaca-se o documento citado anteriormente, o "BRASIL – Educação e Aprendizagens de Jovens e Adultos ao Longo da Vida". Este documento é "composto de três partes: diagnóstico nacional, desafios e recomendações para a Educação de Jovens e Adultos".

No que se refere ao **diagnóstico**, o documento apresenta um comparativo entre os índices referentes à Educação de Jovens e Adultos, destacando os dados do ano de 1996 e 2006. Diante da constatação, podemos afirmar que ainda são alarmantes os dados que refletem a exclusão no cenário educacional brasileiro nesta modalidade de ensino.

> Em 2006, apesar do índice de analfabetismo ter baixado 3,8% pontos percentuais em relação a 1996, o IBGE registrou a cifra de 14,4 milhões de analfabetos com 15 anos ou mais no país. Ainda que os dados mostrem que houve redução das taxas de analfabetismo em todas as regiões do país, persiste, contudo, grande variação entre elas: o Nordeste, em pior situação, com uma taxa de 20,7% em 2006; seguido pelo Norte (11,3%); Centro-Oeste (8,3%); Sudeste (6,0%) e Sul (5,7%). Em termos absolutos, a região Nordeste tem o maior número de analfabetos, chegando a 2006 com 7,6 milhões de analfabetos com 15 anos ou mais, seguida pelo Sudeste (3,7 milhões), Sul (1,2 milhão), Norte (1,1 milhão) e Centro-Oeste (0,8 milhão) (BRASIL, 2009, p. 14-15).

Quando se alia a este debate as questões de gênero, percebe-se um avanço em uma determinada faixa etária de mulheres com relação aos homens, o que não significa a superação das desigualdades de gênero.

> Do ponto de vista de gênero, as mulheres com 15 anos ou mais chegam a 2006 com uma taxa de analfabetismo de 10,1%, enquanto para os homens o índice era de 10,6%. Nas faixas etárias mais jovens (15 a 24 anos) a taxa de analfabetismo da população feminina (1,6%) é a metade daquela apresentada pelos homens (3,2%), o que não se verifica entre as faixas etárias mais idosas: 24% das mulheres com 50 anos ou mais são analfabetas ao passo que, entre os homens da mesma faixa etária, o percentual é de 21,7%. Isso indica que as mulheres mais jovens conseguiram reverter o padrão que se verificava anteriormente, qual seja: o de maior escolaridade para os homens. No entanto, essa mudança no perfil educacional das mulheres mais jovens não tem se refletido em acesso a melhores condições de trabalho: assim é que a taxa de desocupação, em 2006, entre as mulheres na faixa de 18 a 24 anos era de 21,6% (12,9% entre os homens) e de 8,8% na faixa de 25 a 49 anos (4,4% entre os homens). Do ponto de vista da remuneração mensal das pessoas de 18 anos ou mais ocupadas por sexo, em 2006, os homens recebiam em média 40% a mais que as mulheres (BRASIL, 2009, p. 15).

Outra constatação deste diagnóstico está relacionada às questões étnico-raciais que ainda evidenciam os processos históricos de exclusão produzidos e reproduzidos em nosso país.

> Na perspectiva étnico-racial, embora tenha havido melhoras, constata-se que a taxa de analfabetismo, em 2006, de 14% entre negros e pardos (em 1996 era de 20,4%) é ainda mais de duas vezes superior àquela apresentada pelos brancos (6,5%). Dos 14,4 milhões de analfabetos existentes em 2006, 69,4% eram negros (pretos e pardos), enquanto a participação deste grupo na população total é de 49,5% (BRASIL, 2009, p. 15).

As desigualdades existentes entre campo e cidade, com relação ao analfabetismo, embora tenha diminuído, continuam demonstrando a ineficiência na interiorização da política pública.

> Quanto à localização, constata-se uma diminuição nas diferenças de taxas de analfabetismo entre campo e cidade, mas a desigualdade se mantém. Em 2006, a taxa de analfabetismo da população com 15 anos ou mais da zona rural era de 24% (em 1996, era de 31%), e de 8% na zona urbana (em 1996 era de 10,8%). Entretanto, em números absolutos, a zona urbana superava em muito a zona rural: havia 9,2 milhões de analfabetos na primeira, e 5,2 milhões na segunda, em 2006 (BRASIL, 2009, p. 15).

Outro fator que merece destaque é o índice de analfabetismo funcional, considerado pelo Instituto Brasileiro de Geografia e Estatística – IBGE –, como o número de pessoas cuja escolarização não ultrapassa quatro anos. Alguns avanços são constados após a Lei de Diretrizes e Bases da Educação Nacional. O que também não significa a superação desta problemática.

> Com relação ao analfabetismo funcional na população de 15 anos ou mais, o país sai de uma taxa de 32,6%, em 1996 e chega em 2006 com uma taxa de 22,2%. Em termos absolutos, eram 35,5 milhões de analfabetos funcionais em 1996 e 30,5 milhões, em 2006. No Sul e Sudeste esta taxa, em 2006, era de 16,5%, enquanto no Nordeste ela chegava a 34,4%, ficando em 25,6% na região norte e em 20% no Centro-Oeste (BRASIL, 2009, p. 15).

Diante deste diagnóstico, constatamos avanços lentos obtidos por meio da implantação de políticas que evidenciaram nos programas e projetos desenvolvidos pelo Sistema de Ensino. Entre os programas, destacam-se: o Programa Brasil Alfabetizado; o Programa Nacional de Integração da Educação Profissional com a Educação Básica na Modalidade de Educação de Jovens e Adultos – o PROEJA; o Programa Saberes da Terra; o Programa PROJOVEM com a denominação de "ProJovem Campo – Saberes da Terra". Há também programas e projetos desenvolvidos por outros Ministérios, como: o Plano Nacional de Formação e Qualificação Profissional – PLANFOR; o Plano Nacional de Qualificação – PNQ; o Programa Nacional de Educação na Reforma Agrária – PRONERA; o Programa Nacional de Inclusão de Jovens – PROJOVEM; o Projeto Educando para a Liberdade; e, o Programa Nacional de Segurança Pública com Cidadania – PRONASCI.

Para melhor exemplificar as ações de cada programa, recorremos ao documento "BRASIL – Educação e Aprendizagens de Jovens e Adultos ao Longo da Vida".

> A SECAD/MEC, desde a criação do Programa *Brasil Alfabetizado*, buscou construir instrumentos de gestão que permitissem o efetivo acompanhamento/monitoramento – e a consequente avaliação – das ações de alfabetização de jovens e adultos. Nesse sentido, o primeiro passo foi o desenvolvimento do Sistema Brasil Alfabetizado (SBA) – que passou a consolidar o cadastro nominal de alfabetizandos, alfabetizadores e entidades parceiras. [...] O *Programa Saberes da Terra* que surgiu em 2005, vinculado ao Ministério da Educação pela Secretaria de Educação Continuada, Alfabetização e Diversidade (SECAD) com a meta de escolarização de 5.000 jovens agricultores de diferentes estados do Brasil. [...] Atualmente o Programa integra a Política Nacional de Inclusão de Jovens (PROJOVEM) com a denominação de *ProJovem Campo – Saberes da Terra*. [...]. Este Programa é compreendido como EJA enquanto modalidade de ensino e pode ser financiado pelos recursos do FUNDEB, nas ações que se enquadram na previsão do art. 70 da LDBEN. Ainda na linha de valorização da educação básica contextualizada e integrada à profissional, destacam-se ações de outros Ministérios. Um primeiro destaque foi o *Plano Nacional de Formação e Qualificação Profissional* (PLANFOR) lançado pelo Ministério do Trabalho e Emprego (MTE). [...] Em 2003, essa ação do Ministério do Trabalho e Emprego foi incorporada pelo *Plano Nacional de Qualificação* (PNQ), [...] os programas de qualificação social e profissional são realizados com recursos do Fundo de Amparo ao Trabalhador (FAT) e foram executados no triênio 2004–2006. [...] O *Programa Nacional de Educação na Reforma Agrária* (PRONERA) é outro Programa [...] Criado em 1998 como iniciativa do Movimento dos Trabalhadores Rurais Sem Terra (MST) e do Conselho de Reitores das Universidades Brasileiras (CRUB), oferta alfabetização, educação básica e profissional, além da formação e habilitação de professores nas regiões de assentamentos e de acampamentos. [...] O *Programa Nacional de Inclusão de Jovens* (PROJOVEM), lançado em 2005 e executado pela Secretaria Especial de Juventude da Presidência da República, reafirma a integração da educação

> básica com 24 Documento Nacional Preparatório à "VI CONFINTEA" a profissional, na perspectiva de formação integral às populações em situação de maior vulnerabilidade, focalizando o público jovem entre 18 e 24 anos com baixa escolaridade e sem emprego formal. [...] Finalmente, outro marco político do período foi [...] O *Projeto Educando para a Liberdade* desenvolvido entre 2005 e 2006, promoveu uma aproximação inédita entre o MEC e o Ministério da Justiça, com apoio da Unesco, com o objetivo de afirmar o direito à educação e melhorar as condições de sua oferta nos presídios brasileiros, onde vivem aproximadamente 423.000 jovens e adultos, dos quais 67% não têm o ensino fundamental completo (analfabetos – 8%, alfabetizados – 14%, ensino fundamental incompleto – 45%) e apenas 17% participam de atividades educacionais. [...] Em 2007, o II Seminário Nacional definiu elementos estruturantes à elaboração do Plano Estratégico de Implantação ou Fortalecimento da Educação de Jovens e Adultos em prisões. Em 2008, realizou-se uma Oficina de Planejamento Estratégico da Educação em Prisões, com a intenção de auxiliar na implementação e fortalecimento das ações de educação em prisões nos estados de abrangência do *Programa Nacional de Segurança Pública com Cidadania* – PRONASCI (RJ, RS, PR, PA, CE, PE, GO, DF e entorno, AL, SP, BA e MG) (BRASIL, 2009, p. 22-24).

Esses programas contribuíram de forma significativa para minimizar a situação de exclusão vivenciada por número significativo de jovens e adultos. No entanto, estes programas não estão voltados para a inclusão de pessoas com necessidades educacionais especiais; quando apresentam alguma ação voltada para a "inclusão", selecionam, entre os excluídos, os que apresentam o menor comprometimento possível, mantendo a lógica da política de integração. O Programa Nacional de Inclusão de Jovens – PROJOVEM –, por exemplo, pelo nome, se pode imaginar que o programa se refere à inclusão, contemplando as dimensões do seu significado; entretanto, ao ser implantado, apresenta visíveis manifestações excludentes quando seleciona entre as pessoas com deficiência, somente as usuárias de cadeira de rodas, justificando a impossibilidade na comunicação com a pessoa com surdez e a insuficiência de recursos para pagar um profissional intérprete de Língua Portuguesa/Libras e Libras/Língua Portuguesa. O mesmo acontece com a pessoa cega.

Desta forma, faz-se necessário o acompanhamento da implantação desses programas, bem como o redirecionamento de suas ações. Além disso, continuam os **desafios** no que se refere à inclusão das pessoas com necessidades educacionais especiais; à superação do analfabetismo; à universalização do atendimento escolar; à melhoria na qualidade do ensino; à formação para o trabalho; à promoção humanística, científica e tecnológica do país; determinados pela Constituição Federal em seu Artigo 214, destacado anteriormente no desenvolvimento deste texto. Assim, a Educação de Jovens e Adultos, na perspectiva da Educação Inclusiva, continua sendo uma modalidade de ensino que deve ser priorizada no âmbito das políticas educacionais brasileiras.

Além dos desafios no âmbito da Constituição Federal que ainda precisam ser concretizados, o documento denominado de "Marco de Ação de Belém", publicado pela UNESCO, no ano de 2010, resultante da "VI CONFINTEA", apresenta outros desafios. Antes de destacá-los, situaremos os leitores com informações básicas sobre este documento:

> o "Marco de Ação de Belém" constitui peça fundamental no longo processo de mobilização e preparação nacional e internacional, que teve início em 2007e não termina com a sua aprovação no último dia da Sexta Conferência Internacional de Educação de Adultos – "VI CONFINTEA", ocorrida em Belém, em dezembro de 2009. O grande desafio posto agora é o de passar da retórica à ação, envidando esforços para que as recomendações apresentadas no "Marco de Ação de Belém" sejam implementadas nas políticas públicas da Educação de Jovens e Adultos. O esforço que a "VI CONFINTEA" representa somente se justifica na melhoria de acesso a processos de educação e aprendizagem de jovens e adultos de qualidade e no fortalecimento do direito à educação ao longo da vida para todos (UNESCO, 2010, p. 3).

Segundo o documento "Marco de Ação de Belém" (2010), além de incluir várias recomendações do documento brasileiro preparatórias para a "VI CONFINTEA", oferece uma diretriz que permite ampliar o nosso referencial na busca de uma Educação de Jovens e Adultos mais inclusiva e equitativa. Acrescenta ainda, "ao lançarmos essa publicação em português, lançamos também o desafio aos governos e à sociedade civil, para que trabalhem juntos visando garantir o direito à educação e à aprendizagem e, além, garantir um futuro viável para todos" (UNESCO, 2010, p. 5).

Vale lembrar que a "Declaração de Hamburgo", documento da "V CONFINTEA", não foi publicado em português. Segundo Romão (1999, p. 20 *apud* CARLI, 2004), posteriormente este documento foi traduzido por iniciativa de Moacir Gadotti, Carmen Emília Perez e José Eustáquio Romão com o apoio do UNICEF. Assim, no "Marco de Ação de Belém" está o reconhecimento dos avanços que ocorreram desde a "V CONFINTEA". Contudo, destaca outros desafios na Educação de Jovens e Adultos voltados para os sujeitos desta modalidade, desde as estratégias político-didático-pedagógicas, a intersetorialidade da EJA no Sistema Nacional de Educação, até a gestão, recursos e financiamento.

As recomendações perpassam "por aspectos políticos, de governança, de financiamento, de participação, de inclusão, equidade, qualidade, entre outros" (UNESCO, 2010, p. 7). Desta forma, destacaremos as **recomendações** para a Educação de Jovens e Adultos presentes no "Marco de Ação de Belém", organizadas em sete eixos, a saber: 1) Alfabetização de Adultos; 2) Políticas; 3) Governança; 4) Financiamento; 5) Participação, Inclusão e Equidade; 6) Qualidade; 7) Monitoramento da implementação do "Marco de Ação de Belém". Destacaremos de forma resumida cada recomendação e os compromissos assumidos para sua concretização:

3.3.1 Alfabetização de Adultos

Esta recomendação é colocada em primeiro plano por ser considerada um pilar fundamental e inerente ao direito à educação. Desta forma:

> a alfabetização é um pilar indispensável que permite que jovens e adultos participem de oportunidades de aprendizagem em todas as fases do *continuum* da aprendizagem. O direito à alfabetização é parte inerente do direito à educação. É um pré-requisito para o desenvolvimento do empoderamento pessoal, social, econômico e político. A alfabetização é um instrumento essencial de construção de capacidades nas pessoas para que possam enfrentar os desafios e as complexidades da vida, da cultura, da economia e da sociedade (UNESCO, 2010, p. 7).

Para esta recomendação, foram assumidos vários compromissos relacionados à pesquisa, objetivos claros para enfrentar os desafios, recursos, alfabetização adaptada às necessidades dos educandos, foco nas populações vulneráveis, metas internacionais para a educação de adultos e educação continuada.

3.3.2 Política

Esta recomendação se fundamenta em aspectos diversos, entre estes, destacam-se: a inclusão, a cooperação e a aprendizagem ao longo da vida, apresentadas neste texto posteriormente.

> As políticas e medidas legislativas para a educação de adultos precisam ser abrangentes, inclusivas e integradas na perspectiva de aprendizagem ao longo da vida, com base em abordagens setoriais e intersetoriais, abrangendo e articulando todos os componentes da aprendizagem e da educação (UNESCO, 2010, p. 9).

Os compromissos para esta recomendação estão relacionados ao financiamento e legislação; aos planos de ação específicos integrados aos planos de desenvolvimento nacional e regional; à inclusão da aprendizagem e educação de adultos na iniciativa das Nações Unidas; à coordenação e ao monitoramento; e, à criação de referência de equivalência para a certificação de todas as formas de aprendizagem.

3.3.3 Governança

Entende-se que "a boa governança facilita a implementação da política de aprendizagem e educação de adultos de forma eficaz, transparente, responsável e justa" (UNESCO, 2010, p. 9). Desta forma, a cooperação e redes de apoio são fundamentais para responder de forma satisfatória à necessidade de todos os educandos. Segundo Ireland (2010), a governança é uma questão relevante. Destaca Ireland (2010, p. 55):

> para a maioria dos Estados-membros da Unesco, há uma importância de se promover e apoiar a cooperação intrassetorial e intraministerial, reconhecendo-se que o problema de jovens e adultos é uma questão de educação, mas que ultrapassa a questão da educação, pois tem lugar também na área da saúde, na de desenvolvimento agrário, de desenvolvimento social, de justiça e de várias outras áreas, especialmente a do trabalho.

Os compromissos assumidos para que haja governança foram: o envolvimento de autoridades públicas na administração e organizações de educandos adultos e educadores nas políticas e programas; a participação da sociedade civil; a cooperação intersetorial; redes de compartilhamentos transnacionais, entre outros.

3.3.4 Financiamento

Não dá para pensar no desenvolvimento da educação sem considerar um investimento necessário para implantar suas ações, daí a necessidade de considerar que:

> aprendizagem e educação de adultos representam um investimento valioso que resulta em benefícios sociais por criar sociedades mais democráticas, pacíficas, inclusivas, produtivas, saudáveis e sustentáveis. É necessário um investimento financeiro significativo para garantir a oferta de aprendizagem e educação de adultos de qualidade (UNESCO, 2010, p. 10).

Sobre o financiamento, Ireland (2010) relembra que volta a cobrança estabelecida em Hamburgo, no ano de 1997, na "V Conferência de Educação de Adultos", quando foi proposto alocar, pelo menos 6% do PIB – Produto Interno Bruto –, destinando uma parte significativa deste valor para a Educação de Jovens e Adultos. Para esta recomendação, as instâncias governamentais assumem os compromissos de: cumprir a recomendação da "V CONFINTEA", no que se refere aos investimentos de no mínimo 6% do PIB; expandir os recursos educacionais e orçamentos; considerar novos programas transnacionais de financiamento; criar incentivos para promover novas fontes de financiamento; priorizar investimentos na aprendizagem ao longo da vida para mulheres, populações rurais e pessoas com deficiência, entre outros.

3.3.5 Participação, Inclusão e Equidade

Esta recomendação está posta no sentido de reafirmar a importância da constituição de um sistema de ensino inclusivo que coloca as pessoas no centro do processo de desenvolvimento. Destaca-se a recomendação do "Marco de Ação de Belém":

> a Educação Inclusiva é fundamental para a realização do desenvolvimento humano, social e econômico. Preparar todos os indivíduos para que desenvolvam seu potencial contribui significativamente para incentivá--los a conviver em harmonia e com dignidade. Não pode haver exclusão decorrente de idade, gênero, etnia, condição de imigrante, língua, religião, deficiência, ruralidade, identidade ou orientação sexual, pobreza, deslocamento ou encarceramento. É particularmente importante combater o efeito cumulativo de carências múltiplas (UNESCO, 2010, p. 11).

Para esta recomendação, os compromissos assumidos pelas instâncias governamentais perpassam pelo acesso e participação; pelo atendimento de grupos com trajetórias de carências; pela criação de espaços e centros comunitários multiuso de aprendizagem, considerando a necessidades de gênero específicas ao longo da vida; pelo apoio ao desenvolvimento da escrita e da leitura em várias línguas indígenas; pelo desenvolvimento de programas que valorizem a cultura; pelo apoio financeiro com foco sistemático nos grupos desfavorecidos – povos indígenas, migrantes, pessoas com necessidades especiais e pessoas que vivem em áreas rurais; em todas as políticas, educação de adultos nas prisões, entre outros.

3.3.6 Qualidade

A qualidade envolve, entre outros aspectos, a formação, o reconhecimento da diversidade, o monitoramento e o desenvolvimento contínuo. Desta forma:

promover uma cultura de qualidade na aprendizagem e adultos exige conteúdos e meios de implementação relevantes, avaliação de necessidades centrada no educando, aquisição de múltiplas competências e conhecimentos, profissionalização dos educadores, enriquecimento dos ambientes de aprendizagem e empoderamento de indivíduos e comunidades (UNESCO, 2010, p. 12).

Para Ireland, (2010, p. 55) a qualidade depende entre outros, "do reconhecimento da diversidade e da pluralidade daqueles a quem se oferece Educação de Jovens e Adultos". Desta forma, entre os compromissos assumidos na busca pela qualidade, destacam-se: o desenvolvimento de critérios de qualidade para os currículos e metodologias de ensino; o reconhecimento da diversidade e da pluralidade dos prestadores de serviços educacionais; a melhoria na formação, na capacitação, nas condições de emprego e na profissionalização dos educadores de adultos; o desenvolvimento de critérios para avaliar os resultados da aprendizagem de adultos; os indicadores de qualidade; e, o apoio à pesquisa interdisciplinar sistemática na aprendizagem e educação de adultos.

3.3.7 Monitoramento da implementação do "Marco de Ação de Belém"

Esta é a última recomendação. Entende-se o monitoramento essencial para o cumprimento das demais recomendações e para revigorar a alfabetização de adultos. Desta forma, enfatiza que:

> reconhecemos a necessidade de dados quantitativos e qualitativos válidos e confiáveis para informar nossas decisões políticas relativas à aprendizagem e educação de adultos. A implementação do "Marco de Ação de Belém" somente se fará possível se trabalharmos com nossos parceiros para projetar e implementar mecanismos regulares de registro e acompanhamento nos níveis nacional e internacional (UNESCO, 2010, p. 13).

Sobre esta recomendação, Ireland (2010, p. 55) diz: "não adianta estabelecer metas, se não estabelecermos indicadores para acompanhar e avaliar o trabalho, verificar se estamos atingindo as metas". Para a última recomendação foram assumidos outros compromissos que envolvem o desenvolvimento de indicadores, análise de mudanças, monitoramento regular para avaliar a implantação dos compromissos assumidos na "V CONFINTEA", recomendação para a elaboração de um relatório trienal a ser submetido a UNESCO, monitoramento regional, relatório de progresso nacional, cooperação Sul-Sul, monitoração da articulação com outras áreas como agricultura, saúde e emprego.

Vale lembrar que todas as recomendações, bem como as propostas da "VI CONFINTEA" e do "Marco de Ação de Belém", estão diretamente norteadas pela filosofia da "aprendizagem ao longo da vida".

O papel da aprendizagem ao longo da vida é fundamental para resolver questões globais e desafios educacionais. Aprendizagem ao longo da vida, "do berço ao túmulo", é uma filosofia, um marco conceitual e um princípio organizador de todas as formas de educação, baseada em valores inclusivos, emancipatórios, humanistas e democráticos, sendo abrangente e parte integrante da visão de uma sociedade do conhecimento. Reafirmamos os quatro pilares da aprendizagem, como recomendado pela Comissão Internacional sobre Educação para o Século XXI, quais sejam: aprender a conhecer, aprender a fazer, aprender a ser e aprender a conviver com os outros (UNESCO, 2010, p. 6).

De acordo com Ireland (2010), esta filosofia deveria ser pensada não somente para a educação de adultos, mas, sobretudo, para o sistema de educação nacional, dentro da perspectiva de aprendizagem ao longo da vida. Como percebemos a Educação de Jovens e Adultos, na política educacional brasileira, aos poucos vem conquistando seu espaço por meio de mobilizações nacionais e internacionais que se concretizam no sentido de fazer valer os direitos de pessoas que no decorrer da História não tiveram o direito ao acesso ou ao sucesso na escola. Contudo, reafirmamos a urgência de direcioná-la para o viés da Educação Inclusiva, uma vez que ainda é reduzido o número de pesquisas sobre a Educação de Jovens e Adultos na perspectiva da inclusão escolar.

Segundo Ferreira (2010, p. 75), o tema relacionado à Educação de Jovens e Adultos com deficiência é novo, relevante e oportuno "porque trata da questão da igualdade de oportunidades educacionais no contexto de desenvolvimento de escolas inclusivas para todos".

Ressaltamos a relevância histórica e política que tivemos no intuito de melhorar a qualidade da Educação em geral e de forma específica a Educação de Jovens e Adultos após a Lei de Diretrizes e Bases da Educação, com a realização da "V CONFINTEA", da qual se originou a "Declaração de Hamburgo", no ano de 1997, e o "Marco de Ação de Belém", originário da "VI CONFINTEA" em Belém, no ano de 2009. Reconhecemos ainda neste processo, a importância de outros movimentos históricos e outras leis criadas nesse período, no intuito de contribuir com transformações históricas e políticas, como: a Conferência Nacional de Educação – CONAE; a Reunião da Associação Nacional de Pós-Graduação e Pesquisa em Educação – ANPED; bem como a Resolução nº 11/2000 do CNE/MEC; a Resolução nº 1/2010 do CEE/PA; a Resolução 4/2010 do CNE/MEC; o Plano Nacional de Educação e o Novo Plano 2011-2020, entre outros.

As conferências realizadas, os documentos produzidos e todas as "marchas" históricas acompanhadas do compromisso ético de fazer concretizar uma política pública de qualidade, possibilitam novas perspectivas para esta modalidade de ensino que ainda tem, entre outros, o desafio de dar visibilidade às pessoas com necessidades educativas especiais e proporcionar o acesso a mais de 14 milhões de brasileiros(as). Assim, novamente recorremos ao educador Paulo Freire que representou e representará sempre uma referência histórica para a Educação e, sobretudo, para a Educação de Jovens e Adultos. O nosso desejo se revela no seu desejo.

> Desejo ver o Brasil em seu tempo histórico cheio de marchas.
> Marchas dos que não tem escola;
> Marchas dos reprovados;
> Marchas dos que querem amar e não podem;
> Marchas dos que se recusam a uma obediência servil;
> Marchas dos que se rebelam;
> Marchas dos que querem ser e estão proibidos de ser (FREIRE, 1997)[8].

---

8   Última entrevista de Paulo Freire realizada por Luciana Burlamaqui da TV – PUC, em 17 de abril de 1997. Disponível em: *www.paulofreire.org/centro-de-referencia*. Acesso em: 20 maio 2012.

CAPÍTULO 4
POLÍTICA DE INCLUSÃO NO CONTEXTO EDUCACIONAL NO MUNICIPIO DE ALTAMIRA

4.1 O município de Altamira: alguns olhares

O município *locus* desta pesquisa faz parte da região do Vale do Xingu e pertence à mesorregião do sudeste paraense. Está localizado à margem esquerda do Rio Xingu e das Rodovias Transamazônica e Ernesto Acioly. Com pouco mais de cem anos, "o município de Altamira foi criado sob a Lei Estadual nº 1.234, de 6 de novembro de 1911, assinada pelo Dr. João Luiz Coelho, o então Governador do Estado do Pará" (MILÉO, 2007, p. 53).

Os percursos rumo ao seu centenário foram demarcados por contextos adversos, que reúnem em sua memória, diversos olhares com relação as suas histórias. Histórias, às vezes contadas, às vezes negadas, silenciadas, perdidas, agredidas ou destruídas, que envolvem seres e saberes diversificados. Seu passado perplexo, seu presente complexo, seu futuro incerto. Como falar da famosa "Princesinha do Xingu" sem desconsiderar os vários pesquisadores e historiadores que contribuíram de forma significativa com os registros dos seus olhares sobre diferentes épocas históricas, de modo especial o professor e historiador Ubirajara Marques Umbuzeiro, entre outros; e, sem a pretensão de contar suas diversas histórias, apenas situaremos sobre alguns fatos históricos, as pessoas que carinhosamente se debruçarem na leitura desta obra. Para isso foi preciso buscar outras autoras, amigas e pesquisadoras que compartilham seus olhares, seus saberes e constroem suas histórias nesta região, com destaque para Miléo (2007) e Trevisan (2009).

Para o passado que chamamos de perplexo, mesmo antes de ser reconhecida com município, Miléo (2007) destaca, em sua pesquisa, uma aproximação da história de Altamira com a história de colonização do Brasil, pelo fato do território altamirense ter se constituído como cenário de conflitos entre bandeirantes e etnias indígenas e, também, pela participação dos jesuítas no processo de ocupação e colonização da região.

> A história de Altamira confunde-se com a própria história de colonização do Brasil, pois o território em que está localizada, outrora foi cenário de

conflitos entre bandeirantes e as diversas etnias indígenas que ocupavam essa área. Os jesuítas contribuíram também para a ocupação e a colonização dessa região através da implantação de importantes centros de aldeamentos nos anos de 1636 a 1758, culminando com a fundação da missão Tavacara pelo jesuíta Roque de Hunderfund próximo ao Igarapé das panelas, hoje dentro dos limites da cidade (MILÉO, 2007, p. 56).

Contudo, no aspecto econômico, continuou diferenciando-se de outras regiões do Brasil onde despontavam o processo de industrialização. Segundo a autora:

> o desenvolvimento econômico de Altamira deu-se obedecendo às características específicas da história da Amazônia – extrativismo e produção da matéria-prima sem a correspondência local de industrialização de seus respectivos produtos. Assim, sua base econômica extrativista pautava-se até a década de 1930 do século passado, na extração de borracha, da castanha-do-pará, da copaíba e da pele de animais (principalmente da pele da onça e do gato do mato) (MILÉO, 2007, p. 56).

Miléo (2007) destaca ainda o surgimento da agricultura com a queda dos preços da borracha e da crise econômica de 1929, bem como, a intensificação da exploração dos seringais nativos, nos anos de 1940, por ocasião da Segunda Guerra Mundial. Entre os fatos que marcaram a década de 1950, destaca-se a "pecuária, que no seu início era bastante rudimentar, acelerou, ganhando uma expressiva importância na economia altamirense" (MILÉO, 2007, p. 57).

Na década de 1960, mais precisamente em 1968, registra-se o surgimento do Sindicato dos Trabalhadores Rurais de Altamira, entretanto, esta organização não representava na época os interesses dos trabalhadores, conforme descreve Miléo (2007, p. 60): "os sindicatos passaram a funcionar como secretarias municipais do bem-estar social, oferecendo atendimento médico-hospitalar e dentário, além de garantir a aposentadoria rural, obedecendo à tradição assistencialista do sindicato brasileiro nesse período".

Os anos de 1970 a 1980 foram marcados pela política de colonização que deixou, na memória das pessoas que vivenciaram este período, marcas indescritíveis. No entanto, vale ressaltar que:

> mediante a política de colonização implementada entre os anos de 1970 a 1980, pelo então Governo Militar, que marcou a construção da Rodovia de Integração nacional, observou-se a ocorrência de um grande fluxo migratório advindo de diversas regiões do país, como do Sul, Sudeste e, principalmente do Nordeste (Ceará, Piauí, e Maranhão) com a intenção de conseguir terras e melhorar de vida, fato que contribuiu tanto para as

transformações na agricultura e ramo da pecuária no Município, como também ocasionou disputas por melhores áreas cultiváveis e pressões para o redirecionamento dos recursos públicos para o setor capitalista (MILÉO, 2007, p. 57-58).

Sobre este mesmo período, de acordo com o olhar de Trevisan (2009, p. 12, grifo do autor):

> a região Transamazônica, especificamente a do sudoeste paraense, sofreu um processo de colonização – implantado pelo governo militar – norteado pela noção de cidadania centrada na propriedade, relacionada a uma identidade individualizada, na qual o valor era depositado nos bens e não no cidadão que nela habitava, com direitos individuais e coletivos. Esse modelo de colonização não respeitou a especificidade Amazônica. Seguiu moldes europeus, quanto ao trato e cultivo da terra, causando muitos prejuízos ambientais, sociais e econômicos. Com o slogan *integrar para não entregar*, incentivou-se o desmatamento da região. Naquela época, *lote desmatado era lote valorizado*. Outro slogan difundido naquele período – *terra sem homens, para homens sem terra* – desconsiderou os índios e demais povos da floresta, primeiros habitantes. E assim se procedeu à colonização da Transamazônica, largando os "brancos", trazidos pelo governo, a toda sorte de doenças tropicais, até então, desconhecidas pelos colonizadores.

Ainda na década de 1980, Miléo (2007) destaca a proliferação de movimentos e diversos canais participativos, a partir da Constituição Federal de 1988.

> No município de Altamira, podemos dizer que foi a partir da autonomia concedida pela Carta Magna às municipalidades que se verificou uma proliferação de canais participativos, bem como dos segmentos, organizações e lideranças sociais com vistas a reivindicar por políticas sociais mais condizentes com as necessidades locais (MILÉO, 2007, p. 68).

Embora se faça necessário considerar a proliferação desses movimentos, a partir da Constituição Federal de 1988, não se pode dizer o mesmo em relação ao início desses movimentos, haja vista que mobilizações e organizações antecederam esta época, conforme aponta Trevisan (2009, p. 15):

> um fato político que marcou minha militância nos movimentos sociais foi a participação, em outubro de 1988, na caravana de educadores e agricultores que marcaram presença em manifestações em Brasília, durante o período de aprovação da Constituição. Foi promulgada em clima de

renovação e crença nos ideais democráticos e, pela primeira vez, elenca os direitos civis, políticos e sociais dos cidadãos, postulando o direito à cidadania como um dos fundamentos do Estado Democrático de Direito e como princípio norteador do projeto de uma nova sociedade.

Trevisan (2009), demarcando esta participação, demonstra que antes da aprovação da Constituição já havia militância e movimentos organizados na região. Em destaque as "Comunidades Eclesiais de Base" e a "Comissão Pastoral da Terra", fundada em 1975, como movimentos de resistência e relevantes atuações na região. Outro movimento que demarcou este período foi à criação do Sindicato dos Trabalhadores em Educação Pública do Estado do Pará – SINTEPP. Segundo Sousa e Moura (2011, p. 94):

> a discussão sobre as políticas de educação básica na Amazônia, também está presente nas mobilizações realizadas pelos movimentos sociais no final dos anos 1980 e inserem-se no contexto de reivindicações levadas a efeito por estas associações e na criação de sindicatos como o Sindicato dos Trabalhadores em Educação Pública do Estado do Pará – SINTEPP.

Para Trevisan (2009), várias organizações sociais surgiram na região, impulsionadas pela ação da Igreja Católica. Essas organizações surgiram com o foco na melhoria da qualidade de vida.

> Todas tinham como bandeira de luta a qualidade de vida na Transamazônica negada pelo poder público. As discussões e mobilizações de trabalhadores rurais e da área educacional evoluíram culminando na criação – 10 anos depois – de uma instância de articulação regional, o Movimento Pela Sobrevivência da Transamazônica (MPST) que fez reverter a ideia, já fortemente instalada nas famílias, de abandonar a região (TREVISAN, 2009, p. 15).

A década de 1990 foi marcada por diversos fatos históricos na região, entre eles, a ampliação dos movimentos sociais, como exemplo, a Fundação Viver Produzir e Preservar – FVPP –, instituída em 1991, e outros fatos como o aparecimento de grandes latifúndios, o aumento dos conflitos agrários, da prática da grilagem etc. Época em que houve um incentivo e financiamento de grandes projetos pela Superintendência do Desenvolvimento da Amazônia – SUDAM. Cabe destacar que esses financiamentos não eram estendidos aos pequenos e médios produtores, os projetos contemplavam apenas os grandes latifundiários.

Devido a este fato, Miléo (2007, p. 57, grifo do autor) diz que: "se tratou de uma 'política de desenvolvimento regional' às avessas, pois o que se viu foi uma proliferação de fraudes, de projetos que existiram somente no papel e, portanto, muitos nunca chegaram a ser implantados". Algumas pessoas que nesta década lutaram e lideravam movimentos em defesa da vida humana, das águas e das florestas, pagaram com suas próprias vidas, derramando sangues durante todo esse processo. Como exemplo, seguem em destaque, algumas pessoas que foram assassinados na década seguinte.

> Como consequência, se presencia, no decorrer dos anos, vários assassinatos de pessoas que lutavam por justiça social, a exemplo de Ademir Federicci, em 2001, e da Irmã Dorothy Stang, 73 anos, em 2005. Ambos eram líderes de movimentos sociais na região da Rodovia Transamazônica, lutando contra o clima de violência, oriundo da grilagem de terras e trabalho escravo presentes na Amazônia. Tal situação mostra a falta de atitude mais efetiva para proteger a Amazônia e garantir a segurança dos habitantes, que dela dependem para sobreviver (TREVISAN, 2009, p. 16).

Para este cenário constituído historicamente, a autora aponta dois lados distintos de organizações e pessoas que concebem o desenvolvimento de formas diferentes.

> Por viver em uma região de intensa mobilização social, percebo uma contradição permanente nesse espaço geográfico: de um lado, estão os movimentos sociais organizados porque conseguiram avançar na implantação de suas propostas inovadoras e mostrar a viabilidade da produção social sustentável; de outro, situa-se a dinâmica da destruição dos recursos, implantada pelos integrantes do agronegócio e madeireiros que, acostumados a agir livremente, querem continuar devastando, queimando as florestas, expondo os recursos hídricos e os solos aos mais diversos riscos (TREVISAN, 2009, p. 15).

Permeando este processo histórico de Altamira estão as crianças e adolescentes vítimas da violência, que foram impedidas de construírem suas histórias. Ao lembrarmos-nos desse público, lembramos-nos também das pessoas com necessidades educacionais especiais, que das mais diferentes formas, foram impedidas de serem e pertencerem neste contexto. Os últimos dos últimos só foram lembrados em termos de organização não governamental no ano de 1994, quando foi implantada na cidade a Associação de Pais e Amigos dos Excepcionais – APAE. Foi um começo significativo. No entanto, não se tratava ainda de uma instituição pensada pelos próprios protagonistas de suas histórias, ou seja, foi uma instituição pensada para eles e não por eles.

A década de 1990 significou um período de avanços e conquistas para pessoas com necessidades educacionais especiais, no que se refere à criação de organizações sociais, como exemplo, no contexto local, a criação da

Associação dos Portadores de Deficiência da Transamazônica – APDT – com sede em Altamira, criada em 13 de março de 1994. Após a realização da "I Conferência dos Direitos das Pessoas com Deficiência", no ano de 2006, com a extinção do termo "portador" a referida associação passou a ser denominada de "Associação das Pessoas com Deficiência da Transamazônica" – APDT.

A APDT permitiu o desenvolvimento de uma pesquisa com sua diretoria e sócios, intitulada "A Inserção dos Portadores de Necessidades Especiais no Mercado de Trabalho na cidade de Altamira"[9], realizada por Araújo e Rosa (2003). Por meio da pesquisa, foi possível constatar alguns fatores que têm dificultado o acesso da pessoa com deficiência ao mercado de trabalho. Entre estes fatores, 46% dos entrevistados apontaram a falta de capacitação; enquanto 38% apontaram a falta de consciência social dos empregadores e 16% apontaram as exigências do mercado de trabalho. Consideraram ainda que para efetivar este processo de inclusão em Altamira, 24% apontaram a necessidade de iniciativa e organização; 23% apontaram a necessidade de uma educação adequada; 16% destacaram oportunidade e capacitação profissional; 15% apontaram o apoio da população em geral; 15% destacaram a necessidade de diminuir o preconceito e 7% apontaram a iniciativa governamental. Quanto às expectativas sobre a inclusão das pessoas com deficiência no mercado de trabalho, 60% disseram não terem nenhuma expectativa; 32% disseram ter esperança que um dia a situação de exclusão possa mudar e apenas 8% destacaram expectativas políticas e sociais sobre a inclusão. Na ocasião da pesquisa, realizou-se uma Audiência Pública para debater a referida temática.

Estas instituições – APAE e APDT – foram relevantes neste processo de busca pela concretização de direitos de pessoas que historicamente tiveram seus direitos negados. No entanto, precisam avançar em suas propostas em direção à inclusão, uma vez que se projetam de forma exclusiva para um determinado grupo dentro de um grupo maior de pessoas com deficiência, seria de suma importância abrirem espaços democráticos de participação. O Estatuto da APDT, por exemplo, só permite a participação de pessoas com deficiência, contudo, não garante a participação de todos eles quando excluem as pessoas com surdez, não possibilitando o acesso à comunicação e à informação, ou seja, sem a participação do profissional intérprete na associação, o que inviabiliza a participação do surdo. Assim, embora esta organização possua um cadastro de associados com diversos tipos de deficiência, na prática, seus participantes são pessoas com deficiência física.

---

9   O termo portador era usado na época da pesquisa e só deixou de ser usado no ano de 2006 com a I Conferência dos direitos das pessoas com deficiência.

No ano de 2006, mais precisamente em 27 de agosto, instituiu-se em Altamira uma organização não governamental com foco na inclusão. Esta organização, denominada Centro de Apoio e Promoção de Acessibilidade e Inclusão Social – CAPAIS[10], tem diferenciado de outras organizações locais, principalmente pela sua missão e visão de desenvolvimento. De acordo com seu Estatuto, sua missão principal é trabalhar em parceria com instituições governamentais, não governamentais e a sociedade, apoiando e promovendo ações que proporcionem acessibilidade e inclusão. A visão de desenvolvimento da instituição está centrada na concepção de Desenvolvimento Inclusivo, principalmente pela dimensão do conceito e porque coloca as pessoas no centro deste processo, sem distinção de cor, raça, gênero, orientação sexual, religião ou qualquer condição humana. Qualquer pessoa que deseja lutar e contribuir com este modelo de desenvolvimento, pode fazer parte desta organização.

Este modelo de desenvolvimento no qual se pauta o CAPAIS, busca a concretização de alguns princípios como: equidade, empoderamento, produtividade, sustentabilidade, segurança e cooperação, conforme apresentados no Quadro 6, extraído do manual da "I Conferência Nacional dos Direitos da Pessoa com Deficiência" (2006, p. 103):

Quadro 6 – Direitos Nacionais da Pessoa com Deficiência

Equidade	Garantia de igualdade de oportunidade a todas as pessoas, eliminando todo obstáculo de acesso a elas.
Empoderamento	Direito que todas as pessoas têm de participar da elaboração e da aplicação das decisões e processos que afetam sua vida.
Produtividade	Participação plena de todas as pessoas no processo de geração de renda e no emprego remunerado, para o que são indispensáveis investimentos voltados para o aumento da criatividade e o desenvolvimento da potencialidade.
Sustentabilidade	Compromisso de assegurar oportunidades não apenas para as gerações atuais, mas também para as gerações futuras, mediante reposição de capital físico, ambiental e social.
Segurança	Exercícios das oportunidades de desenvolvimento de forma livre e segura, impedindo que estas desapareçam subitamente no futuro.
Cooperação	Possibilidade assegurada de participação e pertencimento a comunidade e grupos como modo de enriquecimento recíproco e fonte de sentido social.

Fonte: Brasil (2006, p. 103).

Embora esta organização seja aberta para todas as pessoas, é notória a participação de um número maior de pessoas com surdez, devido ao fato da Associação ter iniciado na casa de um surdo, com seus amigos e familiares, por isto, é comum na cidade pensarem que esta instituição é exclusiva de pessoas com surdez. Essas pessoas, por meio desta instituição, vêm conquistando

---

10 No ano de 2015 os surdos de Altamira transformaram o CAPAIS no Instituto Cultural, Educacional e Profissionalizante dos Surdos de Altamira – ICEPSA.

seus espaços pela organização, participação e luta pelos seus direitos. Sempre deixam marcas nos eventos da cidade, participando em grande maioria, e todos identificados com camisetas da entidade. A busca pelo empoderamento é direito de todos e não apenas de seus representantes, o que tem contribuído com a garantia da participação da entidade em eventos nacionais.

Entre os desafios que o CAPAIS enfrentou em Altamira, e trabalhou para sua superação, está a constatação de um elevado número de pessoas com surdez fora da escola. No ano de sua fundação, apenas 1,64 % das pessoas surdas cadastradas pela organização haviam concluído o Ensino Médio e 34,43% estavam matriculadas no Ensino Fundamental e Médio. Todos com defasagem idade/série. No entanto, 63,93% não frequentavam ou haviam abandonado a escola sem concluírem o Ensino Fundamental. Com a sensibilização, todos foram matriculados nas escolas.

Vale destacar que a determinação da Lei não foi suficiente para que as instâncias governamentais garantissem a matrícula dos estudantes com surdez, mas foram os trabalhos de sensibilização e conscientização de seus direitos, desenvolvidos por meio da Associação, que viabilizaram a matrícula dos 63,93% de jovens e adultos com surdez que se encontravam fora da escola. Conscientes de seus desafios rumo às conquistas de direitos, as pessoas que fazem parte do CAPAIS têm convicção da importância de seguir lutando sempre no sentido de garantir que todas as pessoas acessem os benefícios do desenvolvimento.

Além de vários movimentos e organizações que vêm aumentando em função de novas demandas sociais, vários acontecimentos continuam marcando o processo histórico de Altamira. Entre estes acontecimentos, destaca-se a comemoração de seu centenário, no ano de 2011, quando se percebeu um esforço coletivo para evidenciar conquistas nas áreas sociais, educacionais, entre outras. No entanto, as adversidades causadas pelo início das obras da Usina Hidrelétrica de Belo Monte, continuam marcando a história com conflitos e consequências que deixam seu presente complexo e seu futuro incerto, como destacamos no início deste texto.

As discussões sobre a possibilidade de construir a hidrelétrica iniciaram no ano de 1988, no entanto, a aprovação para a realização dos estudos socioambientais para a sua implantação só ocorreu no ano de 2005, com a aprovação do Decreto nº 788. Com o início das obras no ano de 2010, as pessoas que vivem na cidade e na região presenciam um novo processo de migração e aumento da população de forma desordenada. A estrutura da cidade não foi ampliada ou planejada para receber as pessoas. As condicionantes para a implantação da usina hidrelétrica não foram cumpridas. Notou-se também o descaso do poder público local. Todos esses agravantes se somam aos conflitos entre movimentos sociais contrários a construção da usina, em função dos seus impactos sociais, culturais, ambientais, entre outros. Entre os movimentos de resistência destacam-se os movimentos ligados à Igreja Católica, ao Movimento Indígena, entre outros.

No ano de 2013, com seus 103 anos de história, marcados pelos processos de desenvolvimento distante do modelo de desenvolvimento que buscamos, os grandes projetos implantados ainda não foram capazes de considerar as dimensões do Desenvolvimento Inclusivo, continuando com o cenário ambíguo que denuncia, com sua própria estrutura, a linha "abissal" que separa os dois lados. De um lado grandes prédios sendo erguidos, pessoas ficando mais ricas e de outro espalhando a pobreza em novos bairros que surgem sem as mínimas condições necessárias para construir uma moradia. Desta forma, que futuro esperar da famosa "Princesinha do Xingu"? Resta-nos a esperança de participarmos da colheita dos frutos que plantamos.

4.2 A educação municipal de Altamira: contexto histórico

Contextualizar a educação no município de Altamira constitui um desafio devido aos diversos fatores que envolvem a educação na região, entre os quais, as diversas políticas que permearam e permeiam o sistema de ensino. No entanto, ressaltaremos apenas alguns aspectos relacionados aos processos históricos, alguns avanços e algumas políticas implantadas na Rede Municipal de Ensino. No que refere ao seu processo histórico, sem desconsiderar os saberes escolares e não escolares que existiram antes mesmo de 1911, quando foi criado o município de Altamira, apontaremos apenas alguns registros históricos posteriores. Segundo Miléo (2007, p. 80):

> a educação altamirense, criada pela Lei nº 098/86 em substituição ao antigo Departamento de Educação, Saúde e Assistência Social – DEAS, praticamente começou a desenvolver-se na época pós-revolução de 1930, período que inaugurou um novo rumo à educação nacional a partir da promulgação da constituição de 1934, que pela primeira vez na história, além de ser elaborado um capítulo específico sobre educação, foi incluída a questão da aplicação dos recursos públicos em educação.

A autora aponta ainda a fundação do "Instituto Maria de Mattias" em 1953, sob a tutela do Padre Eurico Krautler, na tentativa de evitar que os jovens da época saíssem de Altamira para estudar na capital do Estado. Primeiramente, ofertava o curso Primário e o Normal, em 1962 foi criado o Curso Pedagógico.

Esse colégio de cunho religioso foi projetado sob a tutela do Padre Eurico Krautler, que depois seria o 2º Bispo da Prelazia do Xingu, com a finalidade de oferecer uma instrução mais avançada para os jovens, como forma de evitar que estes fossem embora para a capital do Estado (MILÉO, 2007, p. 81).

As construções das primeiras escolas de Altamira demoravam até décadas para ficarem prontas e serem entregues à população.

Os registros históricos assinalam que em 1949, Artur Pessoa dá início à construção do Grupo escolar Porfírio Neto, o qual foi concluído em 1960 por José Burlamaqui de Miranda, sendo a primeira escola a funcionar de acordo com as normas pedagógicas do ensino da época. Ainda nesta década o Governo do estado deu início à construção das Escolas de 1º Grau Antônio Gondim Lins e Deodoro da Fonseca que somente foram entregues à comunidade Altamirense na década de 70. Neste mesmo período foi também construída a Escola Padre Eurico para atender a demanda da população rural do município (MILÉO, 2007, p. 81).

Em 1977, Altamira foi contemplada com a implantação do Serviço de Aprendizagem Industrial – SENAI –, o que contribuiu para abrir novas expectativas de cursos e, consequentemente, trabalho para os jovens altamirenses. No início de 1980, a "Escola Polivalente de Altamira", de relevância histórica pelo fato de ser pública e destinada ao ensino de 2º grau, ampliou as possibilidades de a juventude acessar um nível mais elevado de ensino na época. No final desta década, com a implantação da Educação Especial, 6 (seis) escolas destinavam espaços para as denominadas "classes especiais". Este número foi reduzindo gradativamente.

Ainda no mês de outubro de 1998, foi implantado no município o "Projeto de Alfabetização de Jovens e Adultos", que atendeu 341 estudantes. Concluíram a alfabetização e matricularam na 1ª etapa, cerca de 280 jovens e adultos. A década de 1990 foi marcada por várias transformações, entre elas, o processo de descentralização do ensino. Segundo Miléo (2007, p. 83): "em agosto de 1997, a Secretaria Estadual de Educação – SEDUC – apresentou à sociedade paraense a proposta intitulada 'Municipalização do Ensino Fundamental no Estado do Pará', por meio da Lei Estadual nº 6.044, de 16 de maio de 1997".

No ano de 1998, o município de Altamira e outros 60 municípios do Estado do Pará aderiram à municipalização do Ensino Fundamental, da Educação Infantil e da Educação de Jovens e Adultos.

Mediante a essa adesão a Secretaria Municipal de Educação passa a responder por todo o Ensino Fundamental (1ª a 8ª séries), Educação de Jovens e Adultos, desse modo passa a assumir as determinações constitucionais, ficando sob a responsabilidade doa Secretaria Estadual o Ensino Médio. Essa transferência entrou em vigor através do Decreto nº 356 de 06 de maio de 1998 (MILÉO, 2007, p. 84).

No ano de 1999, a política de municipalização do Ensino Fundamental estendeu-se à Educação Especial e, no ano de 2000, à Educação Indígena. Assim, o município passou a responder por 30 escolas, distribuídas da seguinte forma: 17 na cidade, sete no campo e cinco em áreas indígenas. Entre as 17 escolas da cidade, seis destinavam espaço para a Educação Especial, na época da municipalização. Este número foi reduzido para quatro, ainda naquela década, deixando de existir na década seguinte de forma gradativa, no formato que era ofertado na época; deixando uma parte significativa de crianças, adolescentes e jovens sob a responsabilidade da APAE.

Cabe destacar que essas escolas não foram suficientes para atender a demanda, pois não houve estudos ou preparação para os diversos impactos causados por esta política. Segundo Miléo (2007, p. 88):

> [...] antes da implantação da municipalização em 1997, foram ofertadas 8.783 matrículas, já no ano de 1998, período em que ocorreu a municipalização foram ofertadas 17.238, registrando um expressivo acréscimo de 96, 83 %, sendo que a expansão das matrículas na modalidade do Ensino Fundamental na zona urbana foi bem mais significativa, ao registrar aumento de 137,65 %, enquanto na zona rural houve um decréscimo de 11,65 %. Já na Educação de Jovens e Adultos houve um aumento de 151,14%, o que representou uma ampliação bem superior ao Ensino Fundamental.

Somando aos impactos com relação ao aumento no número de matrículas, o principal impacto que afetou diretamente os servidores públicos da educação foi a "municipalização" – quem antes pertencia ao Estado, com a municipalização, passou a fazer parte do quadro de servidores municipais. Para quem não foi diretamente afetado, pode ter sido simples, entretanto, para os que sofreram com a diminuição de salários e com as incertezas deste processo, foi bastante marcante.

> Essas tensões a começaram se fazer presentes no cenário educacional na gestão do Sr. Domingos Juvenil (2001-2004), a partir do momento em que a situação salarial dos servidores cedidos (professores e técnico-administrativos) foi alterada significativamente por intermédio de uma decisão arbitrária desse administrador que, [...] retirou as vantagens remunerativas dos respectivos, tendo como argumento central para essa medida, a

insuficiência de recursos do cofre público do município para arcar com os custos onerosos assumidos pelo governo anterior (MILÉO, 2007, p. 86).

Este fato levou o Sindicato dos Trabalhadores em Educação Pública do Pará – SINTEPP – a buscar intervenção junto ao Ministério Público local e provocou o retorno dos servidores à rede estadual, numa espécie de "desmunicipalização", conforme acrescenta Miléo (2007, p. 87).

> Mediante os impasses e descontentamentos gerados por essa decisão arbitrária dos 339 servidores que foram municipalizados (sendo que no início da municipalização 106 foram destratados pela SEDUC), os demais 123 que permaneceram a serviço da PMA (138 do grupo magistério e 95 do grupo administrativo), aos poucos foram retornando à rede estadual e em abril de 2004, os 59 trabalhadores em educação que até então haviam permanecido na rede municipal, foram desmunicipalizados.

No ano de 2001, a Secretaria Municipal de Educação aderiu ao "Programa Escola Campeã", por meio de parceria firmada com o "Programa de Gestão Municipal e Escolar" do "Instituto Ayrton Senna" e da "Fundação Banco do Brasil", com o objetivo de fortalecer e melhorar a qualidade do ensino. Dois programas de correção de fluxo do Instituto foram aderidos no mesmo período: o "Programa Se Liga", destinado a alunos em defasagem idade e série não alfabetizados; e, o "Programa Acelera Brasil", destinado a alunos alfabetizados que cursavam até a 3ª série também em defasagem idade e série, com o objetivo de acelerar seus estudos para a 5ª série. Segundo Miléo (2010, p. 90):

> de acordo com as diretrizes da Escola Campeã, essa política educacional atua como elemento estratégico na melhoria da qualidade do ensino e na regularização do seu fluxo, visando à instrumentalização e ao fortalecimento tanto das secretarias Municipais de Educação quanto das Instituições Pedagógicas da rede pública.

A adesão desta política mudou os rumos da educação municipal ocupando a centralidade na política educacional de Altamira. No entanto, vale destacar que as imposições sofridas pelos profissionais da educação durante a fase de implantação, geraram uma rejeição por parte da maioria dos professores. Era comum ouvir pelos corredores das escolas, termos como "Se Liga, Acelera e Se lasca". As cobranças da Secretaria de Educação chegavam de forma autoritária, não havia um diálogo com a gestão da maioria das escolas, que não apresentava aos professores as propostas e os direcionamentos da educação, reorientados a partir da adesão desses Programas.

No ano de 2005, devido à posse de nova gestão municipal, o convênio foi renovado, passando a ser denominado de "Rede Vencer". A Rede reunia os Programas "Se Liga", "Acelera Brasil", "Circuito Campeão" e "Gestão Nota 10". Os dois primeiros deixariam de existir assim que o fluxo de alunos com defasagem idade e série fosse corrigido. Este processo seguiu com a ampliação dos órgãos colegiados como o Conselho de Alimentação – CAE –, fundado ainda no ano de 2005, e de Programas de Educação Complementar conforme denominados pela Secretaria de Educação, como: "Capoeira na Escola", "Escola de Música" e "Inclusão Digital".

Em relação às ações da política de Educação Especial, nota-se que o fato de Altamira ser considerado um município polo, encarregado de difundir a política nacional de Educação Especial na Perspectiva da Educação Inclusiva nos demais municípios da área de abrangência, tem contribuído para acessar esta política de forma privilegiada por alguns educadores que são convidados para participarem das formações proporcionadas pelo Ministério da Educação. Entre estes educadores, encontram-se os Secretários de Educação dos municípios polos. Este fato tem impulsionado algumas ações no âmbito municipal, como a adesão ao programa "Educação Inclusiva Direito à Diversidade", no ano de 2005. Registra-se, nesta época, que apenas uma escola da rede municipal ofertava a Educação Especial na forma de "classes especiais". No ano de 2006, foi realizado o primeiro curso para 40 (quarenta) gestores e educadores dos municípios da área de abrangência do polo Altamira.

No ano de 2007, o município aderiu ao "Projeto Educar na Diversidade", período em que houve a realização de oficinas para 60 (sessenta) educadores que atuavam nas classes comuns. Cabe destacar que embora os Secretários fossem conhecedores desta política, as educadoras, multiplicadoras deste projeto, não contaram com o apoio da Secretaria de Educação para a realização de oficinas com os professores da rede municipal. Os professores e multiplicadoras que participavam do processo precisavam trabalhar o dia todo, cumprir suas cargas horárias em suas devidas escolas e, no turno da noite, se dedicar à formação sem nenhum apoio da equipe da Secretaria Municipal de Educação. Enquanto outro município vizinho, Senador José Porfírio, por exemplo, que faz parte do polo Altamira, aceitou difundir o projeto para todos os educadores da Rede Municipal, reproduzindo o material, pois o enviado pelo MEC não havia chegado a tempo; e, ainda arcou com todas as despesas da multiplicadora e do apoio logístico para a realização da formação.

Neste mesmo ano foi ofertado ainda o "Curso de Aperfeiçoamento em Atendimento Educacional Especializado", por meio de parceria com o MEC e a UFCE, com a carga horária de 180h, para 10 (dez) professores de município polo – Altamira. Houve ainda a difusão do "Curso de Atendimento

Educacional Especializado", com a carga horária de 40h para 48 (quarenta e oito) gestores e educadores do polo e de mais quatorze municípios que pertenciam à área de abrangência. Outro marco relevante neste ano de 2007 foi a extinção dos atendimentos exclusivos em classes especiais para as pessoas com surdez e com deficiência física, passando a ser inclusos nas classes comuns. Fato que demorou mais dois anos para ser estendido aos estudantes que apresentavam outras necessidades, como deficiência intelectual.

No ano de 2008, pela primeira vez, a Secretaria de Educação nomeou uma coordenadora para a Educação Especial/Inclusiva. Houve ainda o "Curso de Atendimento Educacional Especializado" para 12 professores do município de Altamira e de mais três municípios pertencentes ao polo Altamira: Brasil Novo, Medicilândia e Vitória do Xingu. Neste mesmo ano, houve a contratação de um Intérprete de Libras/Língua Portuguesa e da realização de um curso de AEE, de 40 horas, para 50 professores de Altamira, dos distritos de Cachoeira da Serra e de Castelos dos Sonhos, e de mais quatorze municípios que fazem parte do polo Altamira. Formações realizadas com 100% das despesas pagas pelo Ministério da Educação.

No ano de 2009, ocorreu a extinção de todas as classes especiais que existiam em uma única escola e a implantação da Sala de Recurso Multifuncional para o Atendimento Educacional Especializado. Todos os alunos que frequentavam as "classes especiais" foram encaminhados para escolas próximas de suas casas. Ampliou-se para dois o número de Intérpretes para atuar na classe comum. O referido ano foi impactante para as escolas que não estavam acostumadas a trabalhar com estudantes com necessidades educacionais especiais; e, desafiante, para a Coordenadora da Educação Especial/Inclusiva e uma Professora da Rede Municipal de Educação, Especialista na Área da Educação Especial e Inclusiva, designadas pela Secretaria de Educação para dar apoio a este processo nas escolas do campo e cidade.

Os impactos se deram em função das dúvidas que predominavam para os coordenadores, diretores e professores sobre o processo de ensino e aprendizagem desses estudantes e da falta de preparação para recebê-los. O cansaço das professoras de apoio se deu em função da falta de comprometimento com a política de inclusão e falta de apoio da Secretaria Municipal de Educação, para que as professoras conseguissem apoiar, de fato, as escolas de forma mais eficiente. Para tentar conseguir atender a todas as escolas, as professoras criaram algumas estratégias de apoio, como o levantamento das escolas que possuíam o maior número de estudantes com necessidades educacionais especiais e a priorização das mesmas para receberem orientações, uma vez que as aulas não poderiam parar para a realização de formação com os profissionais das escolas.

Algumas escolas paravam as aulas apenas por um dia, para a formação. Este tempo não era suficiente para tirar todas as dúvidas dos professores com relação ao processo de ensino e aprendizagem dos estudantes com necessidades educativas especiais. Assim, priorizavam nas formações os apoios que as escolas deveriam buscar para cada necessidade, metodologias diversificadas, adaptação de recursos e avaliação. Contudo, em função do tempo, as temáticas foram trabalhadas de forma superficial. No entanto, ainda assim, os depoimentos de alguns educadores que receberam as orientações demonstraram alguns impactos, como afirmou uma professora da Rede Municipal, não pertencente à escola "Roda de Sisos": *"Antes dessa formação, eu pensava que tinha que ensinar o meu aluno 'Pedro' a andar e desenvolver os movimentos. Depois dessa formação, eu sei que ele pode aprender as mesmas coisas que os outros aprendem".*

Alguns professores não conheciam os recursos da Tecnologia Assistiva tampouco como usá-los com os alunos com paralisia cerebral, e acabavam pensando que deveriam desenvolver exercícios próprios da área de fisioterapia, para primeiro desenvolver no aluno as habilidades motoras, para depois, quando os mesmos conseguissem pegar no lápis tradicional, realizar alguma atividade escolar. Assim, demonstraram, na época, que não dominavam conhecimentos básicos necessários para o processo de inclusão escolar.

Cabe destaque à falta de apoio para atender às escolas, principalmente as do campo. Algumas escolas do campo que demonstravam interesse pela formação precisavam arcar com as despesas de combustível ou passagem para levar as professoras formadoras até as localidades. Alguns Diretores das escolas assumiam as despesas com seus próprios recursos. As formadoras também investiam recursos próprios para conseguir realizar as formações.

No que se refere ao Atendimento Educacional Especializado, este se dava em uma única escola e de forma parcial. O Atendimento Educacional Especializado integral era ofertado apenas para os alunos com Deficiência Visual, ou seja, em Braille, orientação e mobilidade e atividades da vida diária. Os estudantes com surdez contavam com o atendimento parcial, ou seja, Língua Portuguesa como segunda Língua – L2. Os mesmos não contavam com o ensino de Libras e em Libras. Fato ainda observado no ano de 2012.

Os alunos com deficiência intelectual que passaram a frequentar as classes comuns no ano de 2009, contavam com o apoio do município de transporte escolar para que os mesmos pudessem frequentar o contraturno na "ERC Despertar para a Vida"/APAE, uma vez que o atendimento não era ofertado pela rede municipal.

No ano de 2010, o município ofertou Atendimento Educacional Especializado para alunos com deficiência intelectual e transporte escolar para os mesmos. Entretanto, não conseguiu atender toda a demanda da rede, porque era ofertado em uma única escola, por uma professora apenas. Com isso, alguns alunos continuaram sendo atendidos pela "ERC Despertar para a Vida"/ APAE, no turno contrário a sua escolarização. Registram-se, ainda, atitudes de alguns diretores da época que, não conseguindo redirecionar o processo de inclusão, convidavam os pais de alunos com necessidades educacionais especiais a retirarem seus filhos das escolas.

Nos anos de 2011 e 2012 o município não ofertou Atendimento Educacional Especializado para os alunos com deficiência intelectual. E não foram apenas esses alunos que não receberam apoio, pois alguns alunos com Transtornos Globais do Desenvolvimento – TGD – foram contemplados apenas com tentativas frustradas de inclusão nas escolas comuns. O Atendimento Educacional Especializado nunca foi ofertado para essas pessoas na rede municipal de ensino. Os que procuram as escolas são encaminhados para a "ERC Despertar para a Vida"/APAE. Por exigência de uma mãe de aluno com TGD, o município destinou um professor para atender seu filho na APAE.

Cabe destacar ainda que, até o ano de 2011, a educação municipal apresentou um crescimento considerável no Índice de Desenvolvimento da Educação Básica – IDEB. O Quadro 7, a seguir, apresenta os resultados do IDEB nacional, do Pará, de Altamira e da escola pesquisada, nos anos de 2005, 2006, 2009 e 2011.

Quadro 7 – IDEB Nacional, Pará, Altamira e escola "Roda de Sisos"

IDEB	ANOS			
	2005	2007	2009	2011
Brasil	3.8	4.2	4.6	5.0
Pará	2.8	3.1	3.6	4.2
Altamira	3.3	4.3	4.7	4.8
Escola "Roda de Sisos"	2.9	3.6	3.4	3.7

Fonte: INEP (2013).

O IDEB geral de Altamira apresentou um crescimento superior ao IDEB geral do Pará, nos anos de 2005, 2007, 2009 e 2011, bem como, um crescimento superior ao IDEB nacional, nos anos de 2007 e 2009. A escola "Roda de Sisos" apresentou o índice de 2011, inferior ao índice nacional de 2005 e índice de Altamira de 2007, ou seja, o IDEB geral de Altamira apresentou um crescimento acima da meta projetada, enquanto a escola pesquisada, fazendo parte da mesma Rede Municipal, apesar do crescimento do índice, vem sendo destaque na mídia pelo fato de apresentar um dos piores índices entre as escolas municipais.

Percebe-se que as escolas que apresentam os melhores índices são as escolas que trabalham com os anos iniciais do Ensino Fundamental, ou seja, no ano de 2011, o IDEB nessas escolas variou entre 4.0 e 6.0, enquanto os índices nas escolas que trabalham com os anos finais do Ensino Fundamental e EJA, como é o caso da escola "Roda de Sisos", variaram entre 3.3 e 5.1, no mesmo ano. Esta constatação evidencia problemáticas vivenciadas pelas escolas que trabalham com os anos finais do Ensino Fundamental. Entre as questões problemáticas, destaca-se a ineficiência em fazer a gestão dos sistemas nos anos finais do Ensino Fundamental. Um número significativo de professores é lotado em várias escolas e, em alguns casos, apenas ministram suas aulas e precisam deslocar-se para outras escolas sem estabelecer um envolvimento com as turmas e escolas que trabalham.

Na atualidade, mais precisamente no ano de 2012, podemos apontar algumas realidades evidenciadas neste processo educacional e que podem ser consideradas avanços para alguns e desafios para outros, especialmente para aqueles que persistem na busca pela melhoria da qualidade de ensino na região. O município atendeu em 2012, um total de 24.791 estudantes distribuídos em 123 escolas, sendo 31 escolas na cidade atendendo ao Ensino Fundamental e EJA e 19 atendendo Educação Infantil; 50 escolas no campo e 23 em áreas indígenas. A matrícula apresenta um crescimento considerável se comparada às matrículas no ano de 1997, com 8.783, antes da municipalização, para 17.288, em 1998. Conforme já destacamos anteriormente sobre os impactos da municipalização. No entanto, registra-se um pequeno aumento no número de matrícula entre 2006 e 2012, passando de 24.527 para 24.791 respectivamente, conforme ilustrado no Gráfico 1.

Gráfico 1 – Crescimento de matrícula da Rede Municipal

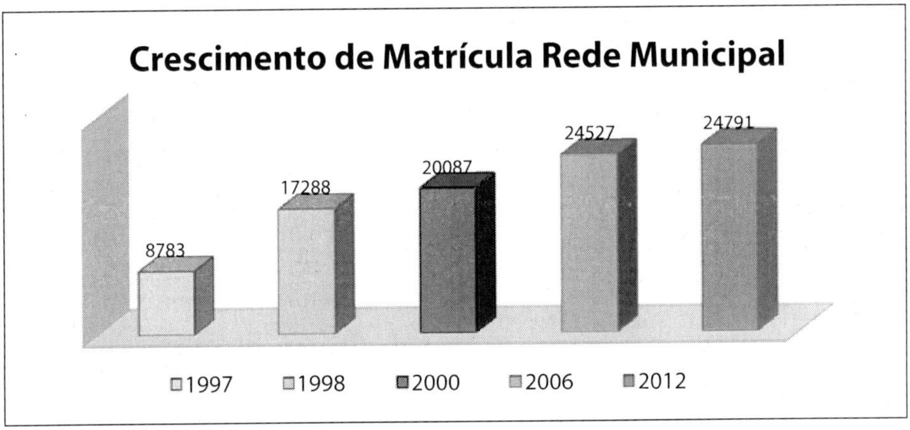

Fonte: Elaboração nossa, com base em Miléo (2007) e SEMED – Altamira (2013).

Em relação à Educação de Jovens e Adultos, o crescimento no número de matrícula foi expressivo de 1997 a 2000, aumentando de 264 para 3.026

estudantes, respectivamente. No entanto, no ano de 2006, esse número teve um decréscimo para 2.228, se mantendo quase estável no ano de 2012, com 2.299 estudantes matriculados na EJA, conforme o Gráfico 2.

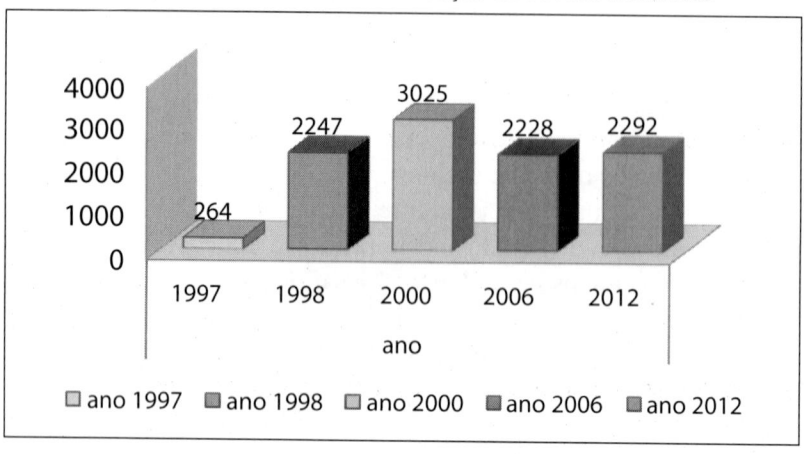

Gráfico 2 – Matrícula na Educação de Jovens e Adultos

[Gráfico de barras com valores: 1997: 264; 1998: 2247; 2000: 3025; 2006: 2228; 2012: 2292]

Fonte: Elaboração nossa, com base em Miléo (2007) e SEMED – Altamira (2013).

Percebe-se que o "Programa Alfabetização Solidária" criado em 2007 pelo Governo Federal e implantado em Altamira no ano de 1998, pode ser um dos fatores que contribuiu para o elevado número de matrículas, nos anos de 1998 a 2000. No entanto, as preocupações se voltam não apenas para o número de matrícula inicial, mas, principalmente, para a matrícula final, ou seja, o alto índice de abandono entre jovens e adultos que se matriculam na modalidade EJA.

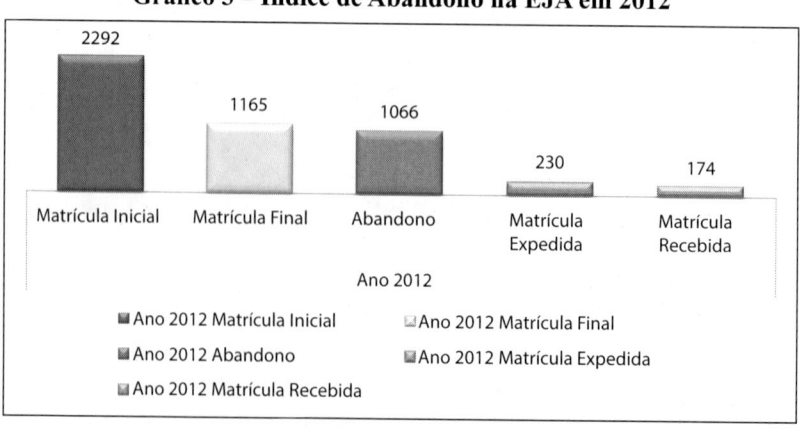

Gráfico 3 – Índice de Abandono na EJA em 2012

[Gráfico de barras com valores: Matrícula Inicial: 2292; Matrícula Final: 1165; Abandono: 1066; Matrícula Expedida: 230; Matrícula Recebida: 174 — Ano 2012]

Fonte: Fonte: Elaboração nossa, com base em SEMED – Altamira (2013).

No ano de 2012 foi registrada a matrícula inicial de 2.292 estudantes, 174 matrículas recebidas por transferências, 230 transferências expedidas e apenas 1.165 estudantes concluíram o ano letivo e 1.066 abandonaram a escola. O elevado índice de abandono nesta modalidade de ensino causa impacto na visualização dos dados apresentados.

Na área indígena, o índice de evasão escolar tem um percentual maior que a média registrada nas demais escolas da Rede Municipal, como exemplo:

> a EMEF localizada na aldeia Pakajá com 10 alunos matriculados e 07 alunos desistentes na EJA, ou seja, 70% de evasão tem como motivação a frequente ida de alunos indígenas a sede do município para tratar de assunto referente a UHBM – Usina Hidrelétrica de Belo Monte (SEMED, 2012).

A Equipe da Secretaria Municipal de Educação responsável pela EJA atribuiu as principais motivações para o alto índice de abandono:

> – deslocamento para os canteiros de obras de Belo Monte;
> – desistência em decorrência do cansaço físico, pois, a EJA atende quase na sua totalidade a alunos que trabalham no diurno (relação escola X trabalho);
> – aulas que utilizam basicamente o quadro e o giz, desmotivando ainda mais o aluno;
> – ausência de políticas públicas educacionais que acompanhem o desempenho da EJA no município; estruturas físicas inadequadas, inclusive no que diz respeito à acessibilidade, para a realização de um trabalho consistente, desmotivando o aluno no processo de Ensino- aprendizagem (SEMED, 2012).

As causas do abandono destacadas variam entre fatores socioeconômicos, a necessidade de priorizar o trabalho para contribuir com o sustento da família, o cansaço físico dos estudantes, aulas desmotivadoras, ausência de políticas públicas educacionais específicas para EJA e estruturas físicas inadequadas (falta de acessibilidade). Soma-se a essas causas, a falta de um currículo flexível e adequado ao estudante da EJA e às escolas indígenas.

De acordo com a equipe responsável pela EJA da SEMED, combater o abandono é o principal desafio na Educação de Jovens e Adultos de Altamira. Para tanto, apresentaram como propostas:

> – dinamizar atividades esportivas com profissional de educação física não atendendo apenas ao conteúdo programático, buscando a socialização entre alunos.
> – organizar e Colocar em prática os conselhos de classe na EJA;

– utilizar o telefone celular como instrumento para entrar em contato com alunos faltosos;
– acompanhar os alunos do PROEJA- FIC nas escolas que foram contempladas com o programa;
– criar um plano de ação para o fortalecimento da Educação de Jovens e Adultos (EJA) no município;
– implementar um plano de mobilização das pessoas jovens e adultas para ingresso em turmas de alfabetização;
– construir junto com o professor um ambiente propício ao aprendizado e a permanência do aluno na escola;
– utilizar as novas mídias como suporte pedagógico utilizando- a para favorecer o processo de ensino- aprendizado incluindo a área indígena;
– utilizar programas de acompanhamento do desempenho do aluno da EJA para dar sustentabilidade aos planos de intervenção;
– utilizar de palestras motivacionais para incentivar o aluno a não evadir da escola;
– proporcionar aos professores cursos de capacitação e formação continuada com vista a melhorar o desempenho dele com o aluno.
– adaptar o currículo de acordo com a realidade indígena com a participação de uma equipe multidisciplinar (antropólogo, linguista, pedagogo e sociólogo) utilizando- a também para a capacitação dos profissionais do magistério que trabalham com indígenas;
– adequar o material didático a realidade indígena, produzindo, editando e publicando esses materiais, contemplando as realidades socioculturais dos povos indígenas (SEMED, 2012).

As proposições apresentadas variam de mudanças estruturais, organizacionais, formação, currículo, adaptação de material didático, entre outras. No entanto, não apontam como cada ação deverá ser desenvolvida e não sinalizam para a EJA na perspectiva da Educação Inclusiva. Somando a esses desafios, encontra-se a Educação Especial, outra modalidade de ensino que ainda não foi priorizada nas ações da SEMED. O Censo 2012 registrou um total de 261 estudantes com Deficiência, Transtorno Global do Desenvolvimento ou Altas Habilidades/Superdotação, na Rede Municipal de Ensino. Desses, 27 estavam matriculados na EJA – 14 matriculados na Escola "Roda de Sisos" e 13 distribuídos nas em outras quatro escolas. Os demais estão assim distribuídos: 13 na Educação Infantil e 121 no Ensino Fundamental. Registra-se ainda que, destes 121 estudantes, apenas 1 pertence à "EMEF Indígena".

Com esse número de estudantes com Necessidades Educacionais Especiais espalhados em uma Rede de Ensino com 123 escolas distribuídas entre campo, cidade, área indígena e distritos, a SEMED não dispõe de uma equipe de apoio à Inclusão e de Formação de Professores para atuarem no contexto inclusivo. Também não existe uma sistemática de acompanhamento destes estudantes por parte da Secretaria, ou seja, a SEMED não dispõe de dados referentes à Educação Especial. Não conseguem informar dados básicos sobre a mobilidade deste público nas escolas como o número de aprovados, reprovados e abandono.

Não existe, ainda, a articulação intersetorial entre as Secretarias de Educação e de Assistência Social para articular a política de inclusão, ou seja, a SEMED e a SEMUTS não articulam seus dados para saberem quantos estudantes em idade escolar obrigatória (de 4 a 17 anos), recebem o Benefício de Prestação Continuada – BPC – e quantos estão de fato matriculados e estudando. Este fato também contribui para a exclusão no exterior das escolas.

Desta forma, a ineficiência na gestão dos sistemas escolares e não escolares, vem contribuindo com a exclusão e dificultando a interiorização da política inclusiva. Esta ineficiência no que se refere ao sistema escolar manifesta-se de forma explícita, uma vez que a Rede Municipal de ensino não consegue estabelecer seu sistema próprio e ainda depende de deliberações do Conselho Estadual de Educação do Estado do Pará. Embora o Conselho Municipal tenha sido criado no ano de 1995, por meio da Lei nº 657, ainda não se estabilizou na prática. Em 29 de junho 2012, por força de determinação judicial, novamente a gestão municipal instituiu a Lei de nº 3.085, que organiza e estrutura o Sistema Municipal de Ensino de Altamira – SME –, e reestrutura o Conselho Municipal de Educação – CME. No entanto, o que se estabeleceu na prática foi a destinação de uma sala sem a mínima infraestruturar e sem apoio técnico necessário para desenvolver-se com a competência normativa e funções consultivas, deliberativa, fiscalizadora, mobilizadora e controle social. Assim, todas as demandas de um Sistema de Educação continuam centralizadas no Conselho Estadual.

Segundo o Artigo 12 da referida Lei de criação do sistema e reestruturação do Conselho, o Sistema Municipal de Ensino de Altamira compreende:

> I – o Conselho Municipal de Educação – CME/ Altamira;
> II – a Secretaria Municipal de Educação – SEMED/Altamira;
> III – o Conselho de Acompanhamento e Controle Social do Fundo de Desenvolvimento e Manutenção da Educação Básica e Valorização dos Profissionais da educação – Conselho do FUNDEB;
> IV – o Conselho Municipal de Alimentação Escolar – COMAE;
> V – as instituições de educação infantil, de ensino fundamental e de atendimento a jovens e adultos mantidas pelo Poder público Municipal;
> VI – as instituições de educação infantil, criadas e mantidas pela iniciativa privada;
> VII – as instituições educacionais que vierem a ser criadas e mantidas pelo Município, atendida a legislação específica.

Esta mesma Lei, em seu Artigo 6, diz que a educação escolar pública será efetivada mediante a garantia de:

> I – atendimento gratuito em instituições de educação infantil para as crianças, nas etapas de creche e pré-escolas, de zero a três anos, e de quatro e cinco anos de idade, respectivamente;
> II – universalização da oferta de ensino fundamental, inclusive para os que a ele não tiveram acesso na idade própria;
> III – atendimento educacional especializado aos educandos com deficiência, preferencialmente nos estabelecimentos regulares de ensino;
> IV – oferta de ensino regular noturno, adequado às condições peculiares do educando;
> V – oferta de Educação de Jovens e Adultos, diurno e noturno, assegurando ao educando trabalhador as condições de acesso e permanência na escola;
> VI – padrão de qualidade, envolvendo os insumos indispensáveis ao desenvolvimento do processo de ensino e aprendizagem e de recursos humanos docentes, técnicos e administrativos qualificados;
> VII – atendimento por meio de programas suplementares de fornecimento de material didático, transporte escolar, alimentação e assistência à saúde, dando atenção às especificidades das comunidades escolares do campo, das águas, das florestas e indígenas, com vistas ao desenvolvimento integral do educando;
> VIII – ampliação progressiva do período de permanência na instituição educacional;
> IX – liberdade de organização estudantil e associativa;
> X – vaga na pré – escola em instituições de educação infantil mais próxima de sua residência, a toda criança a partir dos quatro anos de idade, nos termos das normas legais.

Observam-se, nesse Artigo, várias contradições entre o que determina a Lei, e o que está sendo garantido na prática. Exemplos disto são: o padrão de qualidade; os servidores qualificados; a oferta da EJA diurno, esta só acontece em uma única escola da rede, destinada apenas as 3ª e 4ª Etapas. Percebe-se nesse Artigo, um equívoco referente à oferta do Atendimento Educacional Especializado, quando diz que será ofertado apenas às pessoas com deficiência, desconsiderando o público-alvo da Educação Especial, que envolve não apenas as pessoas com deficiência, bem como os estudantes com Transtornos Globais do Desenvolvimento, Altas Habilidades/Superdotação, ou seja, os Estudantes com Necessidades Educacionais Especiais.

No primeiro semestre de 2013, com a nova gestão municipal, não houve a renovação do convênio com o "Instituto Airton Senna" e, consequentemente, a

Secretaria Municipal Educação de Altamira deixou de atuar com o "Programa Rede Vencer", que fez parte deste contexto até o ano de 2012. Todavia, a SEMED vem aderindo e implantando outros programas como: o "Programa Mais Educação", por meio deste desenvolve atividades de pintura, dança e teatro e o "Programa Segundo Tempo", com oficinas de Matemática, Letramento, brincadeiras, esporte, tecnologia educacional, iniciação a música, educação ambiental, entre outras. Na modalidade EJA estão sendo desenvolvidos projetos de leitura, artes e meio ambiente (SEMED, 2013).

CAPÍTULO 5

TESSITURAS DA INCLUSÃO NA EDUCAÇÃO DE JOVENS E ADULTOS NA ESCOLA "RODA DE SISOS"

5.1 O processo de Inclusão na Escola

5.1.1 A escola "Roda de Sisos": caracterização

A escola denominada nesta pesquisa de "Roda de Sisos" está inserida na região central da cidade de Altamira, no Estado do Pará. Embora esteja em uma área centralizada, a comunidade escolar é composta por estudantes de vários bairros da cidade, principalmente os estudantes com necessidades educacionais especiais, matriculados na escola. A maioria atravessa a cidade para chegar até a escola. Os alunos residem nos bairros de Bela vista, Jardim Independente I, Brasília, Premem, Açaizal, entre outros; alguns deles residem em palafitas em áreas que alagam.

Mapa 1 – Mapa de Altamira

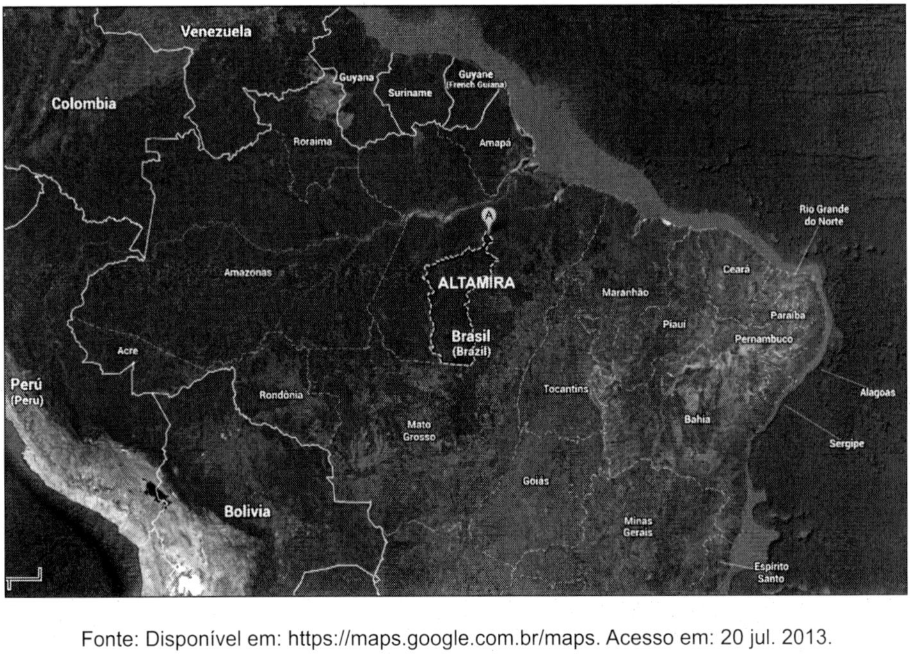

Fonte: Disponível em: https://maps.google.com.br/maps. Acesso em: 20 jul. 2013.

Mapa 2 – Localização da escola pesquisada

Fonte: Disponível em: https://maps.google.com.br/maps. Acesso em: 20 jul. 2013.

    Esta escola[11] foi uma das primeiras construídas na cidade, entregue à população altamirense no mês de janeiro de 1970, pelo Governador do Estado do Pará, Tenente Coronel Alacid da Silva Nunes e pelo Secretário de Estado de Educação, Professor Acy de Jesus N. de Barros Pereira. Na época, a escola era denominada de "Grupo Escolar". Em novembro de 1977 foi inaugurada sua primeira reforma realizada pelo Governador Aloysio da Costa Chaves e o mesmo Secretário de Estado de Educação da época de sua primeira inauguração. Neste período, passou a ser denominada "Escola Estadual de 1º Grau".

    No mês de maio de 1978, o mesmo Governador Aloysio da Costa Chaves, recuperou e ampliou o prédio. A escola foi de responsabilidade do Estado até o primeiro semestre de 1998, época em que o município de Altamira aderiu à Municipalização. Com a referida adesão, a escola passou a ser de responsabilidade do município. Assim, passou a ser uma "Escola Municipal de Ensino Fundamental".

    Após a reforma recebida no ano de 1978, só foi registrada outra reforma no ano de 2005, ou seja, 27 anos depois, na gestão municipal de Odileida Maria de Sousa Sampaio e da Secretária de Educação, Nilcéia Alves de Moura Oliveira. No ano seguinte, mais precisamente no mês de setembro de 2006, a escola recebeu novamente reforma financiada pelo Ministério da Educação e pela Prefeitura de Altamira. Nesta ocasião, foram realizadas adaptações de

---

11 Os dados históricos sobre a escola "Roda de Sisos" foram obtidos por meio das placas de inauguração espalhadas nas paredes do prédio. As placas foram fotografadas e a história foi cronologicamente construída mediante as informações nelas contidas.

acessibilidade, como adaptação dos banheiros e algumas rampas de acessos em locais estratégicos da escola.

No ano de 2010, a escola foi contemplada com recursos do "Programa Escola Acessível", do Governo Federal. No ano de 2011, iniciaram-se reformas de todo o prédio com apoio financeiro do Consórcio Construtor de Belo Monte – CCBM. No segundo semestre de 2012, no momento da pesquisa, as reformas ainda não haviam sido concluídas. No entanto, foi possível perceber que as salas tiveram suas carteiras substituídas por mesas e cadeiras novas, bem como, central de ar (não funcionava no momento da pesquisa em função da não conclusão da reforma na parte elétrica) e quadro branco, conforme a Foto 1.

Foto 1 – Sala Comum

Fonte: Acervo pessoal.

A estrutura física da escola é composta por: nove salas de aula; uma biblioteca; uma sala de informática; uma sala de professores; uma secretaria; uma sala da direção; uma sala da coordenação; três salas de Atendimento Educacional Especializado; uma quadra sem cobertura; um espaço livre coberto na entrada, destinado aos eventos; um banheiro masculino e um banheiro feminino, com três sanitários cada um; e, dois banheiros adaptados, um masculino e um feminino.

Tentamos ter acesso aos banheiros adaptados durante toda a realização da pesquisa, no entanto, em todos os turnos, estavam trancados. Procuramos os servidores da secretaria e pedimos a chave, na tentativa de conhecer as adaptações. Elas disseram que não sabiam quem ficava com a chave. Até tiveram boa vontade de ajudar. Pegaram todas as chaves e tentamos abrir a porta dos banheiros, mas nenhuma chave abriu, conforme as Fotos 2 e 3 dos banheiros trancados.

Foto 2 – Banheiro Adaptado Trancado

Fonte: Acervo pessoal.

Foto 3 – Banheiro Adaptado Trancado

Fonte: Acervo pessoal.

Outro destaque que reflete a falta de acessibilidade na escola são os bebedouros inadequados aos estudantes usuários de cadeira de rodas ou às pessoas de estatura baixa, conforme a Foto 4.

Foto 4 – Bebedouro Inadequado

Fonte: Acervo pessoal.

Alguns espaços, como a sala de Atendimento Educacional Especializado para os estudantes com cegueira, estavam servindo de depósito no momento da pesquisa, devido à reforma que estava sendo realizada na escola, conforme a Foto 5.

Foto 5 – Sala de AEE para Estudantes Cegos

Foto: Acervo pessoal.

As professoras de Educação Especial dividiam uma Sala de Recurso Multifuncional pequena e com isso houve o comprometimento de alguns atendimentos, conforme a Foto 6.

Foto 6 – Sala de Recurso Multifuncional

Fonte: Acervo pessoal.

A sala de Atendimento Educacional Especializado para os estudantes com surdez, ainda sem uso devido às reformas, encontra-se com este aspecto, representada na Foto 7.

Foto 7 – Sala de AEE para Estudantes com Surdez

Fonte: Acervo pessoal.

As expectativas com relação às reformas são diversas. Segundo a professora Soriedem – SEM, *"a sala está em reforma, mas a porta foi alargada e espero que contemple as necessidades de adaptações que os educandos necessitam"*. O espaço encontrado na entrada da escola demonstra, por meio do quadro de boas-vindas, banquinhos, mesas e cadeiras espalhadas, a forma singular de receptividade da escola, conforme a Foto 8.

Foto 8 – Entrada da Escola

Fonte: Acervo pessoal.

A escola "Roda de Sisos" trabalha com os anos finais do Ensino Fundamental, nos turnos matutino e vespertino; Educação de Jovens e Adultos, nos turnos vespertino e noturno; e, Educação Especial, nos turnos matutino e vespertino, atendendo estudantes da escola e de outras escolas da Rede Municipal. Os anos finais do Ensino Fundamental registraram, na matrícula inicial de 2012, um total de 248 estudantes, e, na matrícula final, 264 estudantes, devido às transferências recebidas e expedidas. Neste nível, 39 alunos abandonaram à escola. Na modalidade EJA, foram matriculados, em 2012, um total de 445 estudantes, distribuídos nas seguintes turmas: 1 (uma) turma de 1ª Etapa; 1 (uma) turma de 2ª Etapa; 4 (quatro) turmas de 3ª Etapa; e, 6 (seis) turmas de 4ª Etapa. Destes 445 estudantes, finalizaram 200. Abandonaram a escola 233 estudantes.

Quanto à modalidade da Educação Especial, a escola não possui um controle em relação ao total de estudantes que frequentam. No entanto, constatamos durante a pesquisa que 24 (vinte e quatro) estudantes incluindo os de outras escolas, estavam matriculados no Atendimento Educacional Especializado. Destes, 17 (dezessete) estudantes com necessidades educacionais especiais frequentaram a EJA no ano de 2012, sendo: 1 (um) com deficiência física, 1 (um) com deficiência intelectual, 1 (um) com baixa visão e 14 (quatorze) com surdez. Destes 17 (dezessete) estudantes, 3 (três) abandonaram a escola. Entre os que abandonaram, encontram-se: 1 (um) com Deficiência Intelectual, 1 (um) com Deficiência Física e 1 (um) com Surdez. Dos 14 (quatorze) que concluíram o ano letivo na Educação de Jovens e Adultos, apenas 4 (quatro) frequentaram o Atendimento Educacional Especializado.

O alto índice de abandono na Escola "Roda de Sisos" é impactante assim como o índice de abandono geral da EJA na Rede Municipal, apresentado anteriormente. Deste modo, ilustramos gráficos comparativos entre o índice de abandono total na EJA da escola pesquisada e o índice de abandono entre os estudantes com necessidades educacionais especiais na referida escola, conforme os Gráficos 4 e 5, a seguir.

Gráfico 4 – Abandono geral da EJA na escola "Roda de Sisos"

Abandono na EJA "Roda de Sisos"

■ Ano 2012 Matrícula Inicial   ■ Ano 2012 Abandono

445

233

Fonte: Elaboração nossa, a partir dos dados da Secretaria da Escola pesquisada (2013).

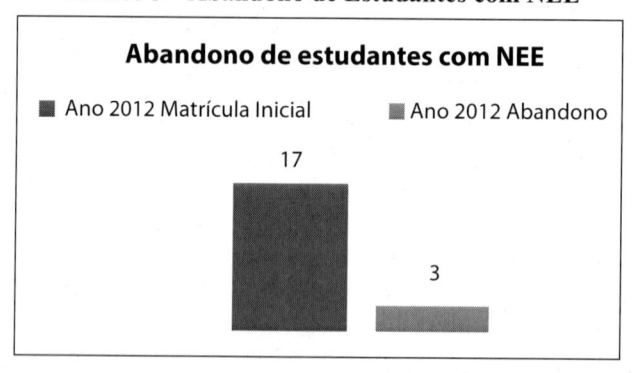

Gráfico 5 – Abandono de Estudantes com NEE

Abandono de estudantes com NEE

■ Ano 2012 Matrícula Inicial   ■ Ano 2012 Abandono

17

3

Fonte: Elaboração nossa, a partir dos dados da Secretaria da Escola pesquisada (2013).

A partir dos dados apresentados, percebe-se que o índice de abandono na EJA é de 52,3 %, enquanto este índice entre os estudantes com necessidades educacionais especiais é de 17,64%, ou seja, embora seja elevado o número de estudantes com necessidades educativas especiais que abandonam a escola, chega ser alarmante este número entre os que não possuem necessidades educacionais especiais. Assim sendo, constata-se que o abandono e a exclusão na EJA têm origem em diversos fatores existentes dentro e fora da escola, já citados anteriormente, como: fatores atitudinais, fatores socioeconômicos, fatores pedagógicos que permeiam o fazer educativo e as práticas que são vivenciadas nas escolas. Desta forma, abordaremos na próxima seção, como vem se desenvolvendo o processo de inclusão na escola "Roda de Sisos", considerando o Projeto Político Pedagógico, a participação, o envolvimento da equipe escolar e a preparação para a inclusão, entre outros fatores fundamentais neste processo.

5.1.2 O Projeto Pedagógico da escola

Durante o desenvolvimento desta pesquisa alguns obstáculos foram encontrados na escola "Roda de Sisos", em relação ao Projeto Político Pedagógico, um instrumento de planejamento de fundamental importância no contexto escolar. As escolas de Altamira construíram suas Propostas Pedagógicas no ano de 2003, por força de cobranças que foram estabelecidas após parceria firmada com o Programa de Gestão Municipal "Escola Campeã", do "Instituto Ayrton Senna". Os educadores que participaram desta época histórica são sabedores das cobranças para que todas as escolas construíssem suas "Propostas Pedagógicas" como foram denominadas. Algumas escolas tiveram dificuldades para elaborarem suas propostas e, na época, era comum alguns gestores das escolas procurarem os acadêmicos ou outros técnicos para construí-las.

Por força das cobranças externas, as escolas construíram suas "Propostas Pedagógicas". Neste contexto, encontra-se a escola "Roda de Sisos". Ao desenvolver esta pesquisa, no intuito de conhecer entre outros aspectos, a função social da escola, solicitamos o Projeto Político Pedagógico à Direção da escola, entretanto, a gestora disse não saber e que ainda não o tinha visto depois que assumiu a Direção. Informou ainda que até tinha visto uma pasta com o nome PPP no computador, no entanto, não conseguiu acessar porque não tinha a senha da pasta. Isto significa que a escola continua caminhando sem o rumo do PPP, sem considerar a importância de um planejamento consistente no direcionamento das ações educativas.

A pesquisa realizada por Amaral e Magalhães (2011) aponta também para o fato de não se ter certeza sobre a existência do Projeto Político Pedagógico da escola.

Ao solicitarmos o Projeto Político Pedagógico encontramos um fato curioso, uma das coordenadoras pedagógicas disse não existir tal projeto na escola, em contrapartida ao diretor, o qual disse existir, mas não o encontrou em seus arquivos. Não foi possível constatar se existe ou não o Projeto Político Pedagógico, uma vez que evidenciou a contradição nas informações obtidas e não nos forneceram o instrumento (AMARAL; MAGALHÃES, 2011, p. 34).

Um fato curioso entre as falas dos professores é a contradição nas suas respostas quando se perguntou se as aulas estavam articuladas ao Projeto Político Pedagógico e de que forma. A maioria dos professores disse que as aulas estavam articuladas ao Projeto Político Pedagógico. No entanto, nos questionamos como se articulam? Se não há certeza sobre a existência do mesmo, se não existe enquanto documento na escola.

A professora Jane – SC destaca em sua fala que *"nossas aulas são voltadas para os projetos pedagógicos da escola"* e a professora Bia – SC afirma que:

> *A gente sempre está trabalhando dentro da Proposta Pedagógica da escola. Todo evento que está na Proposta Pedagógica da escola a Educação Especial está sempre envolvida. A gente faz ensaio com eles, apresenta trabalhos. Tenho meu plano atentando para a Proposta Pedagógica da escola, mas, tenho autonomia para fazer meu próprio planejamento.*

Somente a professora Jane – SC afirmou não ter visto o PPP.

> *Para te dizer a verdade, eu nem nunca vi este Projeto Político Pedagógico da escola. Eu entrei no início do ano, mas, não fizeram nada, nem falaram. Houve uma especulação que iam fazer uma reunião pra fazer esse Projeto Político Pedagógico, mas não fizeram nada.*

A professora Nice – SC explicou ser tarefa do professor, e não uma decisão planejada da escola, estabelecer o aprendizado com base na realidade do educando. Assim, as falas evidenciam que o Projeto Político Pedagógico não existe na escola, se existe não é acessado por todos e também não foi construído democraticamente, com a participação da comunidade escolar. Esta situação é preocupante porque, conforme Duk (2006, p. 114-115):

> o projeto político-pedagógico é um instrumento técnico e político que orienta as atividades da escola, delineando a proposta educacional e a especificação da organização e os recursos a serem disponibilizados para

sua implementação. Os princípios e objetivos de ordem filosófica, política e técnica permitem programar a ação educacional, imprimindo-lhe caráter, direção, sentido e integração, articulando-se com as seguintes dimensões da administração escolar: pedagógico-curricular, administrativa financeira, organizacional operacional, comunitária, sistêmica e de convivência são os fundamentos que orientam a proposta educacional. O projeto político pedagógico de uma escola, portanto, deve ser fruto da reflexão e da resposta coletiva da comunidade escolar às questões também formuladas coletivamente. A simples existência desse instrumento, conforme assinalamos antes, não garante o compromisso e a dimensão prática, necessários ao desenvolvimento da comunidade em seu conjunto.

Soma-se ao que diz Duk (2006) as orientações do Ministério da Educação, contidas na Nota Técnica nº 11/2010, quando determina os aspectos a serem contemplados no Projeto Político Pedagógico, cabendo à escola, ao desenvolver ou atualizar este instrumento de planejamento, atentar para tais orientações. Se o PPP não aparece, então essas orientações, bem como as determinações do "Regimento Unificado das Escolas Municipais de Altamira", não estão sendo seguidas. Leia-se o Capítulo I, do Título IV, do referido regimento.

> Art. 49 – O projeto pedagógico constitui-se num instrumento de planejamento, elaborado pela comunidade escolar e deverá conter os pressupostos filosóficos, a linha pedagógica, metodológica e as ações básicas a serem desenvolvidas pela Unidade de Ensino, visando à melhoria da educação. Art.50 – A Unidade de Ensino elaborará o seu projeto pedagógico, com a participação de todos os segmentos da comunidade escolar, devendo encaminhá-lo à Secretaria Municipal de Educação no início do ano letivo. Art. 51 – A comunidade escolar deverá reunir-se periodicamente para avaliar os resultados das ações realizadas, previstas no Projeto Pedagógico, suas contribuições para o desenvolvimento da Unidade de Ensino, bem como as dificuldades a fim de corrigi-las ou aperfeiçoá--las permanentemente.

Como foi possível constatar, existem as orientações e as determinações sobre a elaboração, revisão ou acompanhamento das ações previstas no Projeto Político Pedagógico, a fim de redimensioná-las para se alcançar os objetivos e metas estabelecidas com a participação democrática. No entanto, as pessoas que fazem parte da comunidade escolar "Roda de Sisos" não estão se beneficiando com as possibilidades de melhoria na qualidade da educação que podem ser viabilizadas por meio da utilização desse instrumento.

De acordo com Mantoan (2003, p. 64-65), "a reorganização das escolas depende de um encadeamento de ações que estão centradas no projeto político-pedagógico. Esse projeto é uma ferramenta de vital importância para que as diretrizes gerais da escola sejam traçadas com realismo e responsabilidade".

5.1.3 Participação dos atores da escola no processo de Inclusão Escolar

Toda organização demanda envolvimento e comprometimento da equipe gestora para alcançar as metas estabelecidas e os objetivos propostos. Segundo Duk (2006, p. 123):

> o termo "gestão" envolve tanto atividades de planejamento quanto de gestão, tarefas que envolvem as equipes dirigentes para realizarem uma série de operações de ajuste, tais como conseguir a viabilidade política do projeto, adequar as necessidades de implementação do plano aos recursos disponíveis, conhecer as atribuições do pessoal e organizar os recursos humanos a fim de levar o plano adiante e cumprir as metas fixadas.

Cabe destacar que no ano da realização da pesquisa, mais precisamente no ano de 2012, houve a troca de diretores por três vezes. Mesmo assim, foram dados os encaminhamentos na pesquisa no sentido de identificar como se dá o envolvimento da gestão na escola ao processo de inclusão.

a) **O envolvimento do(a) gestor(a).** A professora Nice – SC afirmou que a equipe gestora se envolve no processo de inclusão escolar *"com projetos envolvendo todos a participar juntamente com a comunidade em geral"*. Os demais professores afirmaram que sim, justificando:

> *Auxiliando sempre que são solicitados: quando algum aluno está faltando muito, quando algum aluno necessita de reforço na aprendizagem* (Neta – P/SC).

> *São pessoas que agem com humildade em relação à inclusão, sempre procurando saber como fazer, o que fazer, como funciona acerca de material ou compreender os alunos com necessidades especiais* (Ada – P/SC).

> *Através de projetos e programas como teve no dia nacional do surdo teve algumas participações aqui na escola, eles são bem interagidos com relação a isso. Buscam para que os professores participem também. Acho que a escola faz um bom trabalho em relação a isso* (Lia – P/SC).

Eles envolvem porque eles estão sempre procurando parceria para trabalhar com a Eletronorte, com a SEMED para está trabalhando com esses alunos. Acho que envolve sim, bastante (Bia – P/SC).

A equipe gestora se envolve no processo de inclusão escolar por diferentes formas, entre as quais: por meio dos projetos, programas, acompanhamento dos estudantes, humildade para aprender e buscando sempre parcerias. A intérprete Luisa, diz que a gestão: *"auxilia no que é necessário e participa do processo de inclusão sempre incentivando"*. A intérprete Juliana disse:

Olha, logo que eu cheguei aqui não. Parece que eles não têm muito conhecimento, deixa mais por conta do intérprete e dos professores que lidam diretamente com esses alunos. Agora depois que as duas coordenadoras: A e B, chegaram, elas se esforçam, fazem tudo pra ajudar, para colaborar. Tudo que é preciso para os professores para os intérpretes sempre elas dão apoio.

As coordenadoras Vera e Silvia afirmaram que sim, explicando: *"o nosso trabalho como já venho citado é um trabalho coletivo e de parceria"* (Vera – C/EJA). *"Considerando que a escola é responsabilidade de todos e de cada um"* (Silvia – C/EE). Contudo, algumas professoras apontam que o envolvimento se dá no âmbito de resoluções de ocorrências de sala de aula: *"Sempre comunicamos aos gestores os fatos que aparecem em sala de aula, relatando e promovendo resolução ao ocorrido"* (Rosita – P/SC). *"Nem tanto, pois os professores buscam ou desenvolvem seus trabalhos de acordo com suas propostas, mas a equipe está sempre nos apoiando"* (Jane – P/SC). E, ainda, os que não percebem este envolvimento destacaram: *"eles se negligenciaram nesta parte, eles não se envolvem"* (Ney – P/SC). *"Não. Não há um acompanhamento sistematizado pelos gestores"* (Soriedem – P/SRM).

Como foi possível perceber, o cenário da escola apresenta-se em meio a contradições que vem se manifestando das mais diversas formas. No entanto, Duk (2006, p.123, grifo do autor) nos alerta: "No processo de mudança para escolas inclusivas, um dos fatores essenciais para progredir é o estilo de *gestão participativa e democrática,* no qual se trabalha com as pessoas, apoiando os progressos e as dinâmicas próprias de cada escola e de cada um de seus integrantes".

b) **Envolvimento da equipe técnica e demais servidores**. Sobre o envolvimento da equipe técnica e demais servidores no processo de inclusão escolar, os docentes responderam:

Ótimo (Nice – P/SC).

De maneira participativa. Todos participam e se envolvem para a aprendizagem dos alunos (Neta – P/SC).

Eles sempre ajudam toda vez que o professor precisa, eles se unem, busca força para ajudar o professor no que ele precisa (Bia – P/SC).

Todos sabem o dever de cumprir no processo de inclusão, mesmo sendo na sala de aula ou fora dela (Rosita – P/SC).

A participação de todas as pessoas envolvidas no processo de inclusão é fundamental para o fortalecimento das ações propostas pela escola. O apoio e colaboração entre a equipe técnica e os servidores podem fazer a diferença neste processo. Assim, não basta saber o dever a ser cumprido dentro ou fora da escola, faz-se necessária uma proposta consistente que se fundamente em uma filosofia inclusiva e seja capaz de garantir o comprometimento e engajamento de forma contínua e responsável.

A professora Rosita – SC não informou se há o envolvimento de todos no processo de inclusão e a professora Ada – SC diz que o envolvimento se dá: *"através das reuniões onde todo o corpo docente da escola é convocado sempre é dado ênfase no processo de inclusão, conversas entre funcionários que já tem alguma experiência com outros que apresentam grandes dificuldades"*. A professora Iany – SC afirma que este envolvimento acontece *"de forma peculiar, cada necessidade é atendida de acordo com o momento. Todos ajudam como é possível"*. E, para a professora Jane – SC, tentando em sua maioria *"se especializar para ficarem sempre melhor seus aprendizados"*.

Todos os esforços relatados pelos professores no sentido de implementar a inclusão, tais como: reuniões, conversas e a busca de novas aprendizagens, fazem parte do contexto escolar. Contudo, não há ações definidas pela escola para (re)direcionar o que fazer e como fazer para facilitar e garantir a participação e o envolvimento neste processo. A professora Lia – SC considera ainda:

> *Eles também têm uma participação interessante. Como a escola tem bastante, eles acabam entendendo. Sempre quando eles vão lá questionar ou falar alguma coisa na secretaria, sempre eu percebo que eles têm uma relação de entendimento bem comum com eles.*

Entretanto, entre os professores, há quem diga que o envolvimento dos servidores no processo de inclusão deixa a desejar, outros, que não há envolvimento, conforme as falas do professor Ney – SC e da professora da Soriedem – SRM:

> *Nesta parte eles deixam muito a desejar porque o processo de inclusão mesmo, que acontece, é só entre os professores, os alunos e os colegas. Essas demais pessoas praticamente parecem que eles convivem em outra instituição de ensino* (Ney – P/SC).
>
> *Não. Não há nenhum envolvimento* (Soriedem – P/SRM).

Por meio das divergências que se manifestaram nas falas dos professores, percebemos que cada um tem sua própria concepção de envolvimento. No entanto, vale destacar que "contar com o apoio do colega professor(a), gestor, funcionários, família etc. ou mesmo dos estudantes é fundamental para desenvolver a confiança e o envolvimento no processo de mudança" (DUK, 2006, p. 124).

5.1.4 Preparação da escola para a inclusão do estudante com necessidade educacional especial

A preparação da escola como um todo para receber os estudantes com necessidades educacionais especiais é uma ação fundamental que deve permear as práticas desenvolvidas pela escola de forma permanente. Entretanto, quatro professores e uma coordenadora responderam *"não"*, ao serem perguntados se houve preparação para receber os estudantes com necessidades educacionais especiais na escola, destacando os seguintes argumentos:

> *Em nenhum momento* (Bia – P/SC).
>
> *Aprendemos com o dia a dia* (Iany – P/SC).
>
> *Só estava no diário na frente do nome PNE – Pessoas com Necessidades Especiais. Mas não disse qual era a dificuldade que esses alunos tinham* (Ney – P/SC).
>
> *Inicialmente me desesperei antes mesmo de tê-los em sala de aula. Quando os conheci percebi que do mesmo jeito que queremos ser entendidos por eles, também esperam ser entendidos por nós* (Rosita – P/SC).
>
> *Houve uma preparação específica, pois já é uma realidade da escola receber esses alunos inclusos* (Vera – C/EJA).

Os relatos evidenciam uma realidade que ainda prevalece em parte significativa das escolas. A escola pesquisada não prioriza a preparação para receber os estudantes com necessidades educacionais especiais o que leva os profissionais a se depararem com os estudantes enfrentando uma situação angustiante diante do novo, do desconhecido, conforme relatou a professora

Rosita – SC, ou ainda, a dúvida sobre o tipo de necessidade específica de cada um quando se deparam com o destaque no diário, conforme disse professor Ney – SC, ou deixar que cada um busque aprender a lidar e trabalhar com as diferenças no dia a dia, como aconteceu com a professora Iany – SC. Há ainda os que justificam a não preparação pelo fato de historicamente a escola receber estudantes com necessidades educacionais especiais, conforme relatou a coordenadora Vera – C/EJA. No entanto, este relato demonstrou uma desconsideração com o fluxo rotativo de professores e servidores em geral, que acontecem no sistema de ensino.

Contradizendo a maioria dos entrevistados, a professora Ada – SC e a coordenadora da Educação Especial afirmaram ter tido preparação para receber os educandos no processo de inclusão: *"Houve sim, por minha parte. Fiz um curso básico de Libras e livros que li sobre relações humanas"* (Ada – P/SC). *"Houve reunião com todos os funcionários das escolas, visitas nas salas de aula para preparar os alunos para conviver em harmonia, respeitando as diferenças"* (Silvia – C/EE).

Segundo a professora Ada – SC a preparação que houve foi no âmbito individual ou pessoal e não uma preparação coletiva entre os profissionais da escola. A coordenadora Silvia – C/EE foi a única que disse que houve reunião com os servidores e visitas nas salas de aula para preparar os estudantes para conviver com as diferenças. No entanto, esta contradição entre a fala da Coordenadora e os relatos anteriores, permite-nos analisar que essas ações podem ter acontecido no início do processo de inserção dos estudantes nas salas comuns, quando havia outros professores lotados na escola, bem como, outros estudantes matriculados. Novamente manifesta a necessidade de ações contínuas e olhares atentos, sem naturalizar ou banalizar as ações necessárias para o desenvolvimento da inclusão.

Desta forma, evidenciou-se, por meio desta pesquisa, que a escola "Roda de Sisos" ainda demanda mudanças significativas no que se refere ao desenvolvimento do processo de inclusão escolar, considerando diversas questões, entre elas o Projeto Político Pedagógico, a participação dos atores da escola, a forma de envolvimento da gestão, a equipe técnica e os demais servidores e, ainda, a preparação da escola para a inclusão.

5.1.5 O significado da inclusão escolar

Para as professoras Rosita, Neta e Bia, da Sala Comum, a inclusão significa interação e inserção com os espaços adequados, profissionais qualificados e uma educação de qualidade.

> *É a interação de pessoas especiais no meio social com os demais seres cognitivos* (Rosita – P/SCR).
>
> *Inserir os alunos com necessidades especiais nas escolas, desde que essa escola esteja preparada em atendê-los com o espaço físico adequado e professores, coordenadores e diretores qualificados* (Neta – P/SC).
>
> *Inclusão significa uma educação de qualidade a todos, que todos tenham acesso a essa educação, especialmente os alunos especiais que eles tenham acesso a essa educação de qualidade e que a escola seja adequada a eles* (Bia – P/ SC).

Duas destacaram a inclusão em termos de respeito à diversidade e aceitação do outro: *"o respeito à diversidade, a exaltação das diferenças"* (Nice – P/SC). *"Aceitar cada um com sua limitação, acreditando na sua potencialidade individual, disponibilizando os recursos necessários"* (Ada – P/SC). Outros dizem que a inclusão escolar significa atender e trabalhar com estudantes com necessidades educacionais especiais com apoios necessários, preparação, aprendizagem significativa e estrutura necessária, conforme as falas que seguem:

> *Significa atender o aluno especial com todos os fatores e elementos necessários, intérpretes, recursos e profissionais capacitados para atendê-los* (Iany – P/SC).
>
> *Trabalhar com os alunos de forma natural embora tenha que ter uma preparação para isso* (Jane – P/SC).
>
> *Trabalhar com esses alunos, mas dando como processo de ensino, aprendizagem significativa, pra eles. A partir do momento que você tem toda aquela parte da inclusão com toda aquela estrutura aí sim estamos trabalhando com a inclusão* (Ney – PSC).

Entre as falas, há uma que não define a inclusão, no entanto, reflete sobre o processo de exclusão que vem acontecendo no contexto escolar em função da falta de formação do professor:

> *Deveria ser inclusão mesmo, mas acaba sendo exclusão porque como os professores não têm capacitação faz com que o professor acaba excluindo o aluno da sala. Porque se ele não tem capacitação, como ele vai trabalhar? No meu caso, tive a força de vontade de fazer o curso e aprender um pouco para chegar e saber me dar com a situação. E aos poucos eu fui contornando a situação. Pra ser inclusão mesmo tem que primeiro capacitar os professores, porque hoje as salas estão sendo preparadas, mas não o suficiente* (Lia – P/SC).

Os discursos dos professores estão distantes do estabelecido nos documentos oficiais, entre os quais a Nota Técnica nº 11/2010 que estabelece sobre a Educação Inclusiva:

> a Educação Inclusiva, fundamentada em princípios filosóficos, políticos e legais dos direitos humanos, compreende a mudança de concepção pedagógica, de formação docente e de gestão educacional para a efetivação do direito de todos à educação, transformando as estruturas educacionais que reforçam a oposição entre o ensino comum e especial e a organização de espaços segregados para alunos público-alvo da Educação Especial (BRASIL, 2010, p. 1).

Assim, promover a inclusão na escola demanda considerar diversos fatores que fundamentam e estruturam o fazer educativo. Para as coordenadoras, inclusão significa:

> *Fazer com que os alunos especiais sintam-se parte integrante do contexto escolar, sem discriminação ou rejeição, participando de todas as atividades escolares e interagindo com seus pares* (Silvia – C/EE)
>
> *Algo muito importante, mas que devemos analisar de que forma está acontecendo essa inclusão. Os professores têm conhecimento de receber essa clientela? O que a escola tem a oferecer a esses alunos?* (Vera – C/EJA).

Refletir sobre estas questões, bem como concretizá-las nas escolas, é fundamental para avançarmos rumo à inclusão escolar que desejamos.

5.1.6 Especificidades da EJA e da Inclusão Escolar

Ao depararem com o questionamento sobre a especificidade da EJA e da inclusão escolar, alguns professores tiveram dificuldade em responder. A professora Neta – SC não respondeu e a professora Nice – SC demonstrou que, embora trabalhe com este público, desconhece suas especificidades. A reação demonstrada diante da pergunta a levou a seguinte resposta: *"o que é isso meu Deus? É complicado para gente responder. Precisa melhorar a socialização da família na escola. Na inclusão precisa melhorar o respeito dos alunos uns com os outros"* (Nice – P/SC).

As intérpretes responderam, referindo-se ao atendimento educacional e ao trabalho docente: *"a EJA não está tendo o atendimento como deveria ser para o jovem e o adulto. E o atendimento da sala do surdo também poderia melhorar"* (Juliana – I). *"O trabalho com a EJA já precisa ser diferenciado para atender as necessidades dos alunos. Assim, da Educação Especial precisa de atenção redobrada"* (Luisa – I).

Alguns professores demonstraram em suas respostas não terem compreendido o que foi perguntado. A professora Rosita – SC atribuiu ao estudante a responsabilidade de dedicação ao seu estudo: *"o tempo passa rápido em sala de aula e é preciso que o próprio aluno especial tenha dedicação no que ele faz"*. A professora Ada – SC refere-se à razão da oferta da EJA: *"os alunos permaneceram por muito tempo em salas especiais. Muitos quando chegaram à sala comum já estavam com idade defasada. Por esta razão foram ofertadas turmas de EJA no período do dia, para atendê-los"*. A professora Iany – SC fala da necessidade de ampliar os métodos da Educação de Jovens e Adultos para contemplar o público-alvo da Educação Especial: *"as especificidades da EJA, na minha visão, não veem o aluno especial. Por esta razão é que temos que ampliar nossos métodos"*.

A professora Jane – SC diz que: *"as escolas tentam ter um bom desempenho, mas também precisamos ter profissionais capacitados e comprometidos"*. E a Professora Bia – SC, fala da aceitação do processo de inclusão: *"em minha opinião, este processo é bem aceito devido os alunos especiais serem adultos e chegam aqui encontram com adulto. Então eu analiso assim de forma bem organizada, bem ampla e que contempla aquilo que ele vem buscar"*.

A professora Bia – SC considera que as especificidades da EJA e da inclusão é um processo bem aceito, devido o público ser adulto e ser contemplado nas suas buscas na escola. Sem desconsiderar outros fatores externos à escola já discutidos nesta pesquisa, como os fatores socioeconômicos, entre outros, a fala da professora nos remete ao seguinte questionamento: Será que se a escola "Roda de Sisos" contemplasse realmente o que os estudantes jovens e adultos com e sem necessidades educacionais especiais vão buscar, o índice de abandono entre os estudantes estaria de 52,3%, na modalidade EJA? As respostas seguintes consideram as especificidades do público da EJA e da Educação Especial.

> *Como os alunos da EJA são aqueles alunos que já estão em idade/série muito defasada já são adultos, não tem quase tempo de fazer atividades, eles trabalham o dia todo, então é muito flexível, a gente tem que ver também o próprio aluno, não deu pra ele fazer essa atividade, tudo bem, passa outra atividade. A mesma coisa com o aluno da inclusão. Ele não entendeu as atividades, então vamos ver o que está acontecendo, por que ele não entendeu, ou vamos passar outra atividade que seja mais fácil pra ele* (Ney – P/SC).

Esse professor sugere adaptação de atividades. De acordo com os princípios da inclusão, a adaptação deve ser nos recursos e não nas atividades. A adaptação de atividades fere este princípio, pelo fato de subestimar a capacidade do ser humano.

> *Eu já pego em cima da necessidade mesmo deles. De ver um lado mais fácil para que eles possam aprender porque eu não posso estar diferenciando até porque eu acho que se eu for diferenciar o ensino para eles tanto dos especiais como dos outros "ditos normais" eu creio que já estou criando uma exclusão. Vou estar excluindo aquele aluno. Ou seja, faz com que todos tenham participação integrada favorecendo aquele que tem mais dificuldade de aprender e outros que tem mais facilidade de aprender também. Eu faço um rodízio. Quem sabe mais ajuda o colega que não sabe. É tanto que acho tão engraçado que a minha aluna com Necessidade Educativa Especial ela já ajudava os mais fracos, mesmo eles não sabendo a Língua dos Sinais, mesmo assim ela contribuía com o lado dela, em ajudar os que não sabiam, fazendo com que haja essa participação para todos, contribuindo* (Lia – P/SC).

A professora Lia – SC também considera as especificidades dos estudantes e dá ênfase à cooperação nesse processo. No entanto, ainda demonstra dúvida com relação à diferenciação, já comentada no decorrer desta pesquisa, ou seja, a diferenciação permitida para incluir e a diferenciação não permitida, quando excluir, conforme Decreto nº 3.953/2001. Se houver a necessidade de diferenciar com a devida adaptação de recursos e com apoios específicos, esta deve acontecer.

Segundo Soriedem – P/SRM: *"os educandos da EJA já são penalizados pela condensação dos conteúdos de dois em um só. Acrescente a este aspecto se o educando possuir uma necessidade que limite o acesso pleno ao conhecimento, para assim se desenvolverem plenamente"*.

Oliveira (2011), ao analisar as "especificidades da Educação de pessoas Jovens Adultas e Idosas", destaca três especificidades que permeiam esta modalidade. A primeira refere-se à especificidade "Etária (Não Infância)".

> Não são crianças, mas pessoas jovens, adultas e idosas com uma experiência sofrida de vida e profissional, de modo geral, são trabalhadores assalariados, do mercado informal ou do campo, que lutam pela sobrevivência na cidade ou no interior, apresentando em relação à escola uma desconfiança, por não terem tido acesso à escola ou já terem sido evadidos (OLIVEIRA, 2011, p. 47).

A segunda especificidade destacada pela autora é a "sociocultural". De acordo com Oliveira (2011, p. 47, grifo do autor): "a Educação de Jovens e Adultos apresenta uma *especificidade sociocultural,* na medida em que está dirigida a determinados grupos culturais de pessoas de uma determinada classe social, ou seja, grupos sociais de uma classe economicamente baixa".

Sobre a terceira especificidade, "Ético-política", Oliveira (2011, p. 48, grifo do autor) diz que:

> a educação de jovens, adultos e idosos se caracteriza por uma *especificidade ético-política,* porque está no centro da relação de poder existente entre os escolarizados e não escolarizados, entre os alfabetizados e os não alfabetizados. Relação de poder construída através de representações e práticas discriminatórias e excludentes.

Assim, destaca a autora:

> compreender as especificidades da educação de jovens, adultos e idosos significa compreender a sua condição de "pessoas humanas" e sua condição social de "não criança", "excluídos" e "membros de determinados grupos e classes sociais" populares. Para compreenderem-se as especificidades desta modalidade de educação torna-se necessário considerar-se os jovens, os adultos e os idosos em suas situações concretas existenciais, sociais, econômicas e políticas (OLIVEIRA, 2011, p. 48, grifo do autor).

Desta forma, ao analisar a especificidade da EJA e da inclusão escolar, soma-se as questões destacadas por Oliveira (2011) a fatores como: a própria condição específica das pessoas com necessidades educacionais especiais que tem colocado historicamente o jovem e adulto em desvantagem, uma vez que foi e continua sendo vítima da exclusão que se manifesta de diversas formas que variam desde o acesso negado ao direito de acessar os saberes escolares quando são matriculados na escola. Assim, a condição específica das pessoas que possuem necessidades educacionais especiais, constitui outra especificidade da educação de pessoas jovens e adultas, quando analisada por meio de pressuposto da inclusão.

5.1.7 O processo de inclusão na Educação de Jovens e Adultos

Para a intérprete Luisa, *"a aceitação dos alunos e da comunidade escolar é satisfatória, mas os métodos utilizados pelos professores nem tanto"*. A intérprete Juliana diz que a inclusão:

> *Ainda vem caminhando a passos lentos, aqui na escola como em qualquer outra parte do mundo, porque depende muito ainda da questão da acessibilidade, a questão dos intérpretes para atender toda a demanda dos surdos e a questão do curso de formação continuada dos professores para que estes professores tenham um entendimento mesmo, do que é a surdez, como é lidar com o aluno surdo. Aqui ainda caminha a passos lentos, mas está na frente das outras escolas.*

Para a referida intérprete, a inclusão na escola "Roda de Sisos" está se desenvolvendo de forma lenta, devido ao número reduzido de profissionais intérpretes para atender à demanda da escola, à falta de acessibilidade, à ausência de curso de formação continuada para os professores. Mesmo com todos os fatores destacados, ainda considera que a escola está mais adiantada no processo de inclusão, se comparada às demais escolas do município de Altamira.

A estudante Isabel, de baixa visão, expressa sofrer discriminação na escola, pois afirma que:

> *Nem todo mundo me aceita do jeito que eu sou. Eu sou assim, branquinha, né? Bem branquinha. Então tem meninos que quando eu passo ficam zoando assim: "Ai meu Deus! Que susto! Vi um fantasma!" Mas tem outros que só dizem assim: "Lá vem a Lady Gaga!" E eu só falo assim: "Oi!". Não estou nem aí. Se eu for discutir por isso, eu fico com problema psicológico. Então é melhor deixar de mão.*

Este relato demonstra atitudes de preconceito e discriminação que fazem gerar a exclusão no interior das escolas. A estudante referiu-se à discriminação pelo fato de ser "branquinha", não fez menção a sua deficiência visual.

A estudante Maria, com surdez, percebe a falta de sensibilidade de alguns professores com relação à estudante de baixa visão.

> *Junto com nós alunos surdos, temos também os de baixa visão. Eles, juntamente com os surdos, e os professores não ajudam. A questão da baixa visão fica difícil pra eles também dentro da sala de aula, o professor escrevendo no quadro, o de baixa visão não enxerga e é difícil pra eles também. Na disciplina de [...], o professor pede: "Vamos escrever! Larga o celular!" Alguns falam: "Ela não enxerga bem." Eles escrevem no quadro, então fica difícil para baixa visão. A intérprete também ajuda a menina de baixa visão. Ela vai ajudando, ela senta junto, fazendo junto com ela. Ela ajuda não só os surdos, mas também a de baixa visão. Ela fica nesse vai e vem com os surdos e com a menina que tem baixa visão. Alguns professores falam com ela que ela tem que se esforçar. Então,*

os professores tem que ter mais educação para passar as atividades, os conteúdos para os alunos, porque a menina de baixa visão, como ela vai enxergar do quadro? Fica muito difícil, isso não é bom.

A estudante Maria chama a atenção para o fato de que precisam ser melhoradas as práticas educativas, em termos de atendimento ao educando com necessidade especial, os docentes precisam ter mais sensibilidade e preocupação com esse alunado, deixando de responsabilizar apenas o aluno pelo fracasso escolar. Alguns estudantes com necessidades educacionais especiais reconhecem a importância da inclusão, de conviver e aprender com as diferenças. Isto fica evidente nas falas de diversas pessoas com surdez, entre elas o estudante Paulo, quando diz: *"A inclusão surdo e ouvinte é boa. Todos juntos é melhor".* O estudante João também com surdez destaca a importância da inclusão para a troca de informações e a interação. Contudo, destaca a dificuldade na comunicação:

Aqui estamos juntos com os ouvintes. Os surdos e ouvintes. A inclusão está boa, mas a questão da comunicação está um pouco difícil. A inclusão junto com os ouvintes é uma troca de informação entre surdos e ouvintes, visto que eles aprendem a Libras e nós aprendemos também um pouco de português, um ajuda o outro. Isso é muito bom, isso é importante. Na questão dos professores, eles sabem um pouquinho de sinais, são sinais caseiros e isso fica difícil. Com os alunos eu já tenho um pouco de interação. Então é uma boa inclusão (João – E).

Esta fala dá voz ao grupo de pessoas com surdez, que defendem a inclusão com qualidade na escola regular, ou seja, que são contrárias a outro movimento de surdos, que conquistaram a mídia após a "Conferência Nacional de Educação", no ano de 2010, defendendo a escola especializada.

No ano de 2010, durante a Conferência Nacional de Educação a discussão evidenciou com a divisão de opinião sobre o assunto. Entretanto, na votação das propostas passou a que defendia uma escola inclusiva. Insatisfeitos com os rumos da Conferência, logo os defensores da escola especializada, manifestaram por meio de um movimento público em defesa da escola especializada (ARAÚJO, 2012, p. 21).

A pesquisa de conclusão de curso de Especialização em Libras, realizada por Araújo (2012), também constatou existir um grupo significativo de surdos que não defendem a escola só para surdos, defendem a escola inclusiva e bilíngue, onde possam aprender juntos, atendendo as necessidades específicas de cada um.

Entretanto, as pessoas surdas juntamente com o grupo de defensores da escola inclusiva não apareceram na mídia para emitir suas opiniões. O que caracterizou como um desejo generalizado da "comunidade surda" pela opção pela escola especializada. O que não reflete a realidade. Grupos organizados de pessoas surdas questionam a forma como vem se dando a educação. Lutam por uma educação de qualidade. Entretanto, são contrários à segregação, à separação. Desejam uma escola que seja de fato inclusiva capaz de atender todas as diferenças humanas (ARAÚJO 2012, p. 21).

Persistir na luta pela inclusão é persistir na busca pela qualidade da educação pública. O modelo de escola especializada defendida nos grandes centros do Brasil não é o modelo que se adéqua as especificidades da Região Amazônica. Cabe dar visibilidade também às pessoas com surdez, aos educadores, às instituições e aos pesquisadores que persistem na busca pela inclusão, em uma escola capaz de atender a todas as pessoas e também cada uma, segundo sua necessidade específica.

É óbvio que a proposta de inclusão ainda não se concretizou e diversas dificuldades ainda são encontradas neste processo, em que se confunde a inserção com a inclusão de fato. É um processo lento e difícil, conforme relatam os estudantes. *"A inclusão na escola é difícil. Não tem comunicação é mais ou menos"* (Pedro – E). *"É difícil! Os amigos pegam o livro, copiamos, devolvemos o livro. É difícil"* (Marta – E). Enquanto prevalecerem todas essas dificuldades apontadas pelos estudantes e também pelos profissionais da educação, significa que a inclusão ainda está em processo, ainda não concretizou.

A maioria dos professores, ao falar como vem se dando o processo de inclusão escolar na EJA, referem-se às intérpretes como as principais responsáveis no desenvolvimento da inclusão, contando também com a ajuda dos docentes.

> *Com apoio dos intérpretes e o empenho dos professores, de forma que os alunos sentem-se bem com os demais* (Iany – P/SC).
>
> *Com a participação das intérpretes e os docentes se especializando para melhor trabalhar* (Jane – P/SC).
>
> *Através da participação das intérpretes, que elas têm um papel muito importante aqui na escola, talvez sem elas ficasse muito mais complicado. Ficaria difícil, mesmo porque ano passado eu trabalhei numa escola e não tinha intérprete e tinha uma aluna DA. A coitada penava porque eu particularmente não sabia quase nada de Libras e aí como é que eu ia repassar o assunto para essa aluna? Fica meio complicado, mas graças às intérpretes isso foi muito bom* (Ney – P/SC).
>
> *Como aqui tem os intérpretes dentro das salas de aulas eu acho que é pelos intérpretes que funciona essa questão da inclusão maior aqui* (Lia – P/SC).

> *Vem ocorrendo normalmente, os alunos chegam e são bem recebidos, eles têm a intérprete para ajudar, os colegas também sempre ajudam. Eles são muito bem recebidos. Então eu acho que está sendo muito boa* (Bia – P/SC).

Os relatos de todos os professores destacam a importância do apoio das intérpretes e empenho dos professores neste processo de inclusão na Educação de Jovens e Adultos. Contudo, há que considerar o que acrescentou o professor Ney – SC, quando destacou desconhecer formas de *"repassar o assunto"* para a estudante quando não há a presença do intérprete em sala de aula. O uso de metodologias diversificadas, a contextualização do ensino, é de responsabilidade do professor e não do intérprete. Quando o professor destacou esta dificuldade evidenciou a problemática diretamente ligada à ineficiência que ainda existe na formação de professores para atuarem no contexto das diferenças.

O desconhecimento dos professores sobre as especificidades que envolvem o ensinar e aprender dos estudantes com surdez tem contribuído para a dupla função das intérpretes na escola. A Intérprete Juliana diz que: *"mínimas vezes alguns professores diversificam atividades, porém, para atender aos demais alunos, sem atender totalmente as necessidades do aluno surdo"*. Assim, destacada a intérprete Luisa:

> *A gente como intérprete tem duas funções. Além de intérprete a de professor deles também. Porque a gente vê o professor com dificuldade de explicar pra ele e a gente mesmo explica as atividades, orienta, pesquisa junto com ele e assim agente vai desenvolvendo o trabalho.*

A atuação das Intérpretes na escola é fundamental neste processo de inclusão, o que não significa atribuir a função do professor para este profissional. Segundo a intérprete Luisa: *"mesmo com o número reduzido de intérpretes para a quantidade de alunos é perceptível o auxílio na educação dos surdos"*. Embora seja indispensável a presença desse profissional para promover a acessibilidade na comunicação e informação e, consequentemente, contribuir com o processo de inclusão na escola, o número de intérpretes não é suficiente para atender à demanda:

> *Aqui na escola o ideal seria um intérprete para cada sala de aula, que com certeza atenderia à demanda de forma ideal. Como somos só duas intérpretes aqui, fica aquela correria do aluno, quando ele está com conteúdo e não está dando conta de ler ou desenvolver a atividade, ele corre lá na sala onde a gente está com outra turma também ocupada. O ideal seria um intérprete para cada turma* (Juliana – I).

Estes fatores têm dificultado o processo de inclusão de jovens e adultos na escola "Roda de Sisos". As intérpretes estão assumindo, de certa forma, a responsabilidade pelo processo de inclusão dos estudantes com necessidades educacionais especiais. No entanto, o número de intérprete não é suficiente para atender a demanda da escola. "Vê-se, pois, que a EJA, lentamente, vem ampliando um espaço legal que deveria ter tido desde a Constituição Federal de 1988 e, consequente a isso, ter fontes de meios e recursos para dar conta de suas finalidades, metas e objetivos" (BRASIL, 2013, p. 327).

5.1.8 O olhar do educando com necessidade educacional especial da EJA sobre sua inclusão

Entre os seis alunos com necessidades educacionais entrevistados, quatro responderam sobre a sua inclusão na escola afirmando que encontraram dificuldades por motivos diversos, que variam entre problemas estruturais, organizacionais, de interação com professor, comportamento e outras dificuldades não declaradas. Assim, o processo de inclusão não é sempre vivenciado na escola, mas:

> *Às vezes. Porque é assim, têm coisas que eu tenho muita vontade de fazer e não posso. "O quê? Jogar bola?". Porque eu sou muito branquinha e não posso por causa do sol. A gente pega sol quente, fica todo mundo brigando comigo. Se tu jogar eu vou te colocar pra fora da escola (risos). É desse jeito. Mas, às vezes, eu me sinto excluída porque tem pessoas que não dão a mínima pelo jeito da pessoa, mas têm outras que dão. Eles deviam compreender que em uma fila na hora do recreio para pegar a merenda eu acho que os especiais têm que ser primeiro a fila deles, pra depois dos normais. Porque fica tão difícil pra gente pegar a merenda. Eu não merendava à tarde por causa disso. E é um empurra, empurra, ah! "Ela tá furando a fila!". É desse jeito. Eu acharia melhor antes do pessoal que são normais ir merendar, eles poderiam fazer a fila primeiro de quem é cadeirante, tem baixa visão, primeiro dá pra nós, porque é tão difícil a gente pegar a merenda* (Isabel – E).

> *Às vezes. Porque essa questão é problemática. Muito problema. Às vezes, fica bom, às vezes, fica ruim. Um dos problemas, por exemplo, nessa questão do professor interagir com o surdo e alunos com má conduta, andam pra lá, pra cá, tem isso na EJA. Ficam jogando papel. Eu não gosto. São alguns problemas. Aí minha cabeça dói. Eu falo para o professor, ele fala: "Isso é normal! Calma!" Então isso é ruim. Eu gosto um pouquinho* (Maria – E).

> *Às vezes. Às vezes não entendo, fica uma confusão. É difícil* (Pedro – E).

> *Às vezes. Difícil* (Marta – E).

A estudante Isabel encontra algumas dificuldades na escola como: a falta de infraestrutura, pela não cobertura da quadra de esportes, que impõe limitações para que a estudante não pratique atividades físicas, ficando à margem de uma atividade que promove a interação e contribui com o desenvolvimento de diversas habilidades. Este é um dos motivos que a levou a não se sentir totalmente pertencente a este processo de inclusão na EJA. O outro motivo é referente às questões de falta de organização em diferentes momentos vivenciados na escola, como o momento do intervalo e da merenda, fato diretamente ligado à ineficiência na organização e gestão do tempo na escola. Outro fato que chamou atenção na fala da estudante foi quando disse que *"têm pessoas que não dão a mínima"* para suas diferenças, ou seja, esta atitude reflete diretamente a indiferença, gerando exclusão no interior da escola. A estudante ainda demonstra uma concepção que diferencia os *"especiais"* e *"normais"*, definindo as pessoas que não possuem nenhuma necessidade específica como *"normal"*, como se as pessoas com necessidades educacionais especiais não fossem normais com suas diferenças.

A estudante Maria destacou a falta de interação entre professores e estudantes com surdez. Esta *"problemática"*, como destacou a estudante, ainda faz parte da realidade de escolas e sistemas de ensino que não investem com comprometimento político e ético na formação para o desenvolvimento de sistemas de ensino inclusivo. Esta falta de interação entre professores e estudantes com surdez está diretamente relacionada ao fato de os professores não saberem se comunicar na Língua de Sinais Brasileira – Libras. Outra questão destacada foi a da indisciplina nas escolas, ao que a estudante chamou de *"alunos de má conduta"*, que às vezes é banalizada nas escolas e não apenas na modalidade EJA. No entanto, cabe atentar para o que nos diz Freire (2011, p.103), "a liberdade sem limite é tão negada quanto à liberdade asfixiada ou castrada". Em qualquer nível, etapa ou modalidade de ensino, a disciplina e limite estabelecidos democraticamente precisam fazer parte das práticas educativas, para que a liberdade de alguns não fira os direitos de outros.

Entre os estudantes, há os que não se consideram inclusos, pelo fato de acharem difícil, conforme a fala do estudante Paulo: *"Não. Difícil a inclusão"*. E há os que se consideram inclusos pelo fato de estarem juntos, unidos. No entanto, volta a enfatizar a falta de comunicação e a necessidade de se ter paciência:

> *Aqui na escola eu acho boa essa questão da inclusão, de estarmos juntos, unidos. O que eu acho difícil um pouco é a falta de comunicação com alguns. Ficam conversando oralmente e eu fico percebendo. Com a questão da inclusão às vezes tá bom, às vezes tá ruim, tem que ter paciência* (João – E).

5.2 Práticas Inclusivas vivenciadas na escola

5.2.1 O processo inclusivo no ensino e aprendizagem de jovens e adultos

Analisar como se processa a inclusão escolar de jovens e adultos com necessidades educacionais especiais demanda um esforço no sentido de contemplar as principais concepções e ações que compõem esta tessitura que envolve o processo de ensinar e aprender de estudantes público-alvo da Educação Especial na modalidade EJA. A intenção é envolver nesta tessitura as considerações dos estudantes sobre o processo de inclusão e suas interações; experiências em trabalhar na EJA com estudantes com necessidade educacional especial e o apoio que os professores recebem para desenvolverem suas práticas. Nesta tessitura, inclui-se ainda a contextualização das práticas educativas desenvolvidas na EJA, com ênfase nos princípios da prática inclusiva, planejamento das aulas, currículo, metodologia e avaliação. A formação de professores na escola pesquisada, entre outras questões, também compõe esta tessitura.

5.2.2 O olhar dos estudantes sobre o ensino e aprendizagem

Uma estudante com baixa visão expressou sobre o ensino-aprendizagem:

Não. Eu não aprendo da forma que eles ensinam porque é meio difícil pra gente aprender. Mas, em algumas matérias eu aprendo, mas nem todas eu aprendo, porque tem professor que tem a letra pequena e não dá pra mim enxergar. Tem gente que escreve pra mim e não escreve bem, não dá pra entender direito. Então eu só peço a resposta do quadro. Então, assim eu não aprendo. Pra eu entender é a maior dificuldade, porque fala assim: "Senta lá na frente". Mas, o que adianta sentar lá na frente se eu não vou enxergar do mesmo jeito?! Antigamente eu sentava na frente, mas eu enxergava, um pouquinho, mas enxergava. Agora pra sentar lá na frente eu tenho que estar lá em cima do quadro, não enxergo mais como enxergava antes. Então, antes ficar lá no cantinho com uma colega me ensinando do que sentar lá na frente e empatar os professores. Então fica meio difícil, tem professor que não ta nem aí, mas tem outros que: "Por que você tá sentada aí? Você não tem problema de vista? Então senta ali". E começa a falar um monte de coisa. Aí eu: deixa quieto. Não sou muito de ficar discutindo por causa disso (Isabel – E).

O relato da estudante Isabel possibilita uma reflexão sobre a forma que o ensino e a aprendizagem vêm se concretizando na escola. O desconhecimento de alguns professores sobre as adaptações que os estudantes com baixa visão têm direito e que são fundamentais para que consigam acessar os conhecimentos e participar em igualdade de condições. Assim, segundo Sá, Campos e Silva, (2007, p. 18) "as atividades realizadas devem proporcionar prazer e motivação, o que leva à intencionalidade e esta desenvolve a iniciativa e a autonomia, que são os objetivos primordiais da estimulação visual".

Um estudante com surdez comentou:

> *Dentro da sala de aula a professora lá no quadro e eu só fazia cópia. Alguns alunos ouvintes conversando e eu lá, sem conversar, eu quieto, na minha, como um folgado. Às vezes saía, ia conversar com outros surdos, eu voltava pra sala de aula, eu esperava essa situação do professor. Pra mim era muito difícil. Aprender é muito difícil. Ficavam conversando oralmente português e eu ficava curioso pra eu aprender como é, o que é. Isso é importante, ser inteligente é importante, mas era muito difícil porque não conversavam em sinais e eu perguntava para o professor ele dizia: "Não sei, é particular deles". Era difícil pra mim* (João – E).

O estudante chama a atenção para realidades que ainda fazem parte do cotidiano de várias escolas. As práticas educativas que se resumem em cópias. A professora copia no quadro e o estudante copia no caderno. O estudante ressaltou ainda que *"aprender é muito difícil"*, nem mesmo sua curiosidade e vontade de se envolver acompanhando, acessando todas as informações, nem as determinações legais sobre os direitos ao acesso a comunicação e informação, foram suficientes para garantir o seu direito. Segundo Orrico; Canejo e Fogli, (2007, p. 135), as barreiras de comunicação "afetam não só o acesso à informação de modo geral, mas também prejudicam diretamente a aprendizagem escolar".

O processo de ensinar e aprender em tempos de inclusão envolve vários fatores que perpassam pelas convivências, concepções e diversas formas de manifestações que compõem as tessituras e vivências nas escolas.

> O convívio cria demandas as quais se repetem, e muitas vezes o educador necessita consultar o próprio educando para delinear o procedimento pedagógico mais adequado. A prática de se dirigir ao aluno, além de desejável, é viabilizadora de inclusão no cotidiano da escola (ORRICO; CANEJO; FOGLI, 2007, p. 135).

Os estudantes sabem reconhecer quem está preocupado ou não com o processo de ensino-aprendizagem, bem como quem sabe explicar ou não o assunto da aula.

> *Tem professor que não sabe explicar, aí demora, demora e eu não entendo nada, mas tem outros professores que explicam bem. Não estou recriminando nenhum tipo de professor, cada um tem o seu jeito de explicar, só que tem que explicar um pouco melhor para poder entender* (Isabel – E).
>
> *Alguns professores eu acho ruim. Por exemplo, na disciplina [...] eu acho ruim, porque ele não ensina e eu não aprendo. Então eu acho ruim. A disciplina [...] mais ou menos eu consigo aprender e de [...] também aprendo um pouco, [...] mais ou menos também. [...] eu acho muito bom porque a professora me ajuda. Mas, [...] é ruim. [...] às vezes. [...], acho muito legal* (Maria – E).
>
> *[...] acho bom, [...] acho bom porque o professor me ajuda. [...] é difícil, [...] eu gosto, é um professor muito legal de [...] também eu gosto. Muito bom. [...] mais ou menos. [...] me ajuda um pouquinho, não gosto muito de [...] porque fala: "Deixa pra lá!". E isso não é bom. "Se vira! Deixa pra lá!"* (João – E).
>
> *Só fala para ouvinte, surdo não entende nada* (Paulo – E).
>
> *A de [...] ensina bem, [...] não, [...] não ensina nada. Alguns ensinam bem outros não* (Pedro – E).
>
> *O de [...] ensina mal* (Marta – E).

A estudante Isabel reconhece que cada professor é único e tem sua forma de trabalhar, no entanto, tem consciência da necessidade dos professores melhorarem suas práticas. Outros atribuem à disciplina, o fato de ser boa ou ruim, face às atitudes dos professores. Quando encontram apoio dos professores, logo dizem gostar da disciplina porque a professora é boa. O estudante Pedro, chama a atenção que a fala é direcionada para o ouvinte e que o surdo não entende nada.

Os estudantes também falaram sobre as avaliações que são realizadas com eles. Entre as falas que mais parecem desabafos, há os que consideram a avaliação muito difícil ou difícil, pela falta de adaptação do instrumento prova. Às vezes difícil, às vezes fácil, para os que atribuem ao intérprete o motivo de conseguirem realizar a avaliação. Há os que dizem que marcam só o X, e os que até denunciam as cobranças de provas, conforme os relatos a seguir:

> *Avaliação é muito difícil* (Paulo – E).
>
> *É difícil. Porque, às vezes, tem professor que fala que vai cair tal coisa na prova e não cai nada dito. A gente estuda, estuda, estuda! Como estudei uma vez, fiquei até com a vista doendo, quando eu cheguei não caiu nada que eu tinha estudado. Também é dificultoso por causa da letra que é muito pequena e eles têm que ampliar mais a letra nessas provas pra nós. Não só as provas que é do Brasil todo, eu estou falando das provas dos professores mesmos, de avaliação mesmo, eles têm que ampliar mais para nós, que nem todos ampliam* (Isabel – E).

Ás vezes difícil, às vezes fácil (Pedro – E).

O professor marcava o dia da prova, o intérprete me ajudava, tinha exercícios, prova de consulta, de dupla e, às vezes, três pessoas. Às vezes valia oito pontos e eu tirava porque tinha a ajuda do intérprete (João – E).

Eu só marco X (Marta – E).

Antes da intérprete, o professor cobrava muito e eu achava muito chato porque eu dizia: "Não vou fazer!". Porque não tinha o intérprete. O professor dizia que eu tinha que fazer e a gente discutia. Às vezes tinha que pagar 10 centavos, 15 centavos, isso ficava chato, cobrar para prova e sem intérprete também. "Como é que vou fazer essa prova?" Ficava difícil. Marcava o dia da prova e ficava conversando, conversa para lá, para cá, até chegava o dia da prova. Aí não tinha intérprete ou não trazia o dinheiro para pagar a prova. Os outros alunos também não traziam. Na matéria de [...] era só prova mesmo e isso é difícil. Eu já amassei uma prova de [...], porque não sabia fazer, o professor não ensinava nada e não tinha com eu fazer essa prova. Outras provas às vezes eram mais fáceis, às vezes a professora deixava fazer em dupla e ficava mais fácil. [...] também passa trabalho, prova e com o intérprete fica mais fácil (Maria – E).

Há entre os estudantes, os que dizem que só marcam o *"X"*, ou seja, esta prática demonstra que não há uma preocupação de fato com a aprendizagem e sim com a nota que possivelmente será comprovada, por meio do instrumento no qual o estudante marcou "X". Outra situação evidenciada foi a falta do intérprete durante a realização de algumas provas, o que dificulta e nega o direito da pessoa com surdez. Por meio das falas dos estudantes, percebe-se que o instrumento prova para obtenção de notas, ainda é utilizado de forma privilegiada na escola. E que o uso desse instrumento como única forma de avaliação não respeita as necessidades específicas de cada um, uma vez que não se amplia a fonte para a estudante de baixa visão e não se providencia o apoio necessário para todos os estudantes que precisem no momento de realização das provas.

A estudante Isabel, ao falar sobre a forma que os professores ensinam na EJA, faz um relato sobre as provas realizadas:

Tipo a "Provinha Brasil" e as "Olimpíadas de Matemática", pra eu enxergar é a maior dificuldade, eu forço a minha vista e saio de lá chorando, porque dói demais minha vista. A do ano passado eu recebi ampliada. O simulado eu recebi igual aos outros, pra eu enxergar também foi a maior luta, mas eu consegui. Eu tirei três pontos no simulado, não tirei a nota máxima porque eu não tava conseguindo enxergar direito. Valia cinco. Eu estudei, eu me preparei, mas estava muito ruim pra mim (Isabel – E).

A estudante relatou sua dificuldade para enxergar o tamanho da fonte nas provas oficiais e nas provas da própria escola. Destacou um avanço em relação às provas oficiais que começaram a chegar às escolas com fonte ampliada. Contudo, ainda prevalece na escola o esforço do estudante em detrimento de uma prática avaliativa inclusiva.

De acordo com as Diretrizes da Política Nacional de Educação Especial na Perspectiva da Educação Inclusiva, a avaliação pedagógica deve ser considerada:

> [...] como processo dinâmico considera tanto o conhecimento prévio e o nível atual de desenvolvimento do aluno quanto às possibilidades de aprendizagem futura, configurando uma ação pedagógica processual e formativa que analisa o desempenho do aluno em relação ao seu progresso individual, prevalecendo na avaliação os aspectos qualitativos que indiquem as intervenções pedagógicas do professor. No processo de avaliação, o professor deve criar estratégias considerando que alguns alunos podem demandar ampliação do tempo para a realização dos trabalhos e o uso da língua de sinais, de textos em Braille, de informática ou de tecnologia assistiva como uma prática cotidiana (BRASIL, 2008, p. 11).

Ao perguntar se existe apoio na hora da prova, a estudante de baixa visão foi objetiva em dizer: *"Não"*. Todos os alunos com surdez destacam o apoio da intérprete, entretanto, apenas um diz que os professores às vezes ajudam. Nenhum indica que a avaliação respeita as suas singularidades.

Não! (Isabel – E).

A intérprete ajuda, explicando e dando o comando (Maria – E).

Da intérprete. A intérprete ajuda e o professor às vezes ajuda (João – E).

A intérprete ajuda. Mas é difícil! (Paulo – E).

Sim, a intérprete ajuda (Pedro – E).

Mais ou menos, a intérprete ajuda um pouco (Marta – E).

A falta de apoio no momento de realização da prova, bem como, o desrespeito às singularidades de cada estudante, são fatores que também promovem a exclusão na sala de aula e, como consequência, têm influenciado no alto índice de abandono na Educação de Jovens e Adultos. Alguns reconhecem as dificuldades e encontram incentivos até mesmo fora da escola, enfrentam os desafios conseguindo permanecer na escola. Enquanto outros, não conseguem e acabam desistindo de estudar.

No processo ensino-aprendizagem foi perguntado ao aluno se recebe algum apoio específico. As respostas foram:

> Não. Às vezes eu recebo só da professora [...], ou quando vão vocês lá, vocês alunos da Faculdade, mas é muito difícil não vejo apoio para nós, não vejo (Isabel – E).
>
> Não (Paulo – E).
>
> Às vezes. Tem sim, um pouco de ajuda, mas muito pouco de alguns professores. Às vezes a intérprete falta porque fica de sala em sala. Eu fico chateada, aí fico conversando. Às vezes os professores são chatos mesmo (Maria – E).
>
> Às vezes, alguns professores me ajudam. Exemplo, a professora de [...] (Pedro – E).
>
> Sim. Às vezes fico nervosa, porque ficam conversando e não ajudam muito, mas alguns professores ajudam (Marta – E).
>
> Sim, por exemplo, o professor escreve no quadro e eu vou escrevendo, às vezes a intérprete falta, mas a professora ajuda. Mas a disciplina de [...] não é boa. É ruim. Recebo ajuda da professora [...] do AEE (João – E).

As respostas apresentam um equilíbrio entre os que recebem apoio, os que não recebem e os que recebem às vezes. Entre os apoios destacados, encontram-se os das professoras do AEE, dos pesquisadores, de alguns professores e dos intérpretes. Vale lembrar que devido o número de intérprete ser reduzido, elas não permanecem o tempo todo na mesma sala de aula e não entram em todas as salas onde tem estudantes com surdez.

Segundo Duk (2006, p. 190) "existem diferentes possibilidades de apoio aos alunos(as). É importante definir a melhor considerando-se as características e necessidades das crianças, da competência do(a) professor(a), dos recursos disponíveis e da organização do ensino". No entanto, faz-se necessário uma proposta consistente e bem definida sobre as formas de apoio e como estes apoios serão desenvolvidos na prática. Portanto, há que considerar neste processo a cooperação que:

> nesta perspectiva, a prática educativa deve superar a aprendizagem individualizada e competitiva e priorizar a aprendizagem cooperativa. A escola enquanto Instituição de formação e o(a) educador(a) enquanto profissional envolvido(a) diretamente com as práticas educativas, cabe a priorização de estratégias que contribuem para minimizar ou extirpar do cenário educacional práticas e atitudes excludentes herdadas e reproduzidas por vários séculos (ARAÚJO, 2012, p. 175).

5.2.3 Interações interpessoais dos estudantes da EJA na escola

No que se refere à interação do aluno com necessidade educacional especial com todos os colegas da turma, no processo de inclusão, foi possível constatar que as interações se pautam na cooperação e acontecem de forma natural, sem prevalecer interações pela condição de cada um, e sim por afinidades. Há surdos que interagem bem com surdo e com ouvinte, conforme relata o estudante Paulo: *"sim. Ouvinte, surdo, sempre se ajuda"*. Outros com vários amigos, como diz o estudante Pedro: *"os amigos me ajudam e é muito bom"*. E ainda há estudante com surdez que interage melhor com ouvinte, como diz a estudante Marta: *"sim. Mais com ouvinte"*. E há ainda os que se dão bem com todos, ou mais com surdo do que com ouvinte e quem acha mais fácil interagir com surdos, no entanto, diz se esforçar para viver unido:

> *Sim. Me dou bem com todos. Brinco como uma pessoa normal. Tem pessoas que pensam que eu não tenho nem problema de vista, mas eu tenho, tenho dificuldade de ler, mas têm pessoas que eu me dou bem, outras que não, porque tem pessoas mal educadas. Então me dou bem mais com as pessoas educadas do que com as não educadas* (Isabel –E).

> *Alguns anos atrás, na 6ª série, era difícil. O grupo de ouvintes conversando e eu sozinha. O tempo foi passando e às vezes conversava um pouco com os ouvintes. Então vieram outros surdos e com os surdos conversamos mais. Tinha várias pessoas com má conduta. Só falavam de namoro, palavrão e eu não gostava, muita confusão, e eu me afastava delas* (Maria – E).

> *Com os alunos ouvintes eu converso normal, mas uma comunicação caseira, mas eu converso com eles. Por mais que seja difícil eu conversar com eles e me comunicar. Com os ouvintes é mais difícil, mas nós interagimos. Com o surdo é mais fácil. Quando aparece um surdo que é usuário da Libras, minha língua, eu converso com eles, tenho uma comunicação melhor. Mas eu me esforço para viver unido* (João – E).

O relato da estudante Isabel sobre sua interação demonstrou que ela interage melhor com pessoas em função de suas atitudes e não em função da necessidade específica de cada um, ou seja, as interações não são determinadas em função das características físicas, e sim dos valores e atitudes que os aproximam. A estudante Maria também apresentou em sua fala as atitudes como fatores determinantes para a interação, no entanto, demonstrou a importância da chegada de outros surdos para melhorar a comunicação. O estudante João considera a interação com o surdo mais fácil e com o ouvinte mais difícil, porém, se esforça para viver em união com ambos.

As interações dos estudantes precisam ser consideradas neste processo, no entanto, conforme alerta Dias; silva e Braun (2007 p. 108), "apenas a interação social do aluno na turma não é suficiente para garantir seu aprendizado". Assim, somam-se as interações outros pontos que seguem na composição da tessitura da inclusão.

5.2.4 A experiência em trabalhar na EJA com estudante com necessidade educacional especial: olhar dos professores, intérpretes e coordenadores

Algumas pessoas entrevistadas consideram suas experiências, como sendo desafiadoras, novas, boas, interessantes e maravilhosas, conforme os relatos a seguir, respectivamente:

> *É um desafio, às vezes não sei como ajudá-los. Ao mesmo tempo, vejo que eles têm muita força de vontade de aprender e isso me deixa feliz em poder ajudar* (Neta – P/SC).

> *Foi uma experiência nova, porém, hoje em dia, após realização de cursos de aperfeiçoamento, já está sendo de melhor maneira encarado* (Jane – P/SC).

> *Foi boa, porque a partir do momento que comecei a trabalhar com esses alunos, eu comecei a buscar este conhecimento que eu não tinha. Então foi muito bom* (Bia – P/SC).

> *É uma experiência bem interessante. Esse é meu segundo ano aqui nesta escola. Então eu aprendi bastante com eles. O ano passado tinha um e esse ano outra. Se a gente se dedicasse mais, mas como são a minoria, a gente acaba deixando de lado. Mas aprendi muito com eles e eles também, tudo que tentei passar eles conseguiram. Tanto que conseguiram avançar para a série seguinte* (Lia – P/SC).

As falas demonstram que se somam a essas vivências, a força de vontade dos estudantes aprenderem; a realização de cursos de aperfeiçoamentos para melhorar a prática; a busca de conhecimento surgida pela necessidade, a partir do contato com a realidade; a necessidade de se dedicar a esse processo, embora as pessoas com necessidades educacionais especiais sejam consideradas minorias; e, há ainda os que são tocados de uma forma amorosa com a convivência com as diferenças. *"É maravilhoso! Eles são pessoas que despertam verdadeiramente o amor nas pessoas que estão à sua volta. Ou seja, estão próximas"* (Ada – P/SC).

Há ainda os que consideram as experiências lucrativas, pelos conhecimentos que esses estudantes trazem:

> *Foi uma experiência muito lucrativa porque pegamos alunos com conhecimentos bastante ricos, mas, que tem uma limitação por não poder ouvir e não poder falar, mas como tive as intérpretes ficou muito mais fácil trabalhar com esses alunos. Tenho alunos com baixa visão e déficit cognitivo* (Ney – P/SC).

Entre as falas, surge uma que considera o trabalho árduo, que exige mais empenho, e destaca a importância do professor da Educação de Jovens e Adultos ter um olhar amplo e estar atento a cada estudante:

> *A EJA é uma modalidade de ensino que recebe alunos com deficiências diversas, então o professor da EJA precisa ter um olhar bem amplo e estar atento a cada aluno. Eles vêm com carências diversas e a gente tem que trabalhar não só aquele conteúdo que está proposto, como também preparar uma base para os alunos com necessidades. Então é um trabalho bem árduo e que exige da gente um empenho maior* (Iany – P/SC).

As intérpretes ressaltam a importância de suas experiências em meio a um contexto em que ainda existe a carência de profissionais e a falta de adequação nas aulas:

> *Para mim foi uma experiência nova, porque eu já trabalho há bastante tempo com os alunos surdos, como professora de Educação Especial. De 2010 pra cá, eu tive essa experiência de atuar como intérprete, que é uma profissão que os alunos surdos precisam tanto. E como aqui no município tem carência, me chamaram para atuar como intérprete aqui na escola. Eu aceitei e pra mim está sendo muito bom, muito importante* (Juliana – I).

> *é satisfatório contribuir para o aprendizado, principalmente quando não há adequações necessárias nas aulas* (Luisa – I).

A coordenadora da Educação Especial do município e a coordenadora da Educação de Jovens e Adultos da escola, também destacaram suas experiências como positivas e gratificantes, pelo fato de terem contribuído com avanços neste processo e, desafiadoras, pela necessidade de trabalhar a aceitação desse público:

> *As experiências são positivas e gratificantes. Acabamos com a Integração dos alunos com Necessidades Especiais nas escolas da rede municipal e implantamos a inclusão, onde todos aprendem juntos. Constatamos um grande avanço dos alunos* (Silvia – C/EE).

> *A princípio, um desafio, pois para trabalhar com adolescente, EJA e inclusão, precisamos trabalhar a aceitação de ambas as partes. No entanto, foi um aprendizado a mais* (Vera – C/EJA).

5.2.5 O apoio institucional que os professores recebem para realizarem as suas práticas

Em relação aos apoios institucionais que os professores recebem para desenvolverem suas práticas, os professores ressaltaram:

> *O apoio do intérprete que deve manter uma atitude imparcial durante o transcurso da interpretação em sala de aula e equipe técnica da escola* (Nice – P/SC).

> *A escola apresenta apenas as intérpretes como apoio para os trabalhos com esses alunos* (Jane – P/SC).
>
> *Recursos materiais como Xerox e outros; liberdade para fazer cursos de formação continuada; a presença do intérprete em sala de aula* (Ada – P/SC).
>
> *A gente recebe material, a gente trabalha com eles com tecnologia. Sempre vem material adequado para eles* (Bia – P/SC).

As professoras da sala comum, Nice, Jane e Ada, apontam os intérpretes como apoio para eles. A professora Ada – SC acrescenta recursos e liberdade para fazer cursos de formação continuada; a professora Bia – SC diz receber material adequado para trabalhar. Entretanto, as falas dos professores seguintes, divergem quando dizem não receberem nenhum apoio para desenvolverem suas práticas.

> *Nenhum, nós temos que fazer cursos e praticar no dia a dia a nossa aprendizagem escolar nos discentes especiais* (Rosita – P/SC).
>
> *Eu particularmente não recebi nenhum apoio* (Ney – P/SC).
>
> *Nenhum. No meu caso nem a participação das intérpretes na minha sala não tem. O que eu sei eu tento passar pra eles e o que eles sabem tentam passar pra mim* (Lia – P/SC).

Algumas falas dos docentes apontam o apoio da equipe gestora e conversas com pessoas experientes e professores: *"As orientações das coordenadoras"* (Iany – P/SC). *"Conversas com pessoas experientes neste assunto, cursos na escola, apoio dos diretores e professores"* (Neta – P/SC). Percebe-se que a escola não estabelece uma estratégia sistematizada de apoio para os professores, que não recebem apoios de forma igualitária ou não são informados sobre os principais apoios disponibilizados pela escola.

Considerando a importância das redes de apoios para a escola, pautadas em uma filosofia inclusiva, Duk (2006, p. 187, grifo do autor) destaca:

> para desenvolver uma escola "na e para a diversidade" é necessário a construção de uma rede de apoio que colabore com os(as) professores(as) para atender à diversidade de estilos e ritmos de aprendizagem do(as) aluno(as) e de suas famílias. Esta rede de apoio tanto pode ser intrainstitucional quanto interinstitucional, caracterizando-se pelo estabelecimento de relações horizontais que promovam a confiança e o apoio mútuo.

Dessa forma, o apoio necessário para o desenvolvimento da prática inclusiva não está sendo considerado e este fato compromete o trabalho dos professores e, consequentemente, a aprendizagem dos estudantes. Segundo Duk (2006, p. 190), "existem diferentes possibilidades de apoio os(as) alunos(as). É importante definir a melhor considerando-se as características e necessidades das crianças, da competência do(a) professor(a), dos recursos disponíveis e da organização do ensino". No entanto, faz-se necessário uma proposta consiste e bem definida sobre as formas de apoio e como estes apoios serão viabilizados na prática.

5.2.6 A contextualização das práticas desenvolvidas na EJA

> Na prática inclusiva o modo como se organiza o ensino é determinante para que todos(as) os(as) alunos (as construam aprendizagens significativas e participem o máximo possível das atividades da sala de aula. Muitas das dificuldades vividas pelos(as) alunos(as) no processo de aprendizagem derivam da maneira como o(a) professor(a) organiza este processo, das metodologias que utiliza, dos materiais, dos critérios e procedimentos de avaliação etc. (DUK, 2006, p. 177).

De acordo com Duk (2006), a forma como o professor organiza o ensino pode fazer a diferença no processo de aprendizagem e minimizar diversas dificuldades vivenciadas pelos estudantes. Esta preocupação manifesta-se também nas Diretrizes Curriculares da EJA.

> As Diretrizes Curriculares Nacionais para a Educação de Jovens e Adultos apontaram-na como direito público subjetivo, no Ensino Fundamental, posição [...] consagrada, em seguida, em lei nacional. Tais Diretrizes buscaram dar à EJA uma fundamentação conceitual e a interpretaram de modo a possibilitar aos sistemas de ensino o exercício de sua autonomia legal sob diretrizes nacionais com as devidas garantias e imposições legais. A Educação de Jovens e Adultos representa uma outra e nova possibilidade de acesso ao direito à educação escolar sob uma nova concepção, sob um modelo pedagógico próprio e de organização relativamente recente (BRASIL, 2013, p. 325).

Assim sendo, neste item, analisamos o modo como as práticas se processam nas salas de aula, bem como, se os professores durante as aulas procuram desenvolver a aprendizagem ativa e significativa; se há a negociação dos objetivos com os estudantes; se acontece a demonstração prática; se permanentemente acontece avaliação e se o apoio e colaboração fazem parte deste processo. Enfim, se os professores ao desenvolverem as aulas, atentam para os princípios norteadores da prática inclusiva; como se dá o planejamento das aulas; a metodologia; o currículo; e, a avaliação.

a) **As aulas na EJA e os princípios norteadores da prática inclusiva.** Para compreender melhor o desenvolvimento das práticas, desenvolvemos as observações nas salas da EJA selecionadas, orientando-se pela Matriz de observação (Apêndice D) que se estruturou atentando para os princípios norteadores da prática inclusiva trabalhados por Duk (2006): 1) Aprendizagem ativa e significativa; 2) Negociação dos objetivos; 3) Demonstração prática e *feedback* (retroalimentação); 4) Avaliação permanente; 5) Apoio e colaboração.

O professor que promove **Aprendizagem Ativa e Significativa** considera as especificidades das pessoas envolvidas. No caso específico, o público jovem e adulto e com necessidades educacionais especiais. Assim, os trabalhos desenvolvidos por meio da cooperação e a contextualização das aulas integram-se a este processo. De acordo com Duk (2006, p. 24):

> os métodos ativos de aprendizagem implicam que os participantes (de um curso, oficina ou classe) trabalhem cooperativamente para desenvolver capacidades, conhecimentos e adquirindo habilidades para resolver conjuntamente problemas. Além de serem estratégias de aprendizagem mais agradáveis, as mesmas ajudam cada participante a transpor barreiras e superar temores gerados pelas mudanças introduzidas pelo trabalho cooperativo e apoio mútuo.

Desta forma, as aprendizagens devem promover o envolvimento e garantir a atribuição de significados da aprendizagem para suas vidas. Assim, o "que fazer" se articula como uma orquestra com o "por quê?" e "para que fazer?".

> A aprendizagem significativa implica proceder a uma representação interna e pessoal dos conteúdos escolares, estabelecendo relações substantivas entre o novo conteúdo de aprendizagem e o que já se sabe. Neste processo de construção modificam-se conhecimentos e esquemas prévios e cria-se uma nova representação ou conceituação. Nesta perspectiva, a aprendizagem não é um processo linear de acumulação de conhecimentos, mas uma nova organização do conhecimento, que diz respeito tanto ao "saber sobre algo" (esquemas conceituais), como o "saber o que fazer" e, ainda, como "com o que se sabe" (esquemas de procedimentos) e o "saber quando utilizá-lo" (conhecimentos sobre em que situações usar o que se sabe) (DUK, 2006, p. 173, grifo do autor).

Uma das aulas observada articulou o ensino de Ciências com o ensino de Geografia. Reuniram-se com as duas turmas de 3ª Etapa para trabalhar os temas Biodiversidade e Reino das Plantas e Animais. Para trabalhar esses temas, os professores apresentaram o filme "A Ilha Misteriosa". Antecipadamente explicaram o filme e solicitaram uma atividade relacionada à interação do trabalho do homem com o meio ambiente e a transformação. A intérprete traduziu a explicação do professor para os estudantes com surdez.

Embora não tenha ocorrido um aprofundamento na discussão da temática ou atividades diversificadas para explorar melhor o tema, percebeu-se que esta foi a aula em que os professores conseguiram uma introdução mais significativa sobre o assunto. No entanto, esta aula apresentou uma ineficiência no seu desenvolvimento e na sua conclusão, não houve debate ou qualquer outra atividade relacionada ao filme. Assim, não se concretizou como uma aula que promove aprendizagem ativa e significativa.

Cabe destacar ainda duas aulas de ensino das Artes ministradas por diferentes professores. O primeiro trabalhou em sua turma, 4ª etapa, em que havia dois estudantes com surdez, o tema artesanato. Introduziu a temática procurando contextualizar o assunto dialogando e apresentando figuras e imagens sobre o tema. Durante as atividades desenvolvidas na sala de forma concreta, o professor movimentava pela sala verificando como a mesma estava sendo desenvolvida. Finalizando o tempo, o professor passou de carteira em carteira observando as atividades que os estudantes fizeram. A intérprete estava presente nesta aula e os estudantes surdos participaram ativamente das atividades, os demais estudantes também. Embora a temática possibilitasse o uso de atividades diversificadas para torná-la mais ativa e significativa, não foi muito explorada. O professor apresentou uma introdução, um desenvolvimento e uma conclusão e garantiu a participação dos estudantes.

A segunda professora da mesma disciplina, também 4ª etapa, porém de turma diferente, ao chegar à sala de aula sentou-se, pegou seu material, levantou-se e começou a escrever no quadro perguntas relacionadas ao tema teatro. Algumas questões foram: "Cite os gêneros teatrais estudados"; "Escolha um deles e faça um comentário"; "O que você entende por teatro?". Estas e outras questões deveriam ser respondidas conforme o texto que havia sido copiado na aula anterior. A professora perdeu uma ótima oportunidade para trabalhar o teatro de forma concreta, envolvendo todos os estudantes e, consequentemente, garantindo a participação e, assim, a aprendizagem ativa e significativa dos mesmos. Na sala de aula havia três estudantes com surdez e uma com baixa visão. A intérprete também estava na sala de aula, no entanto, não foi suficiente para garantir a participação dos estudantes com surdez. A aula foi tão desestimulante e abstrata que até a intérprete teve dificuldade para fazer os estudantes com surdez entenderem.

A estudante com baixa visão também não conseguiu copiar as questões do quadro e não contava com nenhum apoio de recursos ópticos e não ópticos. Incomodada com a situação, providenciei um lápis 6B e uma caneta da escrita grossa, e a colega que sentava ao seu lado copiou. Percebe-se que há uma dificuldade para a maioria dos professores promoverem aprendizagem que tenha significado para a vida do estudante e que promova de fato a participação ativa deles.

A intérprete Juliana destaca a necessidade dos professores terem o entendimento sobre a surdez para promover aprendizagem significativa e garantir a participação do estudante:

> *O professor tendo um pouco de conhecimento na área da surdez como o ideal para esse menino ser atendido, ele tem uma aprendizagem significativa e também o intérprete na sala de aula. Mas a falta do entendimento do professor e não ter o intérprete; fica muito difícil pra ele. Quando ele tem incentivo do professor e do intérprete ele participa e quando ele participa ele aprende, ele interage e com isso ele aprende* (Juliana – I).

Várias transformações nas práticas educativas são necessárias neste processo de ensino e aprendizagem até a concretização da aprendizagem ativa e significativa. Outro fator observado foi a forma com que os professores colocam os conteúdos para as turmas. Em nenhum momento os professores negociaram com os educandos o assunto que seria trabalhado e como deveria ser trabalhado para atender às especificidades da turma e dos estudantes, ou seja, os professores é que decidiam o que e como ensinar, sem considerar a participação dos estudantes no processo de construção do conhecimento. Todavia, o professor que procura trabalhar atentando para os princípios da prática inclusiva prioriza de forma democrática a **negociação dos objetivos**. Sobre este princípio Duk (2006, p. 24) diz que:

> cada participante possui ideias, motivações, experiências e expectativas próprias. Assim, sempre que possível, o docente deve criar situações em que cada estudante pode fazer suas escolhas, estabeleça suas próprias prioridades, as quais podem ser modificadas após as leituras, apoio ou participação nas atividades.

Outra constatação refere-se à demonstração prática. Somente alguns professores conseguiam demonstrar o que esperavam dos estudantes com as atividades propostas. Apenas uma professora corrigiu as atividades que copiou no quadro com os estudantes, refletindo sobre a resposta de cada um. Os demais não faziam comentários sobre as tarefas realizadas. Alguns levavam os cadernos até os professores e os mesmos corrigiam individualmente. Outros professores iam até as carteiras observando se os estudantes realizaram as tarefas. No entanto, Duk (2006, p. 24, grifo do autor) destaca a importância da **Demonstração prática e *feedback* (retroalimentação)**, numa aula inclusiva:

> numa aula inclusiva, a demonstração do que se espera que os alunos e alunas realizem é fundamental para garantir que a orientação do(a) professor(a) esteja clara para todos. Quando o estudante 'vê' na prática o que o(a) professor(a) pede para ser realizado, isto aumenta as chances de participação do(a) aluno(a). Da mesma forma, quando o estudante recebe *feedback* (comentários) do(a) professor(a) e colegas sobre o que realizou, isto o ajuda a rever sua própria aprendizagem, assim como emitir sua opinião sobre a mesma.

Este princípio, se levado em consideração durante as aulas, pode contribuir para dar "vida", motivação e reforçar a aprendizagem. Eles podem aprender com seus próprios erros e com os erros dos outros, se o professor demonstrar na prática e reforçar a aprendizagem refletindo sobre as diferentes formas utilizadas por cada um para chegar ao resultado. No entanto, sem generalizar, em algumas aulas assistidas durante as observações, identificamos uma cansativa rotina onde alguns professores se limitavam a entrar, sentar, fazer a chamada, levantar com um pincel na mão, copiar no quadro branco, corrigir os cadernos e sair da sala. Parecia uma aula sem "vida", um processo de coisificação. Na realidade, 52,3% não suportaram e abandonaram a escola, e, este pode ser um dos fatores que promovem o abandono.

Desta forma, continua prevalecendo a prática denominada por Paulo Freire de educação "bancária" na qual "o saber é uma doação dos que se julgam sábios aos que julgam nada saber. Doação que se funda numa das manifestações instrumentais da ideologia da opressão – a absolutização da ignorância, segundo a qual esta se encontra sempre no outro" (FREIRE, 2011, p. 81). Esta prática, segundo Freire (2011), não propõe aos educandos o "desvelamento do mundo", uma relação dialética com a realidade, uma vez que não permite ao educando criar, participar, transformar o processo de seu aprendizado.

As práticas desenvolvidas continuam reproduzindo as práticas tradicionais. Contudo, Mantoan (2003, p. 81) alerta que "a inclusão escolar não cabe em um paradigma tradicional de educação". Assim, faz se necessário "ressignificar o papel do professor, da escola, da educação e de práticas pedagógicas que são usuais no contexto excludente de nosso ensino, em todos os seus níveis" (MANTOAN, 2003, p. 81).

Outro fator observado refere-se à forma como alguns professores (des) articulam ensino e avaliação, ou seja, os professores ou parte significativa deles, ainda trabalham separando o ensino da avaliação. Não conseguem trabalhar acompanhando a participação e o envolvimento dos estudantes nas aulas, observando e registrando se eles estão aprendendo ou não. Os professores, em sua maioria, trabalham os assuntos ou copiam os assuntos no quadro e em outro momento verificam se os estudantes aprenderam, usando o instrumento prova. Para confirmar esta afirmação descrevemos uma aula observada na turma da 3ª Etapa, em que havia dois estudantes com surdez e a intérprete havia faltado. Um professor entrou na sala, começou a escrever no quadro o assunto, sem introduzir, sem falar nada. Dividiu o quadro em três partes e copiou de costa o tempo todo, sem observar a desorganização das carteiras, se os estudantes estavam fazendo ou não as atividades ou até mesmo a desordem e barulho que os estudantes faziam. De costa virada para os estudantes começou; de costa terminou. Quando a sirene tocou informando o final do tempo da aula, de costa mesmo ele encerrou colocando um ponto na última questão e dizendo: "Prova na próxima aula, sobre esse assunto". Saiu sem dizer mais nada.

Não foram somente os surdos que não ouviram, parte da turma que estava conversando também não ouviu o professor falando que haveria prova na próxima aula. A atitude do professor revelou que não há avaliação contínua ou permanente. Sendo assim, há o momento de passar o conteúdo e outro momento distinto para verificar o que o estudante conseguiu aprender. No entanto, Duk (2006) destaca a importância da **Avaliação permanente** para assegurar a melhoria da prática numa classe inclusiva.

> Numa classe inclusiva é importante que os participantes estabeleçam seus objetivos, avaliem seus progressos, ou seja, avaliação contínua é uma forma de manter estudante e docente informados sobre o que foi/está sendo adquirido durante a escolarização. Para o docente, o acompanhamento regular das aquisições de cada aluno(a) assegura o empenho na melhoria da prática pedagógica (DUK, 2006, p. 24-25).

Como os critérios e procedimentos de avaliação continuam sendo um dos motivos de preocupação para o desenvolvimento das práticas educativas inclusivas, aprofundaremos nossas reflexões sobre avaliação na letra "e" deste mesmo item.

Outro item observado foi o **apoio e colaboração**. A observação se deu no sentido de identificar de que forma os professores vêm promovendo as aprendizagens colaborativas e os apoios entre os pares nas salas de aula. Em alguns momentos foi possível perceber a cooperação entre os estudantes, entretanto, a cooperação em nenhum momento foi estimulada pelo professor. Por iniciativa própria, após copiar do quadro os exercícios, os que encontravam dificuldades procuravam um colega mais próximo para que pudesse ajudá-lo.

Na maioria dos momentos observados prevalecem as práticas individualizadas. Os surdos separados, cada um na sua carteira de um lado na sala, com a intérprete e os demais espalhados pela sala, sem uma prévia organização das carteiras. Este fato chamou atenção durante as observações. Os professores não organizavam a sala para começar as aulas, a desorganização principalmente no turno vespertino, dava uma sensação de calor. Não solicitavam para trabalharem em duplas, em grupos ou mesmo individual. Da forma que entravam, começavam a desenvolver a aula, ou melhor, em sua maioria, começavam a copiar no quadro. Desta forma, podemos dizer que uma parte significativa dos professores da EJA da escola "Roda de Sisos" não prioriza as aprendizagens cooperativas e os apoios entre os pares dentro das salas de aula.

Para Duk (2006) o apoio e colaboração constituem pilares fundamentais para o desenvolvimento de práticas educativas inclusivas.

> O sistema educacional tradicional tem se caracterizado pela individualização do processo de ensino e aprendizagem. Na abordagem inclusiva o apoio constitui um elemento significativo do processo escolar, particularmente nas atividades realizadas em sala de aula. Aprender e resolver tarefas pode gerar tensão, a qual pode se tornar uma barreira à aprendizagem. O apoio entre os pares ajuda a combater a tensão e cria um ambiente mais responsivo à aprendizagem e sucesso (DUK, 2006, p. 25).

Estabelecer o apoio e colaboração como princípio no desenvolvimento das aulas, também pode fazer a diferença no desenvolvimento das práticas educativas inclusivas, se estimulados pelos professores e vivenciados pelos estudantes.

> Nesta perspectiva, a prática educativa deve superar a aprendizagem individualizada e competitiva e priorizar a aprendizagem cooperativa. A escola enquanto Instituição de formação e o(a) educador(a) enquanto profissional envolvido(a) diretamente com as práticas educativas, cabe a priorização de estratégias que contribuem para minimizar ou extirpar do cenário educacional práticas e atitudes excludentes herdadas e reproduzidas por vários séculos (ARAÚJO, 2012, p. 175).

Por meio das observações das práticas desenvolvidas nas salas de aula, foi possível perceber que uma parte significativa dos professores não promove aprendizagem ativa e significativa, não negocia o que e como ensinar, não reforça com a demonstração prática, não avalia de forma permanente e, tampouco, promove a colaboração entre os estudantes. No entanto, há professores que se esforçam para desenvolver uma aula que considere, em parte, as especificidades dos estudantes. São esses que mantém a esperança de poder reescrever novas práticas desenvolvidas na perspectiva inclusiva.

b) **O planejamento das aulas**. Os professores deixaram dúvidas sobre a forma como desenvolvem seus planejamentos. A maioria dos professores não conseguiu responder como planejam as aulas: *"os alunos precisam estar relacionados com a realidade e incluir elementos da vivência prática dos alunos"* (Nice – P/SC). Quando professora Nice – SC diz que *"os alunos precisam estar relacionados com a realidade"*, possivelmente queria dizer que os conteúdos precisam estar relacionados com a realidade dos estudantes. No entanto, não respondeu como planeja.

A professora Rosita – SC deu um exemplo da forma como explica e diz colocar um modelo para que os estudantes sigam e consigam resolver os exercícios, também não disse como planeja as aulas. *"Tento explicar o mais explicito possível como traduzir as frases e respondendo os primeiros exemplos para que eles se espelhem neles e consiga responder adequadamente"* (Rosita – P/SC). A professora Bia – SC disse considerar as necessidades dos estudantes: *"eu planejo minhas aulas em cima da necessidade do aluno. De acordo com a necessidade eu planejo para atingir a todos"*. No entanto, não disse como planeja.

A professora Neta – SC sem dizer como planeja, disse que considera a aprendizagem de todos no planejamento: *"planejo sempre visando à aprendizagem de todos"*. O professor Ney – SC também ao dar exemplo de como desenvolve as atividades disse que procura saber quais são as dificuldades dos estudantes. Embora não tenha dito como planeja, algo que chamou atenção na resposta do professor Ney – SC quando diz: *"quando eu passo um filme eu sempre pergunto pra intérprete como é que a gente pode trabalhar com filme já que esses alunos não ouvem e não falam"*. Ou seja, não deveria ser o contrário? Não deveria ser o professor conhecedor das diferenças e de como trabalhar com elas em sala de aula? Este fato revela a necessidade de formação do professor para trabalhar no contexto das diferenças.

As intérpretes, que têm a função de interpretar, na maioria das vezes estão sendo solicitadas para ensinar o professor como trabalhar metodologias diversificadas para atender às especificidades dos estudantes. Isso nos leva a questionar que tipo de formação, seja ela inicial ou continuada esses professores estão recebendo. Segue o relato:

> *Procuro saber quais são as dificuldades que esses alunos têm. Por exemplo, quando eu passo um filme, eu sempre pergunto pra intérprete como é que a gente pode trabalhar com filme, já que esses alunos não ouvem e não falam. E ela deu a dica de sempre passar com legenda. No caso de Ciências, trabalho muito com imagens porque uma imagem vale mais que mil palavras* (Ney – P/SC).

No caso específico da escola "Roda de Sisos" esta troca, as dicas das intérpretes para o professor usar a legenda e explorar imagem, está acontecendo na escola devido ao fato das intérpretes terem formação inicial de professoras e formação continuada. No entanto, a profissão de intérprete é formação específica e não necessariamente outros intérpretes apresentarão habilidades para auxiliar o professor sobre o processo de ensino-aprendizagem do estudante com surdez. Fato que reforça a necessidade de investir na formação do professor.

A professora Ada – SC disse que planeja *"pesquisando o conteúdo programático de forma que dê para adaptar o que for necessário"*. A professora Jane – SC explicou que planeja *"procurando atividades e habilidades que possam ser compreendidas pelos alunos, independente de suas necessidades"*. A professora Iany – SC esclareceu: *"sempre lembro que meus alunos precisam da minha compreensão. Assim, elaboro atividades teóricas escritas e cartazes visuais onde eles possam buscar resposta após percepção"*.

A professora Lia – SC informou que o planejamento é feito igualmente para todos sem diferenciação, mas admite diferenciar ao desenvolver a atividade. Disse que não diferencia, mas não disse como planeja. Nota-se ainda a dúvida que paira sobre os professores no que se refere à diferenciação necessária e permitida para promover a inclusão.

> *De forma não diferenciada, mas sim igual pra todos. Não direcionada só pra aquela aluna, mas sempre penso nela em questão, por exemplo, do ditado e sempre faço uma diferença para ela, com gesto ou sinal para que ela possa entender e escrever* (Lia – P/SC).

Por meio das falas dos professores foi possível constatar que o planejamento das aulas não é algo praticado pela maioria. No entanto, o planejamento é um instrumento fundamental para nortear as práticas. Cabe destacar o que Gandin (1994, p.18) alerta, pois, "para construir um planejamento, só propor não basta, para alcançar algo é necessário ter uma proposta consistente e uma metodologia adequada". Assim é possível construir uma proposta de planejamento com uma reprodução inovadora, crítica e dinâmica, rumo à realidade desejada. As dicas servem também para professores comprometidos com práticas inovadoras e inclusivas. Desta forma, segue a análise sobre o currículo trabalhado na escola.

c) **O currículo**. Ao perguntar aos professores se o Currículo trabalhado na EJA é adequado ao público-alvo e aos estudantes com necessidades educacionais especiais, as respostas foram variadas e algumas até surpreendem, como o relato da professora Nice – SC:

> *O currículo sim, mas é adequado para um, aí já misturaram especiais com a EJA; ao outro não, porque um já veio de enxerido, já veio assim penetrando na onda. Eu achei. Não tem nada a ver misturar eles com os alunos normais. Porque tinha que ser trabalhado eles só em uma sala. Do jeito que a gente expõe o conteúdo para o aluno que está lá, para o público aí tem o deficiente, aí vem o intérprete e diz assim para ficar assim igual os outros. Aí, meu Deus, tem que ser tudo isso? Tem que ser uma aula que o deficiente entenda e a gente não tá preparado pra isso. Tem muita coisa pra ver ainda apesar de que a intérprete sabe muita coisa, mas para a gente fica muito difícil.*

Esta resposta causou surpresa pela forma com a qual se refere aos estudantes com necessidades educacionais especiais. Segundo a professora, o currículo é adequado para o público da EJA e não para os estudantes com necessidades educacionais especiais. Para a professora os *"últimos"* vieram como *"enxeridos"*, penetras. E ainda acha que eles não devem ser *"misturados com os normais"*. A surpresa se deu pelo fato de até este momento da pesquisa não pensar que entre os(as) professores(as) da escola "Roda de Sisos" pudesse haver algum(a) com esta representação preconceituosa e distorcida sobre a inclusão. No final de sua fala expõe: *"tem que ser uma aula que o deficiente entenda e a gente não tá preparado pra isso"*. A falta de preparação está evidente em todo o discurso e não apenas na forma de desenvolver a aula.

As professoras Rosita, Neta, Ada, Jane e Bia, todas da sala comum, disseram *"sim"*, que o currículo é adequado. Segundo a professora Neta – SC, *"o currículo é sempre adaptado ao público atendido na sala de aula"*, e ainda afirmou:

> *É sim. Porque não há muita diferença o aluno mais velho está sempre buscando ajuda com os mais jovens. Ele já é preparado mesmo para a clientela e já vem contemplando o público jovem, adulto e aluno com Necessidade Especial. O conteúdo é bem explicado sem muita dificuldade. Eu acho que contempla sim.*

Embora os professores citados tenham considerado o currículo adaptado e preparado para o público jovem, adulto e com necessidades educacionais especiais, há entre os professores, opiniões que divergem dessas afirmações. Iany – SC, Ney – SC e Lia – SC, disseram que o currículo não é adequado. Para o professor Ney – SC:

> *Não. Até porque, principalmente na área de Ciências, como nós trabalhamos com 7^a e 8^a na 4ª etapa, não vem aquela parte da Química e da Física e não tem nos livros didáticos deles que são dados para a EJA. Aí fica meio defasado este conhecimento. Não é adequado.*

A professora Iany – SC disse: *"não. Eu particularmente organizo, ou seja, flexiono de acordo com as carências da turma, pois cada turma tem seu perfil. E o aluno especial deve ser atendido com o envolvimento de outros"*. A professora Lia – SC completou:

> *Não, porque o currículo está junto, destinado para 1ª e 2ª etapa e como tem essas outras necessidades dos alunos serem analfabetos e também necessidades, deveria ser elaborado outro encima disso. Creio que seja o sistema que já vem com as ideias impostas. Então acaba sendo seguido e não mudado.*

Os relatos dos professores que disseram que o currículo trabalhado não é adequado destacaram o distanciamento existente entre a proposta curricular e a realidade dos educandos. Observa-se uma contradição nos relatos que variaram entre os que consideraram o currículo adaptado para os estudantes da EJA e não para os estudantes com necessidades educacionais especiais; os que consideram que é adequado para ambos; e, os que consideram que o currículo não é adequado. Essas contradições refletem a falta de um Projeto Político Pedagógico[12] consistente, que atenda de fato às demandas da escola.

> Os currículos, a formação das turmas, as práticas de ensino e a avaliação são aspectos da organização pedagógica das escolas e serão revistos e modificados com base no que for definido pelo projeto político-pedagógico de cada escola. Sem os conhecimentos levantados por esse projeto, é impossível elaborar currículos que reflitam o meio sociocultural do alunado (MANTOAN, 2003, p. 65).

d) **A metodologia.** Os professores demonstraram dúvidas sobre a metodologia que utilizavam para desenvolver suas aulas. Confundiam o termo "metodologia" com "recurso", com "atividades" e com "estratégias de ensino", conforme os relatos a seguir:

> *Livros, CDs, DVDs, entre outros. Orientação de pesquisa, divisão de trabalho em pequenos grupos* (Nice – P/SC).

> *Oral, escrita, exercícios propostos, teoria e conforme a necessidade de cada turma* (Rosita – P/SC).

> *Pesquisa individual, estudos em grupos, aulas expositivas, atividades diversificadas, entre outras* (Neta – P/SC).

> *Imagens de leitura, perdão, leitura de imagens, recursos audiovisuais em Libras (filmes)* (Ada – P/SC).

---

12 Conforme apresentado no item 5.1.2 desta seção.

Atividades teóricas, visuais, palavras cruzadas, caça palavras, pesquisa em dicionário, ditado com gestos e outros (Iany – P/SC).

Aulas expositivas e dialogadas tendo um trabalho à parte com a Libras, em caso de salas com DA (Jane – P/SC).

As mesmas dos alunos ditos normais. Aulas expositivas, aula com data show. Com filme, no laboratório de informática, passeio na escola e aula prática (Ney – P/SC).

Em Português e Matemática é o pincel e o quadro, mas em Ciências sempre procuro trazer slides *ou através de figuras fazer uma leitura diferenciada e não ficar uma aula tão chata* (Lia – P/SC).

Eu uso muita figura, muito desenho, sempre uso filme, vídeo que eu possa mostrar através do Datashow, *eu coloco sempre desenho* (Bia – P/SC).

Entre todos os relatos, nenhum disse de fato qual é a metodologia que utiliza, ou seja, como introduz a aula, como a desenvolve e como fazem para saber se o estudante aprendeu e como conclui a aula. Desenvolver as práticas pautadas em uma metodologia adequada e consistente possibilita ao professor uma maior segurança durante as aulas.

Segundo a Intérprete Juliana, o fato do professor não estabelecer uma metodologia é uma dificuldade que tem prejudicado diretamente o desenvolvimento da aula: *"A dificuldade ainda é a questão dos professores que não têm um entendimento de como atuar na sala de aula com surdo. A questão da metodologia. É ele não saber aquele tipo de metodologia que atenda aquele aluno, aí fica difícil"*. As dificuldades manifestadas com relação à metodologia somadas aos desafios a serem superados pela escola, e, principalmente, pelos professores, estão diretamente ligadas às práticas educativas.

e) **Avaliação do aproveitamento escolar do educando.** Nota-se na fala de alguns professores que as práticas avaliativas aos poucos vêm avançando, no sentido de dar visibilidade aos aspectos qualitativos, no entanto, as provas prevalecem sendo usadas como o instrumento principal e não nos casos eventuais.

Além da avaliação de caráter quantitativo, também através de trabalhos, da presença nem tanto porque os alunos da EJA nem sempre a gente pode contar com eles. Mas a participação, vendo aquele aluno que contribui, se ele sabe mais um pouquinho ele ajuda o colega, porque eu sempre faço uma avaliação diferenciada uma do outro, porque nem todos aprendem iguais. Na verdade, vou avaliando um por um. Uso prova, frequência, participação, trabalho na sala em grupo (Lia – P/SC).

> *Apesar das dificuldades que eles têm, eu acho que eles têm um bom aproveitamento nas aulas. Eles aprendem bem. Avaliação tem tudo: tem frequência, participação, trabalho escrito, trabalho de pesquisa, tem prova também* (Bia – P/SC).
>
> *No dia a dia, com atividades e testes* (Jane – P/SC).
>
> *Da mesma forma que os demais alunos, os conceitos, qualitativos, quantitativos, aqueles conceitos procedimentais, atitudinais, tem trabalho, tem prova, atividade avaliativa, participação, também tem comportamento. Essa parte de avaliação não há nenhuma diferença, porque não tem como diferenciar: Ah! Eu vou avaliar esse meu aluno aqui diferente porque ele é surdo e mudo, não! Se ele tem intérprete já coloca ele de igual pra igual com os demais alunos* (Ney – P/SC).

A fala do professor Ney – SC permite uma reflexão sobre o processo de diferenciação já comentado anteriormente na primeira parte desta pesquisa. A diferenciação permitida para incluir e a diferenciação não permitida, quando exclui ou restringe a pessoa de seus direitos. No entanto, sobre este caso específico citado pelo professor, sobre a não diferenciação para avaliar o estudante com surdez, o Decreto nº 5.626/2005 já determinou, em seu Artigo 14, o respeito que deve haver com relação à singularidade linguística, ou seja, ao fenômeno de "hibridação" que acontece no momento da estruturação da frase na Língua Portuguesa. Conforme o Decreto, o sistema de ensino deve:

> VI – adotar mecanismos de avaliação coerentes com aprendizado de segunda língua, na correção das provas escritas, valorizando o aspecto semântico e reconhecendo a singularidade linguística manifestada no aspecto formal da Língua Portuguesa;
> VII – desenvolver e adotar mecanismos alternativos para a avaliação de conhecimentos expressos em Libras, desde que devidamente registrados em vídeo ou em outros meios eletrônicos e tecnológicos.

Duk (2006, p. 24-25) destaca que:

> numa classe inclusiva é importante que os participantes estabeleçam seus objetivos, avaliem seus progressos, ou seja, avaliação contínua é uma forma de manter estudante e docente informados sobre o que foi/está sendo adquirido durante a escolarização. Para o docente, o acompanhamento regular das aquisições de cada aluno(a) assegura o empenho na melhoria da prática pedagógica.

A Nota Técnica nº 11/2010 orienta a prática avaliativa na perspectiva inclusiva destacando que a:

avaliação do ensino e da aprendizagem na escola: descrição da concepção, dos instrumentos e do registro dos processos avaliativos do desenvolvimento dos alunos nas atividades educacionais e das estratégias de acompanhamento do processo de escolarização dos alunos (BRASIL, 2010, p. 6).

A Lei de Diretrizes e Bases da Educação – LDB, Lei nº 9.394/1996 – determina em seu Artigo 24, inciso V, alínea "a", a: "avaliação contínua e cumulativa do desempenho do aluno com prevalência dos aspectos qualitativos sobre os quantitativos e dos resultados ao longo do período sobre os de eventuais provas finais". Percebe-se que, em meio às dúvidas e contradições que permeiam as práticas avaliativas na escola, há entre as falas dos professores, uma que ressalta o respeito pelas limitações, conforme relata a professora Ada – SC: *"através da participação dos alunos em grupo ou individualmente, respeitando suas limitações"*.

Nota-se também os que relacionam dificuldade de aprendizagem com necessidades educacionais especiais, se julgando capaz de medir quantitativamente o quanto são capazes de aprender; os que observam que na escola há uma ajuda mútua; e, ainda, os que reconhecem que é preciso reconstruir o significado da ação avaliativa. No entanto, não conseguem dizer como avaliam os estudantes.

> *Os alunos especiais tendem a ter dificuldades de entender, porém os intérpretes os acompanham. Desta forma eles conseguem desenvolver a atividade proposta, acredito que 60% eles assimilam* (Ney – P/SC).

> *Observo que nesta escola os especiais sempre ajudam uns com os outros contribuindo ao aprendizado da disciplina* (Rosita – P/SC).

> *Avaliar a aprendizagem dos alunos é preciso reconstruir o significado da ação avaliativa no sentido de ser um acompanhamento permanente do desenvolvimento do aluno na escola* (Nice – P/SC).

A fala do professor Ney – SC nos leva a questionar: será que a dificuldade está mesmo no estudante ou na forma de ensinar? Será o bastante para o estudante assimilar 60% do que foi trabalhado? Ou ainda, será possível esta medida exata da aprendizagem? Considerando que a média para aprovação é 6 (seis), bastaria estabelecer quantitativamente o mínimo para a promoção do estudante?

A professora Nice – SC reconhece que é preciso reconstruir o significado de avaliação para que seja adotada de forma contínua, no sentido de acompanhar o desenvolvimento do estudante. No entanto, não diz se sua prática avaliativa converge neste sentido. Diante do exposto, destacamos a

Resolução nº 4/2010, do Conselho Nacional de Educação – CNE –, no que se refere à avaliação.

> Art. 47. A avaliação da aprendizagem baseia-se na concepção de educação que norteia a relação professor-estudante-conhecimento-vida em movimento, devendo ser um ato reflexo de reconstrução da prática pedagógica avaliativa, premissa básica e fundamental para se questionar o educar, transformando a mudança em ato, acima de tudo, político.
> § 1º A validade da avaliação, na sua função diagnóstica, liga-se à aprendizagem, possibilitando o aprendiz a recriar, refazer o que aprendeu, criar, propor e, nesse contexto, aponta para uma avaliação global, que vai além do aspecto quantitativo, porque identifica o desenvolvimento da autonomia do estudante, que é indissociavelmente ético, social, intelectual.
> § 2º Em nível operacional, a avaliação da aprendizagem tem, como referência, o conjunto de conhecimentos, habilidades, atitudes, valores e emoções que os sujeitos do processo educativo projetam para si de modo integrado e articulado com aqueles princípios definidos para a Educação Básica, redimensionados para cada uma de suas etapas, bem assim no projeto político-pedagógico da escola.

Por meio das observações realizadas durante a pesquisa, das falas dos professores e estudantes, percebe-se que não há um direcionamento do Projeto Político Pedagógico da escola para orientar as práticas avaliativas, ou até mesmo uma fundamentação destas práticas em instrumentos legais como a LDB, a Resolução nº 4/2010, entre outros. Desta forma, prevalece entre os docentes a reprodução de práticas avaliativas.

Luckesi (1994), após estudo sobre a prática de avaliação escolar, destaca existir uma "pedagogia do exame", ou seja, a prática educativa vem perdendo sua função e priorizando o treinamento de "resolver provas". A prática educativa está sendo direcionada por uma "Pedagogia do Exame", que visa somente notas boas nas provas, desprovida de outras questões fundamentais na vida escolar, como as questões sociais, emocionais e até mesmo o conhecimento de fato, que é totalmente desvinculado do processo de ensino-aprendizagem.

Para o referido autor, esta pedagogia se caracteriza ainda por ter o resultado imediato como um fim em si mesmo; pelo fato de as provas serem um fator negativo de motivação; as reuniões objetivarem apenas o repasse de notas; por funcionar como mecanismo de controle e ameaça e pelo fato do sistema de ensino se contentar apenas com a estatística. Porém, é de se esperar algumas consequências, psicológicas, pedagógicas e sociológicas, que resultam dessa pedagogia do exame.

Luckesi (1994) diz, também, que a "avaliação" da aprendizagem escolar, por meio de exames e provas, foi se tornando um "fetiche". O sentido do ensino-aprendizagem foi caindo no esquecimento, passando a interessar para os pais, alunos, instituições escolares, entre outras, somente a nota. Com isso, sentem os professores o direito de usar este mecanismo tão "importante", para levar os estudantes a viverem sob a "égide do medo", usando ainda a ameaça como um castigo sutil que afeta o psicológico. Vale lembrar, ainda, que a avaliação autoritária se manifesta principalmente pela função classificatória, por ser usada só para obtenção de média e como mecanismo disciplinador, entre outros. A avaliação autoritária caracteriza-se, ainda, como um "juízo de valor".

> A atual prática da avaliação escolar estipulou como função do ato de avaliar a classificação e não o diagnóstico, como deve ser constitutivamente. Ou seja, o julgamento de valor, que tira a função de possibilitar uma nova tomada de decisão sobre o objeto avaliado, passa a ter a função estática de classificar um objeto ou um ser humano histórico num padrão definitivamente determinado (LUCKESI, 1994, p. 34).

Luckesi (1994) destaca ainda a necessidade de superar a Pedagogia Liberal Conservadora, subtendida nas Pedagogias Tradicional, Renovada e Tecnicista e que estão a serviço do capitalismo, nas quais a avaliação funciona para a domesticação e para reproduzir a sociedade liberal conservadora e individualista, cabendo ao estudante somente o direito de obedecer e se tornar um ser passivo e o professor, por sua vez, autoritário, não permitindo que o estudante avance rumo à autonomia.

Consciente que prevalece na prática educativa a "Pedagogia do Exame" é necessário rever essa prática e avançar rumo à Pedagogia Progressista, esta subtendida nas Pedagogias Libertadora, Libertária e Crítica-social dos Conteúdos. Cada uma, com sua forma de ver a realidade, visa à transformação da sociedade. Vale dizer que a avaliação está para a humanização, ou seja, no educar para a transformação social. Para tanto, é necessário que o educador transforme a prática educacional, "redefinindo ou definindo" a ação pedagógica, assumindo um posicionamento claro e explícito. Para Luckesi (1994) só boas intenções não bastam, é preciso que essas intenções se efetivem na prática, procurando resgatar a avaliação em sua essência constitutiva e sua função diagnóstica.

Contudo, outras práticas precisam ser mudadas e uma delas é a prática escolar do erro como fonte de castigo. Se, no passado, o erro era usado no intuito de afetar fisicamente e moralmente o estudante, na atualidade, além desses, se usa ainda o castigo simbólico, isto é, artifícios usados pelo professor para criar medo, tensão e ansiedade entre os estudantes. Essa conduta do professor Luckesi (1994) chama de "sadomasoquista", pelo fato de muitas vezes se dar de forma prazerosa, ou seja, o professor tem prazer em fazer os estudantes sofrerem. Outra prática que precisa ser revista é a avaliação que ainda nega a democratização do ensino, ou melhor, sequer é aplicada. O que ainda se pratica na escola é apenas "verificação" quantitativa e classificatória, que usa o conceito ao invés de notas.

Para que a prática docente se desenvolva de forma crítica e construtiva, cabe à escola interessar-se no desenvolvimento dos estudantes de forma individual e coletiva, compreender, propor e desenvolver suas atividades no contexto das determinações sociais, trabalhando com princípios científicos e metodológicos, dando conta da construção do ensino-aprendizagem, para o desenvolvimento das capacidades cognoscitivas e demais habilidades do educando.

Para Luckesi (1994), o ato de avaliar deveria ser um ato amoroso, acolhedor, integrativo, inclusivo e com a característica de não julgar, cujos objetivos são auxiliar o estudante e responder à necessidade social. A sua função é ontológica e deve propiciar autocompreensão, motivar o crescimento, aprofundar e auxiliar a aprendizagem. "Defino avaliação como ato amoroso, no sentido de que a avaliação, por si, é um ato acolhedor, integrativo, inclusivo" (LUCKESI, 1994, p. 172).

5.2.7 As práticas na EJA não promovem a inclusão

Partindo das análises anteriores, podemos dizer que as práticas desenvolvidas na escola "Roda de Sisos" não promovem a inclusão, uma vez que as observações apontaram para a dificuldade que os professores têm em atentar, durante as aulas, para os princípios norteadores da prática inclusiva, bem como sobre o planejamento das aulas, a metodologia, o currículo e a avaliação. Somam-se às questões anteriores, as falas das intérpretes. As intérpretes Juliana e Luisa, consideram que as práticas na EJA não promovem a inclusão, pelo fato de não existir adaptações curriculares e pelas dificuldades dos docentes de promoverem a inclusão.

> *Não promovem, pois não há adaptações curriculares* (Luisa – I).
>
> *De certa forma ainda não. Aqui na escola, a maioria dos professores, eu vejo eles se esforçarem para atender, mas ainda não está aquela inclusão de verdade que eles têm direito. Até mesmo os profissionais da educação, aqui eles têm muita dificuldade de saber na realidade o que é a questão da inclusão, como agir, como desenvolver atividades inclusivas* (Juliana – I).

Além da dificuldade de alguns professores em saber como agir no contexto das diferenças e de desenvolver atividades inclusivas, conforme destacou a intérprete Juliana, há ainda os que não utilizam os recursos disponibilizados pela escola para a contextualização das aulas e para facilitar a compreensão dos estudantes. Sobre esta questão, destaca Luisa – I: *"a escola oferece recursos, porém os professores não utilizam"*. Complementa intérprete Juliana: *"tem Datashow disponível, tem cartolina pra fazer um cartaz, pra contextualizar. É difícil o professor usar, mas tem"*.

A falta de contextualização das aulas é apontada pelas intérpretes como um fator que vem dificultando a promoção da inclusão na sala de aula. Uma intérprete, ao ser questionada se os professores contextualizam suas aulas, disse:

> *Não. Em parte, porque têm alguns que se esforçam, por exemplo, a professora de Geografia, tem aulas que eles levam mapas, mostram, alguns fazem isso, outros não. Aquela questão da professora de Artes, ela poderia muito bem ter desenvolvido uma aula muito boa com o aluno se ela tivesse contextualizado, além dela fazer as perguntas, se ela fizesse naquele momento acontecer o teatro ali e explicar cada parte pra eles, com certeza eles teriam um entendimento muito melhor que uma pergunta direta* (Juliana – I).

O relato da intérprete Juliana demonstrou que há entre os professores, os que se esforçam para contextualizar as aulas, para facilitar a aprendizagem dos estudantes, no entanto, destaca o despreparo de alguns que se limitam a copiar no quadro um assunto que poderia ser trabalhado de forma contextualizada. A referida intérprete complementou ainda:

> *Eles fazem muita pergunta objetiva. Tem uns que chegam na sala e nem escrever no quadro, querem fazer ditado, aí a gente chama atenção dele lá, pedindo: "Por favor, professor, escreve no quadro!". Mas, ainda existe professor que vem e faz ditado com surdo na sala. Aí fica muito difícil. Uma das questões que eu acho mais difícil é essa, quando o professor não está se importando, que ao invés de incluir o aluno, está excluindo cada vez mais. E aí essa carga vem toda pra cima do intérprete* (Juliana – I).

A fala da intérprete Juliana, *"quando o professor não está se importando, que ao invés de incluir o aluno, está excluindo cada vez mais"*, nos leva a refletir sobre o comprometimento do profissional da educação e do educador que lida diretamente com o educando, atitude que é fundamental neste processo de inclusão; sem o comprometimento, não há apoio, recursos ou qualquer intervenção política capaz de transformar as práticas. Outro destaque na fala da intérprete Juliana, foi a forma como o ensino vem se concretizando na escola, de professores que fazem perguntas objetivas, que fazem ditado sem respeitar o estudante com surdez na sala de aula. Para Mantoan (2003, p. 76-77):

> o professor que ensina a turma toda não tem o falar, o copiar e o ditar como recursos didático-pedagógicos básicos. Ele não é um professor palestrante, identificando com a lógica de distribuição do ensino e que pratica a pedagogia unidirecional do "A para B e do A sobre B", como afirmou Paulo Freire, nos idos de 1978, mas aquele que partilha "com" seus alunos a construção/autoria dos conhecimentos produzidos em uma aula.

As práticas promotoras da inclusão se concretizam no sentido de gerar "situações de aprendizagem que formem um tecido colorido de conhecimento, cujos fios expressam diferentes possibilidades de interpretação e de entendimento de um grupo de pessoas que atua cooperativamente, em uma sala de aula" (MANTOAN, 2003, p.77). Para tanto, há que considerar na composição dos pontos desta tessitura as necessidades pedagógicas e de formação dos professores.

5.3 Necessidades pedagógicas dos docentes

Para o desenvolvimento de sistemas educacionais inclusivos, há que considerar, entre outros fatores, as necessidades pedagógicas dos professores. Assim sendo, nossa indagação surge no sentido de identificar as principais necessidades dos professores para o desenvolvimento de práticas inclusivas na EJA. A primeira necessidade apresentada está diretamente ligada à formação, conforme as respostas da maioria dos professores:

> *Cursos gratuitos para os educadores, locais mais apropriados e acolhedores, carros apropriados para buscá-los quando necessário* (Rosita – P/SC).
>
> *Formação na área, Especialização, cursos* (Neta – P/SC).
>
> *Existe a necessidade, acho que é mais de conhecimento sobre a prática* (Lia – P/SC).
>
> *Eu acho que treinamento, cursos, para que eu possa buscar e aprender melhor, como passar isso para eles. Então, eu acho que precisamos de cursos* (Bia – P/SC).
>
> *Aulas práticas e teóricas e compreensão das profissionais que atendem* (Iany – P/SC).

Outra necessidade apresentada pelos professores para atuar no contexto da Educação Inclusiva, foi com relação à tecnologia e o conhecimento para lidarem com ela, conforme relato da professora Nice – SC e da professora Ada – SC, acrescentando a necessidade de tempo destinado ao planejamento. *"Novas tecnologias em sala de aula seriam interessantes, aumentando a interação entre aluno e professor"* (Nice – P/SC). *"A falta de tempo para planejar, a falta de conhecimento necessário para lidar com a tecnologia em favor da inclusão"* (ADA – P/SC).

Apontaram ainda os docentes a necessidade de apoio da escola, de laboratório, de sala de vídeo e até de materiais didáticos para todos os estudantes como livros, por exemplo. Vale destacar que durante a observação foi possível perceber que nas aulas que usavam livro, o professor buscava na biblioteca e pedia que sentassem em duplas ou trios, porque não havia livros suficiente para todos.

> *Que tenham mais apoio da escola de forma geral, todo o corpo da escola* (Jane – P/SC).

> *Enquanto professor na área de Ciências, nós precisamos de um laboratório, ou mesmo um local que seja adequado para esse tipo de aula e não tem. Não tem uma sala de vídeo aqui na escola. Não tem livros que se trabalha a parte de Ciências ou talvez outra disciplina. Assim, a escola é muito carente* (Ney – P/SC).

Essas necessidades estão diretamente relacionadas à melhoria na estrutura física, aos recursos, ao uso de tecnologias e às necessidades de formação. Assim, conhecer como vem se dando o processo de formação dos professores da escola, tornou-se fundamental no desenvolvimento desta pesquisa.

5.4 Processo de formação para atuar na EJA

> A inclusão escolar não cabe em um paradigma tradicional de educação e, assim sendo, uma preparação do professor nessa direção requer um *design* diferente das propostas de profissionalização existentes e de uma formação em serviço que também muda, porque as escolas não serão mais as mesmas, se abraçarem esse novo projeto educacional (MANTOAN, 2003, p. 81).

Os docentes, sobre seu processo de formação para atuarem na EJA, bem como, para atuarem no contexto da inclusão escolar, destacaram que:

> *Não tive formação para atuar na EJA e no processo da inclusão. Estou aprendendo na prática* (Nice – P/SC).
>
> *Não fiz nenhum curso específico* (Neta – P/SC).
>
> *Não recebi nenhuma instrução, aprendi a desenvolver com as experiências vividas* (Jane – P/SC).
>
> *Eles nunca ofereceram nada de formação continuada. Eu sou Especialista, mas, não tem nada a ver com EJA ou muito menos com Educação Inclusiva. A única formação é o dia a dia* (Ney – P/SC).

Desta forma, há um número significativo de professores que nunca receberam formação específica para a modalidade EJA no contexto da Educação Inclusiva. Há também os que ressaltam que aprendem com as experiências vividas, ou seja, "quem ensina aprende ao ensinar e quem aprende ensina ao aprender". (FREIRE, 2011, p. 25). Há os que acessaram por conta própria tanto uma Especialização na área da Educação Especial e Inclusiva, como Curso de Formação Continuada, ofertado pelo Sistema de Ensino, conforme relataram as professoras Ada – SC e Bia – SC. Também já acessaram formação para trabalhar com estudantes com necessidades educacionais especiais. No entanto, não informaram se a formação estava relacionada com a modalidade EJA. A professora Ada – SC evidencia a importância da formação para minimizar as dificuldades encontradas na prática.

> *Necessidade de atuar visto que não tinha nenhuma formação e o grande amor que senti pelos primeiros alunos surdos. Isso me motivou a fazer Especialização em Educação Especial e Inclusiva. Este ano de 2012 tive oportunidade de fazer os primeiros Cursos de Formação Continuada ofertada pelo Sistema de Ensino* (Ada – P/SC).
>
> *Quando eu comecei a trabalhar na EJA, pra mim foi uma nova experiência, porque eu era acostumada a trabalhar só no Ensino Fundamental, mas, como fui estudando aos poucos, depois eu fiz um curso de preparação para trabalhar com esses alunos aí daí pra frente eu não tive mais dificuldade* (Bia – P/SC).

A professora Jane – SC demonstra como formação, a disciplina na Universidade e o Curso Técnico e destaca que a experiência ajuda a melhorar sua prática: *"Além de disciplina na Universidade, fiz um curso técnico e o dia a dia ajuda a melhorar o trabalho"*.

A professora Lia possui vasta experiência na modalidade EJA, contudo, não recebeu formação para atuar nesta modalidade no contexto da Educação Inclusiva. Participou de um curso básico de Libras. No entanto, ao falar que a coordenadora pediu que procurasse o intérprete para ensinar o estudante com necessidades educativas especiais evidencia a inversão de função que acontece em algumas salas de aula, onde há a atuação do profissional intérprete, ou seja, em alguns casos o professor acha que quem tem a obrigação de ensinar o estudante com surdez é do intérprete. Neste caso, a dúvida com relação a quem deve se responsabilizar pelo ensino veio de uma coordenadora. A professora Lia – SC explicou:

> *Entrei na EJA em 2006, no Brasil Alfabetizado, me apaixonei pelo Brasil Alfabetizado. Depois fui trabalhar no Centro Carcerário, trabalhei dois anos alfabetizando os presos lá. Quando surgiu a vaga aqui, eu voltei pra EJA. A coordenadora tinha me falado que tinha um rapaz com necessidades educativas especiais e perguntou se eu sabia alguma coisa ou se eu não sabia. Mandou que eu procurasse o intérprete para ensinar ele. Mas como eu já tinha feito o curso básico de Libras, o que eu sabia um pouquinho eu fui trabalhando com eles. Essa foi à única formação que recebi para trabalhar na EJA, mas outra capacitação não* (Lia – P/SC).

Como percebemos, a formação de professores continua sendo um desafio para o Sistema de Ensino e para a Escola. Segundo Mantoan (2003, p. 81):

> se, de um lado, é preciso continuar investindo maciçamente na direção da formação de profissionais qualificados, de outro, não se pode descuidar da realização dessa formação e deve se estar atento ao modo pelo qual os professores aprendem, para se profissionalizar e para aperfeiçoar seus conhecimentos pedagógicos, e também a como reagem às novidades, aos novos possíveis educacionais.

Neste sentido, persiste a indagação: a escola ou a SEMED desenvolve formações? Quais seus impactos na sua prática?

> *Até agora não houve nenhuma formação e muitos profissionais gastam o seu dinheiro para se qualificar* (Rosita – P/SC).
>
> *Não* (Jane – P/SC).
>
> *Não desenvolve. Até hoje eu nunca recebi nenhuma formação para trabalhar neste sentido. Eu fui em busca, eu mesma* (Bia – P/SC).
>
> *Para mim como professor, a SEMED nunca ofereceu nada de formação continuada, nem cursos nem nada* (Ney – P/SC).

Desta forma, ainda há um número significativo de professores que a política de formação ainda não conseguiu alcançar e que a busca pela formação vem se manifestando também como uma busca pessoal e individual e não com uma concretização política. Entretanto, outras falas sinalizaram que a política de formação começou a fazer parte da realidade escolar, o que não significa ainda a garantia de participação dos professores. Segundo a professora Neta – SC e a professora Iany – SC, houve a formação, porém, elas não participaram. *"Sim, mas não pude participar, pois trabalho em outra escola, em outro horário"* (Neta – P/SC). *"Eu não participei, mas sei que houve preparação pelo órgão. O impacto se colocado em prática funciona"* (Iany – P/SC).

Outro relato aponta iniciativas de formação advindas da Secretaria Municipal de Educação em parceria com o Governo Federal. A professora Nice – SC refere-se ao Programa Nacional de Integração da Educação Profissional com a Educação Básica na Modalidade de Educação de Jovens e Adultos – PROEJA FIC. O Programa é desenvolvido por meio de parcerias com os Institutos Federais do país, com o objetivo de oportunizar a mobilidade social, dando qualificação profissional às pessoas fora da faixa etária. Uma técnica da SEMED explicou que a Formação foi desenvolvida no mês de março de 2012 com a parceria estabelecida entre a SEMED e o Instituto Federal de Educação, Ciência e Tecnologia do Pará – *Campus* de Altamira.

> *A escola não. Este ano de 2012 a SEMED realizou uma capacitação do Programa Nacional de Integração da Educação Profissional com a Educação Básica na modalidade de Educação de Jovens e Adultos, na formação inicial e continuada com o Ensino Fundamental* (Nice – P/SC).

Cabe destaque que as políticas de formação destinadas aos municípios pelo MEC se perdem no processo de interiorização pela ineficiência da gestão, conforme ressalta a professora Lia – SC:

> *Sim. Esse ano teve uma Pós-Graduação na EJA. Só que devido a Direção não passar para os professores, ninguém foi inserido. O Diretor que teria que inserir os professores, mas como ele não fez isso, nós acabamos perdendo a Pós, ofertada pelo MEC. Perdemos muito, eu sou apaixonada pela EJA.*

Em meio a este processo, há os "privilegiados" que conseguem acessar uma formação continuada e reconhecem a melhoria em sua atuação como um impacto promovido pela formação. *"Este ano foi o primeiro que pude participar. A Coordenadora da Educação Especial do município alegava que eu já tive a formação na Especialização. Melhorou minha atuação"* (Ada – P/SC).

Cabe destacar ainda as falas das intérpretes corroboram o afirmado pelos professores, de que não há formação.

> Do tempo que estou aqui, desde 2010, formação da escola mesmo, nunca participei de nenhuma. Já participei de dois AEE da SEMED. Só veio a acrescentar porque cada momento que a gente reúne para discutir uma área que você gosta, só acrescenta (Juliana – I).

Para a intérprete Luisa, *"a escola não oferece, mas a SEMED raramente, o que não contribui para o conhecimento dos professores quanto à inclusão"*, ou seja, não percebe os impactos da formação na prática pedagógica dos professores. Assim:

> as reformas educacionais e a resposta à diversidade das necessidades educacionais dos alunos e alunas brasileiros exigem novas aptidões em termos de formação docente. Hoje todos os países têm ações dirigidas à formação e atualização de professores e professoras, porém, estudos demonstram certo consenso quanto ao fato de, em geral, ainda serem poucas as mudanças nas práticas de ensino que podem ser consideradas significativas assim como não houve melhoria relevante na qualidade da aprendizagem para a maioria dos estudantes. Algumas razões podem explicar tal situação, tais como, o fato de que as ações de formação tendem a ter caráter pontual, acontecem em períodos muito curtos, não considera as necessidades dos docentes e, na maioria das vezes, está desvinculada das práticas educacionais em escolas reais. Isto significa que a formação docente ainda é pensada como um processo 'externo' ao trabalho dos(as) professor(as) e não se fundamenta na recuperação ou análise da prática pedagógica dos educadores (DUK, 2006, p. 24).

A escola, então, não desenvolve formação e não possui um plano de ação destinado ao processo contínuo de busca de conhecimento e troca de experiência entre os profissionais da escola. No entanto, há entre os(as) professores(as), o reconhecimento da necessidade que a escola tem de promover formação na própria escola. Conforme Mantoan e Prieto (2006, p. 57):

> a formação continuada do professor deve ser um compromisso dos sistemas comprometidos com a qualidade do ensino que nesta perspectiva, devem assegurar que sejam aptos a elaborar e a implementar novas propostas e práticas de ensino para responder às características de seus alunos, incluindo aquelas evidenciadas pelos alunos com necessidades educacionais especiais.

Em relação as suas necessidades de formação para atuar na EJA com estudantes com Necessidades Educativas Especiais, a professora Lia – SC respondeu:

> *Formação que tivesse na escola mesmo. Sempre eu brigava aqui. Passou mais um ano e isso não aconteceu. Que os professores tirassem um dia por semana ou uma hora por semana pra treinarmos nós mesmos professores, já que na escola tem intérprete. Sempre é a prática que faz evoluir e eu acho que a principal necessidade é essa, voltada para a prática.*

Entre as principais formações citadas como necessidades dos(as) professores(as), destacam-se os cursos de Libras – Língua de Sinais Brasileira.

> *Um curso de Libras bem extenso* (Bia – P/SC).
>
> *Comunicação que não temos. Não consigo me comunicar com eles, só a intérprete* (Nice – P/SC).
>
> *Saber a Libras. Sei o que aprendi com a convivência entre eles e com os intérpretes. Ainda não tenho um curso de Libras completo, mas estou fazendo* (Ada – P/SC).
>
> *Eu acho que não há uma dificuldade porque nós já temos a prática. Nós aprendemos com a prática mesmo. Não temos nenhuma necessidade. Se tivesse a falta de algum curso, por exemplo: o que eu acho mais complicado é a falta de não saber Libras. É um ponto negativo porque às vezes eles perguntam alguma coisa e eu não sei* (Ney – P/SC).

Em segunda opção, aparece a necessidade de cursos voltados para a inclusão de estudantes com necessidades educacionais especiais na EJA. *"Mais informações, cursos adaptados a este campo de ensino, a estudantes com Necessidades Especiais na EJA"* (Rosita – P/SC). *"A dificuldade de lidar com os especiais e com os normais ao mesmo tempo"* (Jane – P/SC). Neste contexto, aparecem ainda os que necessitam de formação. No entanto, não dizem que formação. *"Formação, especialização, cursos"* (Neta – P/SC). Há quem se esforce individualmente para alcançar seus objetivos e não considere que possua alguma necessidade de formação. *"Até hoje não tive tantas necessidades, pois sempre busco formas para atender meus alunos, de forma que consigo atender meus objetivos"* (Iany – P/SC).

Duk (2006, p. 24) destaca a necessidade de o professor ser um "eterno aprendiz":

> Ensinar constitui a atividade principal na profissão do docente e por isso deve ser compreendida como uma 'arte' que envolve aprendizagem contínua e envolvimento pessoal no processo de construção permanente de novos conhecimentos e experiências educacionais, as quais preparam o

docente para resolver novas situações ou problemas emergentes no dia a dia da escola e da sala de aula.

Entre as sugestões que os docentes expressaram sobre a formação, há os que destacam que as formações não são destinadas para todos. *"Nem todos da escola têm a mesma oportunidade de participar de formação"* (Ada – P/SC). A professora Jane – SC, afirma que: *"precisamos ter mais apoio da secretaria para termos mais cursos de formação"*. A professora Rosita – SC considera que o professor é o principal estimulador da aprendizagem do estudante: *"o professor é a chave principal que estimula o aluno a aprendizagem, então, se o professor tiver experiência social entre os alunos, a cada dia terá capacidade e qualidade de ensino"*. A professora Nice – SC diz que os professores não estão preparados para educar no contexto da diversidade e que, embora alguns não se preocupem com a teoria e dê mais ênfase à prática, o que importa de fato é a relação entre as duas.

> *Os educadores das escolas regulares não estão preparados para a diversidade a ser encontrada e utilizam os anos de trabalho os alunos os alunos de necessidades educacionais. O que importa é a prática, não a teoria, a formação. O que nos importa é a relação entre a teoria e a prática* (Nice – P/SC).

Sobre este relato, Freire (2011, p. 24) diz que: "a reflexão crítica sobre a prática se torna uma exigência da relação Teoria/Prática sem a qual a teoria pode ir virando blá-blá-blá e a prática, ativismo". Assim, percebe-se que a inseparabilidade entre teoria e prática deve permear o fazer educativo, bem como, as formações dos(as) professores(as) e demais profissionais da educação. Assim, os(as) professores(as) apontaram algumas sugestões de formação que devem ser priorizadas, no sentido de melhorar sua atuação. Entre as sugestões, destacam-se:

> *Formação para os professores e gestores* (Neta – P/SC).
> *minicurso, com treinamentos, palestras, que possam conscientizar os profissionais leigos a ver o aluno especial com naturalidade e empenho* (Iany – P/SC).

> *Curso de Libras, Curso de Educação Especial, porque não trabalhamos só com surdo. Acho que curso especializado para esse público especial* (Bia – P/SC).

> *Deveria fazer um curso onde seja abordada a própria especificidade da EJA e também a própria especificidade da Educação Inclusiva* (Ney – P/SC).

Como aqui já é uma escola de referência para eles, que realmente abrisse as portas e capacitasse. Se houvesse mais capacitação talvez melhorasse. Acho que essa é uma grande necessidade (Lia – P/SC).

As sugestões são diversificadas e perpassam pela formação que deveria contemplar professores e gestores: minicursos, treinamentos, palestras, com foco nas mudanças de atitudes com relação ao estudante com necessidades educacionais especiais (Neta – P/SC); Cursos de Libras e de Educação Especial (Iany – P/SC); cursos que abordem a especificidade da EJA e da Educação Inclusiva (Ney – P/SC); e, capacitação pela escola, uma vez que esta é referência na Educação Inclusiva (Lia – P/SC).

Somam-se às sugestões dos professores, as determinações da Resolução nº 4/2010, do Conselho Nacional de Educação, quando diz que a formação continuada destinada especificamente aos educadores de jovens e adultos deve ser realizada, sistematicamente, bem como, alerta Mantoan (2003, p. 81): "ensinar, na perspectiva inclusiva, significa ressignificar o papel do professor, da escola, da educação e de práticas pedagógicas que são usuais no contexto excludente do nosso ensino, em todos os seus níveis".

5.5 O que faz a escola ser "especial" para os estudantes e professores

Desde quando começou a Educação Especial no município, ainda na década de 1980, a escola foi a única que continuou com esta modalidade sem interromper os serviços e acompanhando às mudanças históricas, passando de "classes especiais" ao Atendimento Educacional Especializado, conforme as determinações da Política Nacional. De modo que é comum encontrarmos na escola, rodinhas de conversas entre os estudantes com surdez que estudam e também os que não estudam na escola, mesmo fora do horário de suas aulas, como se essa escola representasse algo significativo para eles. Esses alunos demonstram um sentimento amoroso para com a escola. Alguns passam mais tempo na escola do que em suas casas. Assim sendo, tentamos conhecer melhor este sentimento, perguntando para os estudantes por que escolheram estudar na modalidade EJA nesta escola.

As histórias que envolvem estes estudantes são surpreendentes:

> *Porque no tempo que eu era criança eu tive uma dificuldade dentro da sala de aula com uma professora. Ela não gostava muito de mim, minha mãe ia lá várias vezes, discutia com ela, até que um dia, chegou uma amiga da minha mãe e falou que existia a escola "Roda de Sisos", no caso era para pessoas especiais como eu. Então, minha mãe foi lá, me*

matriculou e, no ano de 2006, eu comecei estudar na Educação Especial, na sala de baixa visão. Eles ensinavam coisas boas, eles ensinam o Braille, eles ensinam o alfabeto, os números, os pontos. Também estudei com os DAs, aprendi muitas coisas deles, a linguagem deles, no caso. E, no ano de 2007, eu comecei a estudar os dois turnos, foi aí quando eu passei a ter o entendimento do que era estudar, porque lá naquele tempo de 2005 a minha professora, ela não me ensinava, me colocava lá atrás eu tinha que levantar ir lá ao quadro colher uma palavra, com isso, as meninas ficavam me zoando, tirando gracinha, falando um monte de coisas, então quando eu estudei com a professora "Rana", ela me ensinou Português, Matemática, foi aí que eu fui entender o que é, porque antes eu não tinha entendimento. Então eu estudei 2007, 2008, 2009, 2010, 2011. E em 2012 eu vim fazer a EJA porque, no meu caso, eu estava atrasada, então a minha irmã no ano que vem vai para o 1º ano, então ficava dificultoso pra eu ir sozinha para escola porque eu tenho baixa visão. Então a mãe foi lá falou com o Diretor e com a Coordenadora e aí conversaram e deram um jeito. Só que dificultou um pouco mais pra mim porque uma mulher da secretaria dificultou um pouco, mas minha mãe conversou e resolveram. Aí eu entrei na EJA. Eles me passaram tudo que eles puderam passar de 7ª e 8ª series. Estudei, gostei (Isabel – E).

Porque sempre estudei aqui. Procurei intérprete em outra escola e não tinha. Aqui eu encontrei, só aqui tem. Antes não tinha aqui também e era muito difícil, agora com a intérprete ficou melhor. Aqui na EJA foi assim, os outros surdos foram para a EJA e eu fiquei sozinha junto com ouvinte, aí minha mãe conversou comigo e eu também pedi, por favor, coloca os surdos juntos, aí fui para a EJA e ficou bom os surdos juntos como grupo (Maria – E).

Eu gosto daqui, desde criança eu estudo aqui, tem princípio na Educação de surdo. Tempos atrás sofria beliscões, estava na 3ª, me voltaram para a 1ª serie, aí eu deixei de estudar. Depois voltei porque o Alceu e a "Acinom" me aconselharam e eu voltei estudar na EJA e fiquei feliz (João – E).

Os relatos apresentaram alguns sentimentos únicos e próprios de pessoas que passaram por diversas situações de exclusão no sistema de ensino e, de certa forma, foram acolhidos por uma instituição que ainda está em processo de desenvolvimento para se constituir-se em uma instituição de fato inclusiva. Outros relatos demonstraram que há também os que simplesmente estão na instituição pelo fato de terem sidos matriculados. Conforme a estudante Marta: *"não escolhi, não sei"*. Outros pelo fato de acharem a EJA melhor e o Ensino Fundamental mais difícil, conforme os relatos dos estudantes Paulo e Pedro: *"porque EJA é melhor"* (Paulo – E). *"no ensino fundamental era mais difícil"* (Pedro – E).

Nossa indagação continuou e novos sentimentos surgiram. Perguntamos: o que você mais gosta na sua escola? A estudante Isabel demonstrou o quanto é importante conviver com as diferenças e contar com pessoas que carregam em seus cernes as dimensões do "educar e do cuidar".

> *Eu gosto das minhas amizades. Encontrei pessoas do meu jeito. Encontrei pessoas que podiam me ajudar. Eu gostei também que eu encontrei professores que eram muito bacanas no tempo que eu estudei lá atrás, sem ser este ano e ano passado. Encontrei pessoas muito bacanas mesmo que me entendiam, a Diretora. Mas o que eu gosto mesmo é o jeito das pessoas. Tem pessoas que têm aquele carinho de cuidar, tem outros que não têm paciência, né? Mas eu gosto* (Isabel – E).

Outros estudantes destacaram o sentimento de afeto que os envolvem e o apego com as pessoas. Conforme a estudante Maria: *"aqui estudo desde criança e tem o lado afetivo aqui na escola. É muito bom. É uma escola do meu coração. Eu gosto daqui"*. Igualmente, o estudante João complementa que: *"desde criança estudo aqui. Eu gosto daqui da escola. Eu gosto muito de alguns professores. Fico lembrando, desde criança estudo aqui. Eu gosto muito!"*. O estudante Paulo disse: *"gosto de todas as pessoas"*. E a estudante Marta disse que o que gosta mais na escola é *"dos amigos. Gosto muito"*.

O sentimento de pertencimento aliado às boas atitudes de pessoas que compõem esta "Roda" vem contribuindo com o fortalecimento desta instituição. Também incluímos neste contexto o estudante Pedro que, por algum motivo, não conseguiu desenvolver o sentimento amoroso pela instituição, pois respondeu: *"não gosto. Tem muita confusão"* (Pedro – E).

Os professores também foram envolvidos nesta discussão. Perguntamos: em sua opinião, existe algo de diferente nesta escola que faz com que um número significativo de estudantes com Necessidades Educacionais Especiais opte por ela? Todos os professores disseram que sim e justificaram de formas diversificadas. A professora Ada – SC atribuiu este fato ao tempo de atuação da escola, conforme sua resposta: *"creio que a diferença está pelo tempo que a escola já atende. Tornando-a uma escola polo e os profissionais despertam para buscar mais conhecimento nessa área dando credibilidade ao educando"*.

A professora Lia – SC considerou a referência e a necessidade de ficarem próximos uns dos outros. *"Na verdade, é porque como eles mesmos têm a referência da escola, eles procuram vir para ficar um próximo do outro, para poder ajudar. E também a questão dos Intérpretes"*. A professora Neta – SC também destacou o apoio dos colegas e das intérpretes: *"acredito que sim. Os colegas incentivam e os professores e intérpretes contribuem muito".* Outra justificativa foi: *"com certeza. Os professores têm a ajuda de pessoas que auxiliam esses especiais em sala de aula"* (Rosita – P/SC). Outra resposta: *"sim. A escola apresenta uma sala de apoio com profissionais capacitados"* (Jane – P/SC). Reafirmou o professor Ney – SC:

> *Nós temos a sala de apoio, temos as profissionais que trabalham lá que são bastante competentes e elas fazem um trabalho excelente e elas cativam esses alunos. Esse apoio que eles recebem aqui é que é um apoio ímpar que eles não recebem em nenhuma outra instituição.*

Para a professora Nice – SC a escola contribui para conquistar a cidadania: *"permite aprender, construir sua própria percepção de mundo e conquistar a cidadania".* Alguns destacaram ainda o fato de a escola ser a única que nunca negou vaga aos estudantes com necessidades educacionais especiais e ao fato deles sentirem-se bem acolhidos pela escola, considerando-a como extensão de suas casas. Quando terminam o Ensino Fundamental e saem para o Ensino Médio, sempre voltam e ficam passeando e conversando nas famosas "rodinhas":

> *Pois antes apenas esta escola recebia alunos especiais, tanto que eles saem para outras e continuam nos visitando, por nesta escola haver profissionais que aprenderam a se comunicar com os alunos* (Iany – P/SC).

> *Porque aqui eles se sentem bem acolhidos, tipo a segunda casa deles, tanto que quando eles saem daqui para outras escolas eles sempre voltam aqui, eles sempre estão aqui é o ponto de encontro deles. Eles sentem bem aqui porque eles são bem recebidos* (Bia – P/SC).

As histórias, pessoas, apoios, sentimentos e vivências, entre outras manifestações, fazem da escola uma "escola especial". Entretanto, os sentimentos que existem com relação à escola não impedem de se apontar algumas questões que precisam melhorar. O sentimento de cuidado e preocupação com as situações de exclusão, de preconceito e de ineficiência na organização, também compõem este cenário e fazem com que as pessoas que a amam se preocupem com ela, como a estudante Isabel:

> *Acho que a escola deveria ter mais organização. Eu penso assim. Deveria ter mais organização com as turmas, com as pessoas, porque tem tantas pessoas que maltratam. Eu acho que deviam ser punidas essas pessoas que maltratam. Não pode ser uma punição muito ruim. Tem criança que*

> *é punida, que eu assisti no jornal, que é punida de um jeito maltratado. Mas, às vezes, deveria ser chamado pelo Diretor: "Olha você é igual essa pessoa, se você tivesse no lugar dela você não gostaria que falasse isso desse jeito com você". E também a quadra. Eu acho que na escola a quadra deveria ter cobertura, porque tem gente que não pode pegar sol. Se eu pegar sol eu passo mal. O cuidado também com a limpeza, porque teve uma época que falavam muito mal dessa escola.*

Assim, apontam algumas melhorias que gostariam de conquistar. Quando perguntamos aos estudantes sobre o que precisaria melhorar na escola, a estudante Isabel respondeu: *"algumas coisas tipo: fizeram a sala de informática, mas não deixam imprimir a pesquisa. Outra é a questão da limpeza, tem muita abelha, joga lixo, tipo doce e elas vêm. Então precisa melhorar muito a limpeza e o jeito também dos professores, mudar mais as aulas"*. Apontaram ainda: *"a merenda. Precisa acabar a confusão"* (Pedro – E). E mais: *"não tem livro, não tem apostila, não tem apoio"* (Paulo – E).

Querem que melhore também as relações interpessoais e a comunicação na escola, conforme o relato do estudante João:

> *A questão dos professores. São muito impessoais. As conversas, não conversam em Libras. Eu desejo participar da conversa, aprender, mas fico na minha e acabo saindo porque não tem comunicação em sala de aula eu vou conversar com outros surdos. Aí o professor de [...] vem, me puxa pela camisa, me dá beliscões e eu fico assustado. Vou, sento, a intérprete fala: "Não pode sair assim, ficar conversando". Eu explico pra ela que eles ficam só conversando aqui e eu não participo da conversa.*

Não querem o impossível, querem apenas a "concretização do óbvio". Querem o direito de pertencer e aprender, participando de todos os momentos com igualdade de oportunidade. Querem que a escola seja de fato "especial" e atenda a todos(as) e cada um(a) de acordo com suas necessidades.

CAPÍTULO 6

REFLEXÕES SOBRE A POLÍTICA DE EDUCAÇÃO INCLUSIVA:
conflitos nos sistemas oficiais e contradições no contexto de Altamira

6.1 Os conflitos nos sistemas de ensino no processo de implantação da política inclusiva

> Nesse processo de implantação da política inclusiva pelo Governo Federal, que perpassa pelas secretarias estaduais e municipais de educação até chegar às escolas, nos defrontamos com uma trajetória de conflitos que vão refletir na prática da Educação Inclusiva no cotidiano escolar (OLIVEIRA, 2011, p. 33).

Refletir sobre a política de Educação Inclusiva significa apresentar algumas contradições existentes na construção da própria política, evidenciadas entre o que está estabelecido nas diretrizes e outras legislações, e o que está sendo implantado nas escolas pelos sistemas municipais e estaduais de ensino. As leis ainda não foram suficientes para garantir um currículo adequado, a melhoria nas estruturas das escolas, as formações dos profissionais da educação, as atitudes inclusivas, os recursos, apoios, entre outros fatores, e não incorporaram os projetos educativos da maioria das escolas brasileiras. Além disso, pesquisas apontam para a existência de "conflitos no processo de implantação da política inclusiva pelos sistemas oficiais de ensino nas escolas" (OLIVEIRA, 2011, p. 33).

Oliveira (2011) destacou sete conflitos, a saber: o **primeiro conflito** refere-se às diretrizes do Pluralismo Cultural que foram destacados nos Parâmetros Curriculares Nacionais para o ensino fundamental, sem considerar todas as dimensões que envolvem a inclusão, ou seja, considerando apenas as diferenças de etnia, gênero e classes neste contexto, sem referir as pessoas com necessidades educacionais especiais; o **segundo conflito** refere-se à "influência do ideário político partidário na organização dos planos estaduais e municipais de educação em relação à Educação Inclusiva"; o **terceiro conflito** é evidenciado pelo "lento processo nos encaminhamentos de construção das bases legais da política inclusiva nos municípios"; o **quarto conflito** é "o pouco conhecimento dos atores educacionais sobre o que é a inclusão em termos conceituais e sobre as diretrizes da política inclusiva em nível nacional"; o **quinto conflito** revela que "existe entre os docentes uma crença no discurso e uma desconfiança em sua prática"; o **sexto conflito**, "o fato de que com a inclusão escolar estabelece-se a crise de identidade dos educadores da Educação Especial em função do receio de deixarem de ser valorizado por sua especialização técnica"; e, o **sétimo conflito** "encontra-se no despreparo dos atores educacionais para trabalharem com a inclusão nos ambientes escolares".

Todos esses conflitos trabalhados por Oliveira (2009) demonstram ainda a ineficiência dos sistemas de ensino na implantação da proposta de inclusão escolar, retardando com todas essas incompreensões e a efetivação de um sistema de ensino inclusivo. A Educação Especial, durante décadas, vinha se efetivando nas denominadas "classes especiais" e instituições especializadas, substituindo o processo de escolarização nas escolas comuns. Embora o Atendimento Educacional Especializado já estivesse determinado no Artigo 208, da Constituição Federal de 1988, só foi regulamentado, de fato, no ano de 2008, ou seja, vinte anos depois. Com a regulamentação do Atendimento Educacional Especializado, a Educação Especial passou a ser redirecionada por meio de orientações políticas e diretrizes.

O Ministério da Educação – MEC –, por meio da Secretaria de Educação Especial –SEESP –, publicou, no ano de 2008, o documento que trata da política com destaque para os objetivos que devem nortear os Sistemas de Ensino. O item IV, § 8 do referido documento, diz que:

> a Política Nacional de Educação Especial na Perspectiva da Educação Inclusiva tem como objetivo o acesso, a participação e a aprendizagem dos alunos com deficiência, transtornos globais do desenvolvimento e altas habilidades/superdotação nas escolas regulares, orientando os sistemas de ensino para promover respostas às necessidades educacionais especiais, garantindo: Transversalidade da Educação Especial desde a educação infantil até a educação superior; Atendimento educacional especializado; Continuidade da escolarização nos níveis mais elevados do ensino; Formação de professores para o atendimento educacional especializado e demais profissionais da educação para a inclusão escolar; Participação da família e da comunidade; Acessibilidade urbanística, arquitetônica, nos mobiliários e equipamentos, nos transportes, na comunicação e informação; e Articulação intersetorial na implementação das políticas públicas.

Partindo desta citação, refletiremos sobre as contradições evidenciadas em cada competência ou objetivo desta política, principalmente no município de Altamira, situado na Região Amazônica, que se diferencia de outras regiões em diversos fatores relacionados aos saberes, aos acessos, às culturas, entre outras características específicas. Região que, segundo Oliveira (2003, p. 23, grifo do autor), muitas vezes é analisada:

> de forma homogênea, desconsiderando-se, inclusive, a identidade de cada povo que vive e convive nesse espaço amplo e diverso, que pode ser caracterizado não como Amazônia, mas como Amazônias. Cada uma dessas "Amazônias" representa um lugar de determinados atores e grupos sociais, que produzem e reproduzem suas práticas sociais cotidianas, imprimindo assim características próprias a cada um desses lugares.

Desta forma, nos referimos à Amazônia paraense, mais especificamente ao contexto de Altamira, Estado do Pará.

6.2 Contradições evidenciadas no contexto educacional de Altamira

6.2.1 Acesso à escola

A primeira contradição evidenciada é em relação ao **acesso**. A exclusão começa a ser evidenciada no momento em que uma parte significativa dos educandos, principalmente os que apresentam dificuldade de locomoção, não recebem os apoios necessários para acessar a escola. Faltam transportes terrestres e aquáticos, como também de acessibilidade na própria escola. Na Educação de Jovens e Adultos, no contexto de Altamira – Pará, esse objetivo ainda não foi contemplado, conforme disse professora Bia – SC:

> *Ainda não há o acesso. Que todos os alunos tenham acesso a essa Educação Especializada, porque ainda têm alunos que ainda não tiveram esse acesso, por descuido da família, por falta do próprio município que não divulga, não coloca a propaganda dizendo que a escola está trabalhando. Porque têm pessoas que ainda não conhecem esse direito de acesso a essa educação.*

A professora Bia – SC diz que não há acesso ainda devido ao fato de o município não realizar divulgação e as famílias ainda não conhecerem seus direitos em relação ao acesso. A professora Lia – SC considera o acesso restrito: *"está bem restrito. Porque eu acho que tem pessoas com necessidades que ainda ficam muito em casa. A família ainda acaba excluindo sempre quer proteger não vê como uma pessoa normal. O acesso ainda está bem restrito".* E a professora Rosita – SC: *"o acesso precisa melhorar. Tanto nas escolas públicas, municipais e em todo lugar. E que eles tenham acesso a todos os lugares, facilitando sua locomoção e outros meios necessários ao ensino".* As professoras consideram o acesso restrito e reconhecem a necessidade de melhorá-lo nas escolas e nos demais espaços sociais.

Assim, o acesso à escola está determinado nas legislações e na política educacional, no entanto, não há o comprometimento do poder público para sensibilizar as famílias sobre seus direitos de acessar a escola. Os estudantes com necessidades educacionais especiais que ainda estão fora da escola contam apenas com sensibilizações realizadas por associações não governamentais e sem a intervenção política do Estado.

6.2.2 A participação e aprendizagem

A segunda contradição, **participação e aprendizagem dos alunos com deficiência, transtornos globais do desenvolvimento e altas habilidades/ superdotação nas escolas regulares**. Quando os educandos conseguem acessar uma escola se defrontam com outro desafio, o direito de participar e aprender. Nas práticas pedagógicas das escolas, várias herdadas de diversas épocas históricas pretéritas, não consideram ou não conseguem garantir ou promover este direito, seja para os educandos com necessidades educacionais especiais ou não. Conforme Ferreira e Ferreira (2007, p. 37):

> Vivemos um momento na educação em que coexistem a incapacidade da escola para ensinar todos os alunos e a presença de fato de alunos com deficiência, que são estranhos para ela. Tão estranhos que ela parece resistir em reconhecê-los como seus alunos, em desenvolver sua formação, em reconhecer um processo educativo relevante para eles. Parece prevalecer no conjunto da cultura escolar a concepção de que o lugar da pessoa com deficiência é fora da escola regular.

O século é o XXI, entretanto, as atitudes e os modelos, em sua maioria, ainda são os mesmos herdados dos sistemas que não tiveram o privilégio de conviver e aprender com as diferenças. Embora seja possível perceber uma pequena melhora, conforme disse a professora Bia – SC, *"Esse objetivo está caminhando. A cada dia que passa ele está melhorando".* A professora Rosita – SC alerta:

> *Houve um crescimento de profissionais, locais próprios e materiais que ajudam em suas tarefas escolares, mas é preciso mais atenção a outros que mesmo não sabemos por não estarem na escola. Existem crianças,*

jovens e adultos que não conseguem, ou não encontraram ainda pessoas que acompanham.

O crescimento no número de profissionais e matérias não significa que está chegando a todos e todas que precisam participar e aprender em ambientes inclusivos, principalmente, os que apresentam Transtornos Globais do Desenvolvimento. Para estes, não há nem a oferta do Atendimento Educacional Especializado na rede municipal. Além dos destaques anteriores, outras questões foram observadas, conforme aponta a professora Ada – SC: *"Eu consigo ver evolução com relação ao surdo e ao baixa visão. Houve um avanço com relação ao interesse dos professores em buscar conhecimentos com os próprios colegas e participarem de cursos".* No entanto, destacam o professor Ney – SC e a professora Lia – SC:

> *Ainda fica muito a desejar. Não está totalmente alcançado este processo* (Ney – P/SC).
>
> *Tem que melhorar porque, às vezes, eles colocam pessoas readaptadas para trabalhar com a inclusão. O professor com problema na garganta, colocam ele lá, tapando o sol com a peneira. Então ainda não há esse profissional adequado, quando há são poucos e isso compromete a aprendizagem dos alunos* (Lia – P/SC).

A professora Lia – SC destacou o número reduzido de profissionais qualificados e a prática de lotar professores readaptados ou sem condições de saúde para trabalhar com a inclusão e denominou esta prática de "tapar o sol com peneira". Esta prática demonstra a falta de compromisso dos gestores com desenvolvimento de sistemas inclusivos.

6.2.3 Transversalidade da Educação Especial

Outra contradição, a terceira destacada, é a "garantia" da **Transversalidade da Educação Especial desde a Educação Infantil até a Educação Superior.** Entendemos que onde há educando que faça parte do público-alvo da Educação Especial, deveria haver esta modalidade. Entretanto, as escolas do campo, das comunidades ribeirinhas e de outras diversas áreas, até mesmo das cidades dos interiores, não contam com este serviço. E outras como a EJA, o Ensino Médio e o Ensino Superior, o atendimento ainda é incipiente. Segundo Ferreira (2009, p. 98-99, grifo do autor):

> As estimativas internacionais (BANCO MUNDIAL 1999, 2008) estabelecem que o número médio de estudantes com deficiência com acesso a

algum tipo de serviço educacional ainda é de em torno de 1%, com percentual um pouco maior para o ensino fundamental e menor para o caso do ensino médio regular e ensino médio EJA ou profissionalizante. Na mesma linha, o Censo Populacional do IBGE (2000) ilumina há 20 anos "em relação à instrução, as diferenças [entre pessoas com deficiência e pessoas sem deficiência] são marcantes, *32,9% da população sem instrução ou com menos de três anos de estudo* é portadora de deficiência", percentuais que claramente indicam a desigualdade de oportunidades de acesso e permanência na escola.

A professora Ada – SC afirmou: *"a gente observa que ainda não há um acompanhamento, isso acontece mais no Ensino Fundamental"* e a professora Lia – SC completou: *"é um tema bastante abordado, esta questão da transversalidade, desde a educação infantil até a superior. Isto não está acontecendo".* Conforme a professora Bia –SC:

> Não tem acontecido, porque quando a gente vai participar de algum curso (curso que a gente paga por conta própria porque a secretaria não oferece nenhum curso pra gente), os professores que trabalham lá na Educação Infantil que recebem crianças com necessidades, eles têm muita dificuldade. Então esse objetivo está longe de ser alcançado.

A professora Bia – SC disse que esse objetivo está distante da nossa realidade, *"longe de ser alcançado"*, devido ao fato de os professores da Educação Infantil compartilhar das dificuldades encontradas neste nível de ensino ao se depararem com crianças com necessidades educacionais especiais. A professora fez questão de reforçar o fato de as trocas de informações sobre este assunto acontecerem em cursos de formações pagos pelas docentes e não ofertado pela Secretaria de Educação.

Desta forma, percebe-se que a transversalidade da Educação Especial, que deveria ser garantida em todos os níveis, etapas e modalidades de ensino, está concentrada, ainda de forma parcial, no Ensino Fundamental e as demais etapas e modalidades, continua sem contar com o serviço da Educação Especial, essencial neste processo de inclusão.

6.2.4 O Atendimento Educacional Especializado

A garantia do **Atendimento Educacional Especializado** é a quarta contradição na implantação desta política que "tem como função identificar, elaborar e organizar recursos pedagógicos e de acessibilidade que eliminem as barreiras para a plena participação dos alunos, considerando suas necessidades específicas" (MEC / SEESP 2010). A nomenclatura "atendimento" por si só já é uma contradição, se refletirmos o processo de ensinar e aprender que tenta superar algumas concepções clínicas na área educacional. De acordo com Oliveira (2005, p. 184):

> a Psicologia e a Medicina, numa perspectiva tradicional, vêm se constituindo historicamente como campos de conhecimento no atendimento clínico, psicológico e pedagógico da Educação Especial. Fato que contribui para a construção da representação da diferença e na realização de práticas de discriminação e exclusão.

Se desejarmos romper com o modelo de atendimento estabelecido historicamente no campo da Educação Especial, bem como, com as representações que este modelo contribui, há que se extinguirem também as nomenclaturas e conceitos que geram e promovem práticas discriminatórias e excludentes. Assim, esta nomenclatura "atendimento", representa na constituição desta política, uma das heranças históricas refletidas neste contexto da inclusão.

Outros fatores como a organização dos atendimentos, se contradizem entre si. Um exemplo disto reside na forma com que está estabelecida a lotação do professor de Atendimento Educacional Especializado, os sistemas estão lotando um professor para atuar na Sala de Recurso, com diversas necessidades específicas. Será que os profissionais que atendem nas salas de recurso possuem formação para atender com qualidade às necessidades específicas de cada estudante?

Experiência desenvolvida junto às escolas públicas permite uma reflexão sobre esta questão. Uma professora da rede pública acostumada a trabalhar com estudantes com cegueira, desenvolvia um excelente trabalho, demonstrando saberes necessários para contribuir de forma satisfatória com a inclusão desses estudantes. Certo dia, ela foi convocada para ser professora de apoio de uma criança com Transtorno Global do Desenvolvimento. Seus conhecimentos na área da Educação Inclusiva e experiências na área da Educação Especial, não foram suficientes para um bom desempenho profissional. Este estudante demandava outros saberes completamente diferentes dos saberes apresentados pela professora. Não significa que ela não fosse capaz de adquirir novos saberes para atender às novas demandas, no entanto, o processo de inclusão implica também a inclusão do professor. Assim, alguns fatores como: as individualidades, as potencialidades, os saberes, a condição física, entre outros, precisam ser considerados, principalmente nas práticas específicas. E a formação específica deveria ter sido ofertada para ela.

> A complexidade do processo de ensino-aprendizagem está de modo geral relacionada à formação precária dos professores que somente dominam

os métodos passivos. Bem sabemos que estamos longe de uma formação inicial ideal. Ainda que com as mudanças tivéssemos uma formação mais consistente, os conhecimentos necessitam ser constantemente atualizados e avaliados quanto à sua pertinência em relação às demandas sociais e às possibilidades de todos, do ponto de vista profissional e pessoal (CAPELLINI; MENDES, 2004, p. 2).

Desta forma, podemos afirmar que enquanto não existir um investimento constante e consistente na formação inicial e continuada para a inclusão escolar, bem como para o atendimento educacional especializado, haverá o comprometimento deste objetivo e, consequentemente, a sua contradição na prática.

Segundo Damázio (2007), para atender às pessoas com surdez, haveria a necessidade de três tipos de formação específica: para o **Ensino de Libras – Língua de Sinais Brasileira –**, a necessidade de o profissional instrutor ser, preferencialmente, uma pessoa com surdez; para o **Ensino em Libras**, o profissional precisaria ter formação inicial de professor e fluência em Libras; e, para o **Ensino de Língua Portuguesa como Segunda Língua,** o professor precisaria ser formado em Letras. Isto sem falar nos demais atendimentos, para os outros tipos de necessidades específicas. Para confirmar estes momentos pedagógicos que a pessoa com surdez tem direito, recorremos a Damázio (2007, p. 25, grifo do autor) que apresenta os seguintes momentos pedagógicos:

> Momento do Atendimento Educacional Especializado **em Libras** na escola comum, em que todos os conhecimentos dos diferentes conteúdos curriculares, são explicados nessa língua por um professor, sendo o mesmo preferencialmente surdo. Esse trabalho é realizado todos os dias, e destina-se aos alunos com surdez.
> Momento do Atendimento Educacional Especializado para o ensino **de Libras** na escola comum, no qual os alunos com surdez terão aulas de Libras, favorecendo o conhecimento e a aquisição, principalmente de termos científicos. Este trabalhado é realizado pelo professor e/ou instrutor de Libras (preferencialmente surdo), de acordo com o estágio de desenvolvimento da Língua de Sinais em que o aluno se encontra. O atendimento deve ser planejado a partir do diagnóstico do conhecimento que o aluno tem a respeito da Língua de Sinais.
> Momento do Atendimento Educacional Especializado para o ensino da **Língua Portuguesa,** no qual são trabalhadas as especificidades dessa língua para pessoas com surdez. Este trabalho é realizado todos os dias para os alunos com surdez, à parte das aulas da turma comum, por uma

professora de Língua Portuguesa, graduada nesta área, preferencialmente. O atendimento deve ser planejado a partir do diagnóstico do conhecimento que o aluno tem a respeito da Língua Portuguesa.

Na realidade pesquisada, por exemplo, a professora da SRM disse sobre sua formação: *"tenho graduação em Letras pela UFPA, Curso de AEE pelo MEC, Educação Especial pela FACINTER/UNINTER"*. A professora é referência no atendimento de Língua Portuguesa como Segunda Língua, com vários anos de atuação neste atendimento, mas ainda ressalta necessidades referentes à formação para atuar na Educação Especial com estudantes da EJA: *"está apto a atender o educando. Saber Libras para atender o surdo. Conhecer o método Braille para atender o aluno cego ou com baixa visão. Está aberto a sempre aprender técnicas para melhorar o trabalho"* (Soriedem – P/SRM).

Outra questão observada foi a pouca participação dos estudantes da EJA nos atendimentos. Entre os seis 6 (seis) estudantes entrevistados, apenas 1 (um) frequentava o AEE, ou seja, apenas 16,6 % dos estudantes da EJA frequentam o Atendimento Educacional Especializado. Não há um trabalho de sensibilização com os estudantes com necessidades educacionais especiais da EJA, sobre a importância de frequentar os atendimentos.

Perguntamos aos estudantes: Como acontece seu Atendimento Educacional Especializado? Tem ajudado na sua escolarização? Como? A estudante Isabel respondeu: *"não faço mais AEE. Quando eu fazia ajudava. Tenho que voltar a fazer de novo porque minha vista está diminuindo. Mas ajudava muito"*. Também disseram que não frequentam o AEE os estudantes Paulo, Pedro e Marta. E a estudante Maria complementa: *"com a professora Soriedem conseguia aprender, era difícil, mas ela ia me explicando e eu conseguia fazer. Em 2011 e 2012, não fiz AEE"*.

Todos os estudantes reconheceram a importância dos atendimentos para o desenvolvimento de suas aprendizagens e disseram que quando frequentavam o Atendimento Educacional Especializado conseguiam aprender, pois *"ajudava muito"*, contudo, não frequentam mais os serviços da Educação Especial. Percebe-se que ao ingressarem na modalidade EJA, a maioria deixa de frequentar os atendimentos. Cabe destacar que:

> o Atendimento Educacional Especializado bem como qualquer um dos apoios e instrumentos que ele compreende, é uma faculdade do aluno ou seus responsáveis. Sendo assim, ele jamais poderia ser imposto pelo sistema de ensino, ou eleito como condição para aceitação da matrícula do aluno em estabelecimento comum, sob pena de acarretar restrição ou imposição de dificuldade no acesso ao direito à educação (FAVERO; PANTOJA; MANTOAN, 2007, p. 19).

O Atendimento Educacional Especializado não é obrigatório para o estudante, no entanto, o Sistema de Ensino é obrigado a ofertar. Assim, cabe à escola sensibilizar o estudante sobre a importância de frequentar os atendimentos e o ofertá-los em sua totalidade. Na escola "Roda de Sisos" é ofertado apenas o AEE de Língua Portuguesa como Segunda Língua para os estudantes com surdez da EJA. Ainda assim, não é frequentado pela maioria e quem frequenta reconhece sua importância.

Entre os estudantes entrevistados, a estudante Neta, que frequentava o AEE disse: *"sim ajuda. Eu tenho ajuda no AEE. A professora vai explicando as coisas, por exemplo, Português, por ser difícil, eu vou lá com a professora. No AEE eu aprendo. Eu vou lá segunda, terça, quarta e quinta no AEE. É muito bom! Eu gosto bastante. Eu tenho ajuda".*

A política de Educação Especial estabelecida tem sido acompanhada de contradições que variam das determinações às execuções na prática. Acrescenta Araújo (2012, p. 26):

> nota-se que esses atendimentos não estão sendo viabilizados na totalidade, quando alguma escola oferta atendimento de contraturno oferta apenas o Atendimento Educacional Especializado de Língua Portuguesa. O Atendimento de Libras e em Libras não são implementados. A pessoa com surdez que deseja aprender e aperfeiçoar seus conhecimentos na Língua de Sinais Brasileira precisa buscar por conta própria.

Assim sendo, a Educação Especial não está cumprindo seu papel de complementar o processo de escolarização dos educandos público-alvo desta modalidade e quem precisa do complemento, permanece com prejuízos significativos no processo de escolarização.

Este exemplo foi apenas com os Atendimentos das pessoas com surdez, entretanto, o fato se repete quando exemplificamos tomando como referência outros atendimentos: estudantes com Deficiência Física, com Deficiência Intelectual ou com Transtorno Global e Altas Habilidades. Estes não estão sendo assistidos nem mesmo de forma parcial, pela Rede Municipal de Ensino.

No entanto, o Artigo 4º do Decreto nº 7.611/11, diz que: "o Poder público estimulará o acesso ao atendimento educacional especializado de forma complementar ou suplementar ao ensino regular, assegurando a dupla matrícula nos termos do Art. 9º – A do Decreto no 6.253, de 13 de novembro de 2007". Neste Decreto, o atendimento educacional especializado possui como objetivos:

> I – prover condições de acesso, participação e aprendizagem no ensino regular e garantir serviços de apoio especializados de acordo com as necessidades individuais dos estudantes;

II – garantir a transversalidade das ações da Educação Especial no ensino regular;
III – fomentar o desenvolvimento de recursos didáticos e pedagógicos que eliminem as barreiras no processo de ensino e aprendizagem; e,
IV – assegurar condições para a continuidade de estudos nos demais níveis, etapas e modalidades de ensino.

A escola pesquisada é referencia na Educação Especial e não oferta todos os atendimentos necessários para os estudantes público-alvo da Educação Especial. Os Atendimentos, que aconteciam parcialmente, são voltados para os estudantes com surdez e com cegueira. Daí a necessidade de abordar a quinta contradição, **Continuidade da escolarização nos níveis mais elevados do ensino**.

6.2.5 A continuidade da escolarização

Com as práticas estabelecidas na maioria das escolas brasileiras com as avaliações que vem sendo realizadas, pesquisas evidenciam que apenas um número reduzido de pessoas com necessidades educacionais especiais consegue acessar o nível superior. Segundo dados do Instituto Brasileiro de Geografia e Estatísticas – IBGE[13] –, existem no Brasil 25, 6 milhões de pessoas com deficiência. Em 2008 haviam sido matriculados 11.412 nas Universidades e Faculdades de todo o país, ou seja, 0,2 % apenas de pessoas com necessidades educacionais especiais acessam o ensino superior.

Na realidade pesquisada, os apoios vão diminuindo conforme se avança as etapas da Educação Básica e Níveis de Ensino, afunilando-se cada vez mais, até a extinção total dos apoios ao acesso e sucesso no Nível Superior. Os estudantes que conseguem vencer o Ensino Fundamental têm se deparado com desafios ainda maiores.

Conforme pesquisa realizada por Araújo (2012) no Ensino Médio, constatou-se que os estudantes com surdez não são apoiados em suas necessidades específicas. Os mesmos relataram, entre outras formas de exclusão, a falta do profissional intérprete, falta de conhecimento dos professores sobre as necessidades das pessoas surdas etc. Após colher dos estudantes com surdez vários depoimentos como: *"muito difícil! Não tem Intérprete, o professor despreza, fala, fala e eu não entendo. Pedi a Diretora Intérprete. Só ouvinte entende o que o professor fala, surdo não entende nada"*. Araújo (2012, p. 30) destacou:

> a forma como vem se concretizando o processo de escolarização das pessoas com surdez, não deve ser chamada de inclusão ou mesmo ser chamado

---
13 Dados disponíveis em: <www.estadão.com.br>. Acesso em: 28 dez. 2012.

de processo de ensino e aprendizagem, porque para a pessoa surda não está havendo ensino e/ou aprendizagem, se o estudante não entende nada. O que há de fato é uma farsa que algumas pessoas chamam de inclusão.

Algumas professoras que conhecem esta realidade disseram:

> *Pelo que eu ouço a dificuldade que os alunos têm quando entram no ensino médio, a questão das disciplinas serem mais pesadas e lá nem tem os recursos. No estado ainda, não tem as intérpretes. Então para eles fica bem mais difícil. Vejo eles sempre saiam de lá e passavam aqui, porque aqui tem apoio. Se não tem incentivo, como é que eles vão pra lá só pra sentar? Vão entender o que? Não tem estímulo* (Lia – P/SC).

A professora Bia – SC deu continuidade afirmando que *"não está sendo de jeito nenhum. Eu tenho alunos que saíram daqui da escola, do Fundamental e foram para o Ensino Médio na escola 'P' e também em outras escolas e eles não têm esse atendimento. Tem alunos que falam que eles estão jogados"*. Complementa a professora Iany – SC: *"precisa-se estar muito atento, pois o que vemos hoje nos deixa tristes pela falta do profissional intérprete auxiliando"*. A professora Ada – SC disse: *"garantido está, só não está com qualidade. Ainda não tem Intérprete para acompanhá-los no Ensino Médio e Superior"*.

As falam das professoras confirmam o descaso dos Sistemas de Ensino no processo de continuação da escolarização dos estudantes com necessidades educacionais especiais. A professora Lia – SC chama atenção para o descaso com os estudantes com surdez que vem acontecendo nas escolas do Ensino Médio, de responsabilidade da Rede Estadual. Aos estudantes com surdez matriculados neste nível de ensino é reservado apenas o direito de entrar na escola e sentar. Complementando Bia – P/SC e Iany – P/SC que os estudantes estão *"jogados"* à própria sorte, fato que *"nos deixa tristes"*.

Desta forma, consideramos que está determinado, contudo, a garantia depende do esforço individual, coletivo e comprometimento do Poder público com a interiorização desta política. Cabe destacar que os estudantes com surdez, juntamente com a associação que os representa na cidade, o Centro de Apoio e Promoção de Acessibilidade e Inclusão Social – CAPAIS –, já recorreram junto a Secretaria Estadual de Educação e denunciaram o descaso com os estudantes com necessidades educacionais especiais das escolas estaduais, para o Ministério Público. No entanto, até o momento, mais precisamente o ano de 2013, nenhuma providência foi tomada no sentido de resolver o problema.

No Nível Superior, tomamos como exemplo a Universidade Federal do Pará e a Universidade do Estado do Pará, ambas, *Campus* de Altamira.

Segundo relato de uma pessoa com surdez, ela já tentou ingressar várias vezes nas referidas universidades e não conseguiu em função da falta de apoio na hora da prova. Relatou Dias, estudante surdo: *"como? Não tem como entrar na UEPA e UFPA. Não tem intérprete para interpretar a prova. Colocam pessoas que não sabem Libras, não tem fluência. Não entende o surdo. Muito difícil"*. Segundo o professor Ney – SC este objetivo ainda não foi alcançado: *"eu trabalho também no nível superior e ainda não vi nenhum aluno DA em nenhum curso. Os níveis que eles têm maior acesso são o Fundamental e Médio. O superior eles ficam parados. Eles não têm esse acesso a essa gratuidade desse ensino"*.

Conversas com pessoas cegas que conseguiram acessar a Universidade Federal do Pará, *Campus* de Altamira, demonstraram que o acesso não está garantido, nem o sucesso, em função da falta de apoio e falta dos Núcleos de Acessibilidade nos *Campi* do Interior. Relatam ainda que além da falta de apoio, se deparam com problemas relacionados às atitudes de alguns professores que ainda não conseguiram conquistar a "arte da empatia", ou seja, a capacidade de se colocar no lugar da outra pessoa. Assim, evidenciam algumas fragilidades e reprodução da exclusão que chegam até o Ensino Superior, nível responsável por formar profissionais para atuarem na Educação Básica.

Por isso, faz-se necessário destacar a sexta contradição evidenciada na política de Educação Especial na perspectiva inclusiva em Altamira, a que consideramos uma das mais complexas, a **formação de professores para o Atendimento Educacional Especializado e demais profissionais da educação.**

6.2.6 Formação para o Atendimento Educacional Especializado

Tomando como base as reflexões anteriores sobre as formações específicas necessárias para atender as especificidades do público-alvo da Educação Especial, temos a convicção de que enquanto os direcionamentos da lotação de professores estiverem apontando para a lotação de apenas um professor nas Salas de Recursos, esta política terá muitos percalços a percorrer, principalmente nos interiores, onde o acesso a essas formações são incipientes.

A Formação Continuada é necessária em qualquer área de atuação. Frente ao novo paradigma da inclusão, percebemos que há muitos desafios a serem vencidos e conhecimento a ser produzido, para que a conquista de uma Educação Inclusiva seja alcançada. Um desses desafios, sem dúvida nenhuma, se relaciona ao fato de que muitos professores não estão preparados para lidar com a diversidade, especificamente aquela decorrente de necessidades educacionais especiais (CAPELLINI; MENDES, 2004, p. 2).

Por mais que o professor busque várias formações específicas, dificilmente encontrará no sistema, algum profissional com todas as formações e habilidades para ofertar o atendimento específico para todos e cada um dos estudantes na Educação Especial. Quando um professor é da área de Letras, Especialista em Educação Especial, às vezes, não domina Libras ou Braille. Quando é pedagogo, Especialista em Educação Especial, mesmo que este tenha domínio de Libras ou Braille, de acordo com a política educacional brasileira, quem oferta Língua Portuguesa para os anos finais do Ensino Fundamental deve ser habilitado em Letras. Assim, para o AEE de Língua Portuguesa, como Segunda Língua, principalmente destinados aos estudantes dos anos finais do Ensino Fundamental e Ensino Médio, o professor precisaria ser habilitado em Letras ou Letras/Libras.

A formação de Aperfeiçoamento em Atendimento Educacional Especializado que tem sido ofertada trata apenas de fundamentos básicos e não tem sido suficiente para possibilitar conhecimentos básicos para desenvolver na prática nenhum dos atendimentos. Um ou outro professor que consegue formações para atuar com as diversas especificidades da Educação Especial, tem passado por esforço individual para acessar nos grandes centros urbanos um ou outro curso específico.

Há que considerar ainda outras questões na política de formação em Altamira. O Ministério da Educação destina os recursos para a formação na Educação Especial para os municípios polos e estes devem promover as formações para a educação básica do seu município e dos municípios que pertencem ao polo, ou seja, pelo menos uma formação por ano, para aproximadamente 40 professores. Isto, reproduzindo uma expressão popular que diz, é "uma gota d'água no oceano".

Ainda existem, nesse contexto, as dificuldades referentes ao uso desse recurso e a ineficiência na gestão, que contribuem para que a SEMED não consiga promover as formações na perspectiva do sistema articulado de educação. Os recursos são para a Educação Básica, no entanto, as formações só contemplam alguns professores do Ensino Fundamental. Alguns acessam várias vezes o mesmo curso, enquanto outros não acessam nenhum. Relata Soriedem – P/SRM: *"atualmente participo de outro AEE. É o terceiro que faço"*.

Assim, os professores que poderiam contribuir como multiplicadores participam várias vezes da mesma formação. Desabafam a professora Bia – SC e o professor Ney – SC:

> *Esse aí não existe. Só existe no papel. A escola que é o foco da Educação Especial aqui em Altamira que é "Roda de Sisos" e eu trabalho aqui desde o ano passado e eu nunca fui convidada para participar* (Bia – P/SC).

> *Esse objetivo ainda não foi contemplado para todos os professores. Ficou só restrito na parte do próprio AEE, deles mesmos lá e da coordenação da escola. Só isso, as intérpretes têm curso de formação continuada? Os coordenadores têm curso de formação continuada? Têm. Só que os professores mesmos não têm curso de formação continuada* (Ney – P/SC).

A professora Bia – SC afirma que o objetivo de formar profissionais da educação para o Atendimento Educacional Especializado existe apenas no papel, exemplificando que a mesma trabalha na escola "Roda de Sisos", considerada como referência na Educação Especial, e ainda não teve a oportunidade de participar de formação. O professor Ney – SC diz que esse objetivo não foi contemplado para todos os professores porque os que atuam nas classes comuns não acessam a formação continuada. As formações só atendem aos professores da Educação Especial, Coordenação da escola e Intérpretes.

No entanto, durante as observações desenvolvidas nesta pesquisa, foi possível constatar que as formações não conseguem atender necessidades básicas dos professores para desenvolverem suas práticas nos atendimentos. Como exemplo, habilidades para manusear os recursos de Tecnologia Assistiva disponíveis na Sala de Recurso Multifuncional. Existem alguns recursos que permanecem intocáveis, ainda nas caixas, pelo fato dos professores não saberem utilizar. Como exemplo, as pranchas de comunicação alternativa, *softwares Boardmaker*, disponibilizados pelo Ministério da Educação. Este fato nos leva a questionar: como vem sendo desenvolvida e o que está sendo priorizado nas formações para o Atendimento Educacional Especializado? Por que os professores que passaram por várias formações ainda não conseguem utilizar os recursos que existem para favorecer a aprendizagem dos estudantes com necessidades educacionais especiais? Estes e outros entraves vêm tecendo as contradições na implantação da política de inclusão na região.

6.2.7 A participação da família e da comunidade

A sétima contradição é a **participação da família e da comunidade**. Embora esteja estabelecido nos objetivos da referida política, garantir a participação da família, percebemos que há sim a tentativa de aproximação com as famílias, por meio da distribuição de cartilhas por parte do Ministério da Educação, entre estas, uma com a temática "A hora e a vez da família em uma sociedade inclusiva", entretanto, não identificamos ações consistentes que promovam o empoderamento das famílias para participarem deste processo.

A participação da família na escola tem se resumido à frequência em alguns eventos e visitas esporádicas, para resolver algum problema relacionado à vida escolar de seus filhos. A professora Ada diz que a participação da família *"precisa melhorar. Foi promovido o Dia Nacional do Surdo, as programações da escola que a família está presente. A comunidade quando é chamada, sempre participa. Mas este ano só teve esta programação"*. Acrescentou professora Bia – SC:

> *A família está sempre aqui. Quando o carro não vai buscar, eles sempre estão aqui. O governo não faz nada para trazer as famílias. As famílias vêm por conta própria, necessidade própria. As famílias que têm filhos com Necessidades Especiais têm aquela preocupação de estarem acompanhando, tanto que os alunos com Necessidades Especiais dificilmente eles faltam à escola. São bastante assíduos.*

A "Convenção sobre os Direitos das Pessoas com Deficiência", transformada, no Brasil, no Decreto nº 186/2008, determina em seu Artigo 8º o seguinte:

> Os Estados-Partes se comprometem a adotar medidas imediatas, efetivas e apropriadas para:
> a) conscientizar toda a sociedade, inclusive as famílias, sobre as condições das pessoas com deficiência e fomentar o respeito pelos direitos e pela dignidade das pessoas com deficiência;
> b) combater estereótipos, preconceitos e práticas nocivas em relação a pessoas com deficiência, inclusive aqueles relacionados a sexo e idade, em todas as áreas da vida;
> c) promover a conscientização sobre as capacidades e contribuições das pessoas com deficiência.

Para o professor Ney – SC esta participação se resume da seguinte forma: *"fica em nível da escola, fica mesmo professor/aluno, aluno/professor/família"*. E a professora Jane – SC destacou: *"a escola para funcionar bem precisa ter a intervenção da família e da comunidade, pois precisam andar juntas"*. A Professora Jane – SC reconhece a importância do trabalho coletivo que envolve a escola, a família e a comunidade, todavia, essa participação é restrita, está limitada às ações escolares desenvolvidas pelos professores, estudantes e família. Portanto, não há o comprometimento político do estado incentivando a concretização deste objetivo, visando fortalecer a participação da família e da comunidade na escola.

6.2.8 Acessibilidade

A **Acessibilidade** é a oitava contradição. Historicamente percebe-se que a acessibilidade não vem sendo prioridade nas escolas e ou na sociedade.

A acessibilidade arquitetônica, urbanística, de comunicação e também de informação, não é considerada em sua totalidade para o desenvolvimento de forma autônoma das pessoas que possuem alguma deficiência ou mobilidade reduzida. O Artigo 8º, do Decreto nº 5.296, de 2 de dezembro de 2004, refere-se à acessibilidade como:

> condição para utilização, com segurança e autonomia, total ou assistida, dos espaços, mobiliários e equipamentos urbanos, das edificações, dos serviços de transporte e dos dispositivos, sistemas e meios de comunicação e informação, por pessoa [...] com deficiência ou com mobilidade reduzida.

Há a ineficiência desta ação na política educacional e nas escolas. Pesquisa realizada por Araújo (2012) constatou, entre outros acontecimentos, a falta de demarcação no piso da escola para alunos cegos e a falta de intérpretes para surdos.

> A pessoa que tem surdez na escola sai da sala de aula no momento do intervalo e outros momentos porque vê os colegas saindo e não porque teve acesso a informação que estava na hora da saída. Não existem sinais luminosos que determinam os diversos momentos que se organiza o tempo na escola (ARAÚJO, 2012, p. 24).

Enquanto os ouvintes ouvem as sirenes, os surdos "vão com os outros" num processo de coisificação do sujeito que não houve e não tem direito de ser sendo diferente, embora tenham contado com o apoio da intérprete na escola pesquisada, o número desses profissionais não tem sido suficiente para suprir à demanda da escola. Assim sendo, considerou a estudante Maria que as *"intérpretes são boas. Mas tem mais surdos na escola aí fica difícil. Precisa mais intérprete. Onde tem surdo precisa ter intérprete. Só duas não está bom"*. Todos os estudantes disseram que o número de intérpretes não é suficiente para atender a demanda e possibilitar a acessibilidade na comunicação e informação.

A professora Lia – SC informou que: *"o MEC está cobrando das escolas que não há. Hoje mesmo fui com a Diretora da escola particular para comprar as portas largas"*. A professora Bia – SC disse: *"ainda não acontece totalmente"*. A professora Iany – SC considera acessibilidade: *"um direito do especial e uma obrigação dos governantes"*. No entanto, completou o professor Ney – SC:

> *Acessibilidade para esses alunos depende também da deficiência deles. Por exemplo, alunos que são cegos, eles não têm acessibilidade. Falta*

> *rampa também aqui na escola. Falta muita coisa mesmo para acontecer para dizer assim: o processo de inclusão está realmente no seu ponto final.*

Os estudantes também comentaram sobre este objetivo. Alguns consideraram que a acessibilidade na escola está *"mais ou menos"* (Marta – E); outros reconhecem que vem melhorando, *"aqui temos muito pouco de acessibilidade, mas vai melhorando a cada ano"* (João – E); e, outros disseram que não há acessibilidade na escola:

> *Aqui nós não temos acessibilidade nada. Nossos governantes, difícil! Os banheiros só ficam trancados. A noite tem um aluno que usa cadeira de rodas e o banheiro fica trancado. Aí o usuário de cadeira de rodas vai tomar água, é preciso alguém dá água pra ele porque o bebedouro não tem altura correta* (Maria – E).

Os próprios estudantes percebem a falta de acessibilidade nas principais dependências da escola quando observam que os banheiros ficam trancados e que o bebedouro está inadequado para estudante usuário de cadeira de rodas. Vale lembrar que o estudante com deficiência física foi um entre os que abandonaram a escola. Assim sendo, constatamos que as poucas adaptações que foram feitas nos espaços não estão sendo viabilizadas para quem precisa, como mostramos na caracterização da escola.

6.2.9 Articulação intersetorial

A **articulação intersetorial** é a nona contradição manifestada entre o que determina a política e sua concretização. Sabemos da necessidade de contar com redes de apoio de diversos setores da sociedade neste processo, no entanto, os demais setores apresentam ineficiência na implantação de políticas públicas. Quando perguntamos se a escola e a Educação Especial contam com apoio ou promove a articulação entre outras áreas como Saúde Assistência Social, entre outras, a professora Soriedem – SRM respondeu: *"não. A escola ainda é um espaço que não agrega outros valores e recursos aos educandos. Não constam parcerias que possam fazer as articulações salutares e inserção social do educando"*. E outra forma de exclusão veio à tona na fala de outro professor. O fato não é um caso isolado dessa escola e sim uma realidade do interior da Amazônia. O professor Ney-SC afirma que:

> *Não. Inclusive teve uma mãe que veio aqui na escola que a filha dela era paraplégica ela não tinha uma cadeira de rodas e precisava estudar. Ela não conseguiu estudar porque ela não tinha uma cadeira de roda e ela*

> *não tinha condições de comprar. Então ela ficou fora da sala de aula. Não acontece essa articulação.*

A área da saúde, por exemplo, principalmente nos interiores da Região Amazônica não há um comprometimento com o Decreto nº 3.298/1999 que determina entre outras obrigações da saúde, em seu Artigo 18, a "assistência integral à saúde e reabilitação" da pessoa com deficiência e a "concessão de órteses, próteses, bolsas coletoras e materiais auxiliares, dado que tais equipamentos complementam o atendimento, aumentando as possibilidades de independência e inclusão" da pessoa com deficiência. Também não há atendimentos de média e alta complexidade, fundamentais para o apoio ao processo de inclusão do educando com Transtorno Global do Desenvolvimento.

Para tentar minimizar os problemas relacionados à área da saúde, algumas políticas estão sendo redirecionadas por meio de Conferências nas três esferas de governo. Em 2010, foi realizada a "IV Conferência Nacional de Saúde Mental Intersetorial", com o tema "Saúde Mental Direito e Compromisso de Todos: consolidar avanços e enfrentar desafios". A conferência reafirmou o campo da saúde mental como intrinsecamente multidimensional, interdisciplinar, interprofissional e intersetorial, e como componente fundamental da integralidade do cuidado social e da saúde em geral. Trata-se de um campo que se insere no campo da saúde e ao mesmo tempo o transcende, com interfaces importantes e necessárias reciprocamente entre ele e os campos dos direitos humanos, da assistência social, da educação, da justiça, do trabalho e economia solidária, da habitação, da cultura, do lazer e esportes etc. Entre as ações determinadas na referida Conferência, destacam-se:

> de acordo com os princípios, diretrizes e normas do Sistema Único de Saúde, da Política Nacional de Saúde Mental e das Leis Federais nº 10.216/01 e nº 10.708/03, a IV CNSMI propõe implantar, implementar, ampliar, consolidar e fortalecer a rede de serviços substitutivos em Saúde Mental, em todo o país, com prioridade para as regiões com vazios assistenciais, garantindo acesso, acolhimento e tratamento de toda a população, em todos os níveis de assistência: equipe de saúde mental na atenção básica, Centros de Atenção Psicossocial CAPSI, CAPS II, CAPS III, CAPSad (álcool e drogas) e CAPSi (infantil); Centros de convivência; Residências Terapêuticas; emergências psiquiátricas e leitos para saúde mental em Hospitais Gerais, leitos clínicos para desintoxicação em Hospitais Gerais, atendimento móvel de urgência e demais serviços substitutivos necessários aos cuidados contínuos em Saúde Mental.
> Implantar e implementar serviços de saúde mental municipais e/ou regionais, com atendimento integral da criança ao idoso, ampliar o número de

Residências Terapêuticas e as possibilidades de implantação de CAPS e assegurar a obrigatoriedade de leitos psiquiátricos em Hospitais Gerais destinados a crianças, adolescentes e adultos são algumas das medidas necessárias para o efetivo cumprimento da Lei 10.216/2001, assegurando uma rede comunitária de serviços em completa substituição à internação em hospitais psiquiátricos, como garantia dos direitos das pessoas com transtorno mental.

Esperamos que políticas determinadas pelas diversas áreas possam orquestrar suas ações e promover um desenvolvimento social verdadeiramente sustentável, ou um "Desenvolvimento Inclusivo".

6.2.10 A concretização da política de inclusão

A décima contradição está na **concretização da política de inclusão**. Uma vez denominada de "Educação Especial na perspectiva da Educação Inclusiva", se faz exclusiva, na medida em que não dialoga com outras áreas de conhecimento. Com esta política estabelecida, somente acessam os saberes da Educação Especial, quando acessam, os estudantes público-alvo desta modalidade e os professores que atuam nos referidos "atendimentos". Essas contradições nos possibilitam pensar que apesar dos avanços da política de Educação Especial estabelecida no país, principalmente em termos de legislação, ainda temos muito a fazer para viabilizar de fato, na prática das escolas, a sua execução.

As contradições apontam ainda para as dificuldades existentes no processo de inclusão escolar, que perpassam pelo acesso, participação e aprendizagem dos educandos, transversalidade, organização dos atendimentos, continuidade dos estudos e formações de professores, participação da família e da comunidade, acessibilidade, articulação intersetorial. A estas questões somam-se a escassez dos serviços, apoios e recursos que deveriam fazer parte da escola tanto na classe comum como no Atendimento Educacional Especializado.

A concretização desta política dependerá do comprometimento do Poder público, do sistema de ensino e de todas as pessoas envolvidas neste processo, compreendendo-se como um movimento histórico, ético e político. As escolas, bem como, os profissionais da educação, precisam demandar todas as necessidades para implantar uma educação de qualidade para todos os alunos. Não podemos continuar reproduzindo heranças históricas que ferem os direitos humanos, que fragmentam saberes, desarticulam, segregam e excluem. De acordo com Mantoan (2003, p. 53):

incluir é necessário, primordialmente para melhorar as condições da escola, de modo que nela se possam formar gerações mais preparadas para viver a vida na sua plenitude, livremente, sem preconceitos, sem barreiras. Não podemos contemporizar soluções, mesmo que o preço que tenhamos que pagar seja bem alto, pois nunca será tão alto quanto o resgate de uma vida escolar marginalizada, uma evasão, uma criança estigmatizada sem motivos.

Quando a Língua de Sinais brasileira for ofertada para todos e não apenas para os surdos, será rompida a barreira na comunicação. Quando o Braille deixar de ser um sistema exclusivo para o cego, as pessoas cegas ampliarão as suas possibilidades de participação na vida social. Quando a Tecnologia Assistiva assistir de fato a todos que precisam dela e quando todos nós compartilharmos o sabor de saber conviver com as diferenças, conquistaremos a política que desejamos.

CONSIDERAÇÕES FINAIS: nossas representações acerca da realidade pesquisada

> *Ao denunciar o abismo existente entre o velho e o novo na instituição escolar brasileira, a inclusão é reveladora dos males que o conservadorismo escolar tem espalhado pela nossa infância e juventude estudantil.*
> (MANTOAN, 2003, p. 92).

O tempo passou, a hora de concluir chegou. Encerrar esta tessitura não significa estabelecer verdades absolutas e encerrar as discussões e questionamentos em torno da temática. Este momento remete às nossas representações sobre o que identificamos, verificamos e analisamos durante o tempo que destinamos a esta pesquisa.

No primeiro momento de desenvolvimento desta tessitura, introduzimos a reflexão compartilhando algumas vivências no âmbito pessoal, social e profissional que deram origem a temática em questão, como exemplos, a convivência com meu irmão com surdez; a criação do Centro de Apoio e Promoção de Acessibilidade e Inclusão Social – CAPAIS –, associação não governamental; e, a participação no "Grupo de Pesquisa em Educação Inclusiva", no município de Altamira, vinculado à "Rede de Pesquisa em Educação Inclusiva", coordenado pelo Núcleo de Educação Popular de Paulo Freire – NEP/UEPA –, entre outros.

Para desenvolvê-la, optamos pela pesquisa de campo, pelo Estudo de Caso, adotamos a abordagem Crítico-Dialética e a análise qualitativa. Assim, objetivamos analisar como a escola de ensino fundamental "Roda de Sisos", da cidade de Altamira, no Estado do Pará, considerada referência na Educação Inclusiva, vem incluindo estudantes com necessidades educacionais especiais na Educação de Jovens e Adultos. Atentando para este objetivo, dedicamos a realização de estudos teóricos sobre a temática, fundamentados por Ferreira (2009), Freire (2001; 2004; 2011), Ireland (2010), Duk (2006), Ferreira (2007), Mantoan (2003; 2006), Mantoan e Prieto (2006), Oliveira (2004, 2011), entre outros. O estudo prosseguiu com as observações em sala de aula, realização e transcrição das entrevistas, durante o segundo semestre de 2012 e primeiro semestre de 2013. Participaram das entrevistas, estudantes com necessidades educacionais especiais e professores da EJA, professora da Sala de Recurso Multifuncional, intérpretes, coordenadora da Educação Especial e coordenadora da EJA da escola pesquisada.

As reflexões sobre a Inclusão Escolar perpassaram pelo movimento de Educação Inclusiva como nova possibilidade de desenvolver, por meio da institucionalização das políticas públicas que se pautam concretamente neste paradigma. Assim, consideramos nesta tessitura, a importância das leis como instrumentos de determinação aliadas às práticas, às culturas, às políticas e ao comprometimento das pessoas para garantir a transformação.

Neste sentido, a política da Educação de Jovens e Adultos foi discutida na perspectiva inclusiva pelo fato de considerar esta necessidade em função da exclusão existente no interior das escolas e também no contexto exterior a elas. Assim, compreendemos a educação de forma "ético-crítica" e como "necessidade política e histórica". Desta forma, destacamos momentos significativos no âmbito das construções históricas das políticas como a "VI CONFINTEA", realizada na cidade de Belém – PA, no ano de 2009, entre outras. Assim, consideramos a relevância das "marchas" históricas que se concretizam com o compromisso ético de incluir as pessoas com e sem necessidades educacionais especiais que ainda não têm o direito de ser e pertencer, no contexto social e educacional.

Aproximando o debate da realidade pesquisada, projetamos alguns olhares sobre o município de Altamira – PA. Este debate demarcou forças antagônicas que concebem a política de desenvolvimento de forma diferente. Neste cenário, encontra-se a educação municipal, com sua história permeada de realidades e desafios no âmbito das políticas e das práticas. A escola "Roda de Sisos", ponto estratégico da tessitura, reflete as tentativas de implantação da política inclusiva em meio às contradições que compõem o sistema educacional.

Para facilitar didaticamente nossa reflexão no desenvolvimento desta tessitura, retomamos nossos questionamentos iniciais que remetem também aos nossos objetivos específicos. Assim, nossa busca se pautou pelos seguintes questionamentos:

- Quais são as condições de Acessibilidade da escola, e como ela se prepara para receber os estudantes com necessidades educacionais especiais?
- Como se dá o envolvimento da gestão escolar, equipe técnica, administrativos e demais servidores, no processo de inclusão escolar?
- Como se processa a inclusão escolar e o atendimento educacional especializado com jovens e adultos na escola?
- Quais são as necessidades educacionais pedagógicas e de formação dos professores que atuam na Educação de Jovens e Adultos e na Sala de Recurso Multifuncional?

- Quais são as principais experiências vivenciadas pela escola, com ênfase nas práticas educativas, Projeto Político Pedagógico e relação escola-família e comunidade?
- Que reflexões podem ser realizadas sobre a Política de Educação Especial na Perspectiva da Educação Inclusiva, no município de Altamira, a partir das realidades e dos desafios evidenciados pela Educação de Jovens e Adultos na escola pesquisada?

Após verificar, identificar, analisar e refletir sobre os questionamentos que nortearam nossa pesquisa, seguem os resultados que se materializam por meio de nossas representações, considerando, resumidamente, o que foi objetivado nesta pesquisa.

As condições de acessibilidade da escola. Embora já apresente melhorias em sua estrutura física, bem como, na comunicação e informação, com a presença de intérpretes nas salas comuns da EJA, este processo não está consolidado, uma vez que as adaptações nos espaços não são suficientes para atender de forma satisfatória todas as pessoas que dependem de ambientes acessíveis em todas as dimensões contempladas neste conceito. Os poucos espaços adaptados não são viabilizados para que sejam usados pelos estudantes, como os banheiros, que permanecem fechados. À falta de sinalização luminosa para as pessoas com surdez e o número de intérpretes insuficiente, soma-se a falta de sinalização para pessoas com cegueira e outras. A falta de comunicação entre professores e demais profissionais da escola com estudantes com surdez também faz parte desta realidade, limitando-os a uma comunicação e informação restrita no ambiente escolar.

A preparação da escola para receber os estudantes com necessidades educacionais especiais. Os relatos evidenciaram que esta preparação ainda não está priorizada entre as ações desenvolvidas pela escola, contribuindo com atitudes de preconceito que se manifestam entre os estudantes e professores.

O envolvimento da gestão escolar, equipe técnica, administrativos e demais servidores, no processo de inclusão escolar, manifestou-se em meio às contradições das falas de quem consegue perceber diferentes formas de envolvimento e outras que apontaram negligências pelo não envolvimento, comprometendo o processo de mudança.

A inclusão escolar e o Atendimento Educacional Especializado vêm se processando de forma lenta entre os jovens e adultos da escola, devido a diversos fatores como: as práticas adotadas pelos professores; atitudes de preconceito e discriminação sofridas pelos estudantes; falta de sensibilidade de alguns professores; dificuldade em contextualizar as aulas, entre outros. O Atendimento Educacional Especializado não está priorizado entre os apoios importantes para o processo de inclusão dos estudantes com necessidades educacionais especiais da EJA, uma vez que a escola é referência no município e, ainda assim, os atendimentos não são ofertados em sua totalidade e os que são ofertados, são frequentados por apenas 16% dos estudantes público-alvo da Educação Especial matriculados na Educação de Jovens e Adultos.

As necessidades educacionais pedagógicas e de formação dos professores que atuam na Educação de Jovens e Adultos e na Sala de Recurso Multifuncional, constituem esta tessitura como fatores que interferem na realização das práticas inclusivas e têm dificultado o processo de inclusão. A maioria dos professores ainda possui necessidade de formação e de conhecimento sobre tecnologia e como lidar com ela, bem como, apoio e materiais didáticos. Um número significativo de professores nunca recebeu formação específica para atuar na EJA no contexto da Educação Inclusiva. Na Sala de Recurso Multifuncional, falta conhecimentos e habilidades específicas para trabalhar com os recursos existentes. Assim, a formação para a inclusão ainda não constitui uma política prioritária da escola e do sistema educacional municipal.

As principais experiências vivenciadas pela escola com ênfase nas práticas educativas, Projeto Político Pedagógico e relação escola-família e comunidade, variam entre as pessoas que consideraram o trabalho árduo e que exige mais empenho e olhar amplo, e, as que consideram as experiências positivas, gratificantes, desafiadoras e foram tocadas de forma amorosa com a convivência com as diferenças. Contudo, devido aos diversos fatores que interferem no processo, as práticas educativas, em sua maioria, ainda não convergem para os princípios norteadores da prática inclusiva, apresentando contradições entre o planejamento das aulas, o currículo, as metodologias e a avaliação. Desta forma, as práticas desenvolvidas na EJA na escola "Roda de Sisos" ainda não promovem a inclusão, contribuindo com o elevado índice de abandono, de 52,3 %, entre os estudantes da EJA com e sem necessidades educacionais especiais.

O Projeto Político Pedagógico da escola, instrumento de planejamento fundamental, não foi possível comprovar sua existência, contrapondo as determinações legais existentes que dispõem sobre a necessidade de ações norteadas por este instrumento, bem como, os benefícios e possibilidades que podem ser projetadas para melhorar a qualidade do ensino na escola. A relação escola-família e comunidade se resumem na frequência a alguns eventos da escola quando são convidados. Não existe o comprometimento político da escola e/ou do poder público para fortalecer a participação e a relação escola/família/comunidade.

Sobre a Política de Educação Especial na Perspectiva da Educação Inclusiva, por meio de nossas reflexões sobre o processo de inclusão na Educação de Jovens e Adultos da escola "Roda de Sisos", apresentamos os conflitos nos sistemas de ensino no processo de implantação da política inclusiva e as contradições evidenciadas no contexto educacional de Altamira. Novamente recorremos à linha "abissal" que distancia o que está estabelecido como objetivo da política nacional e que se concretiza na prática. De um lado da linha, encontram-se, teoricamente, as políticas e o direito; e, do outro lado, os que continuam com seus direitos negados, sem acessar as políticas públicas. São pessoas com idades diversificadas, principalmente, jovens e adultos, com e sem necessidades educacionais especiais que ainda não conseguem **acessar a escola** pelo desconhecimento de seus direitos e por falta de uma política comprometida com todas as dimensões da inclusão. Quando conseguem acessar a escola, as práticas pedagógicas desenvolvidas ainda não são capazes de garantir o **direito à participação e à aprendizagem**.

A concretização dos objetivos da política inclusiva ainda demanda comprometimento do poder público e das pessoas, no sentido de fazer realizar na prática, ações que garantam o que determina a política no âmbito do **acesso**; da **participação e aprendizagem dos estudantes com deficiência, transtornos globais e altas habilidades/ superdotação**; da **transversalidade da Educação Especial desde a educação infantil até a superior**; do **Atendimento Educacional Especializado**; da **continuidade da escolarização nos níveis mais elevados de ensino**; da **formação para o Atendimento Educacional Especializado**; da **participação da família e da comunidade**; da **acessibilidade** e da **articulação intersetorial**. Desta forma, as contradições evidenciadas na concretização da política de inclusão demonstram a necessidade de comprometimento ético e político no sentido de superar práticas excludentes herdadas de determinadas épocas históricas e reproduzidas na escola, bem como, da superação do caráter exclusivo da Educação Especial em tempos de Inclusão.

REFERÊNCIAS

ABICALIL, Carlos Augusto. Construindo o Sistema Nacional Articulado de Educação. *In:* BRASIL/MEC (org.). **Construindo o Sistema Nacional de Educação**: o plano nacional de educação, diretrizes e estratégias de ação. Brasília: Subsecretaria de Edições Técnicas, 2010.

AMARAL, Gardênia Santana; MAGALHÃES, Marcilene Né Pedrosa de. **O ensino de ciências**: práticas educativas em classes comuns da "E. M. E. F. Deodoro da Fonseca" com alunos surdos. Trabalho de Conclusão de Curso (Graduação) – Universidade do Estado do Pará, Altamira, 2011.

ARAÚJO, Monica Dias de. A produção imagética como possibilidade de desenvolvimento de práticas educativas inclusivas. *In:* OLIVEIRA, Ivanilde Apoluceno de; ARAÚJO, Monica Dias de; CAETANO, Vivianne Nunes da Silva (org.). **Epistemologia e Educação**: reflexões sobre temas educacionais. Belém: PPGED/UEPA, 2012b.

ARAÚJO, Monica Dias de; LOPES, Audeci Martins. **A inclusão das pessoas surdas na EMEF Deodoro da Fonseca na Cidade de Altamira**. Monografia (Especialização) – Faculdade Internacional de Curitiba, Curitiba, 2007.

ARAÚJO, Monica Dias de. **Problematização acerca do processo de escolarização das pessoas com surdez no Município de Altamira – Pará**. Monografia (Especialização em Libras) – Faculdades Integradas de Jacarepaguá, Rio de Janeiro, 2012a.

ARAÚJO, Monica Dias de; ROSA, Rosinete Nazaré. **A inserção das pessoas com necessidades especiais no mercado de trabalho na cidade de Altamira – Pará**. Trabalho de Conclusão de Curso de Graduação, Universidade Federal do Pará, 2003.

BARDIN, Laurence. **Análise de Conteúdo**. Lisboa: Edição 70, 1995.

BASEGIO, Leandro Jesus; MEDEIROS, Renato da Luz. **Educação de Jovens e Adultos**. Curitiba: Ibpex, 2009.

BRASIL, Ministério da Educação. **Adaptações curriculares em ação**: Declaração de Salamanca: recomendações para a construção de uma escola inclusiva. Secretaria de Educação Especial: Brasília; MEC / SEEP, Centro Gráfico, 2002.

BRASIL, Ministério da Educação. **Diretrizes Nacionais para Educação Especial na Educação Básica**. Secretaria de Educação Especial – MEC; SEESP, Centro Gráfico, 2001.

BRASIL, Ministério da Educação. **Diretrizes Operacionais para Educação Especial na Educação Básica/ Secretaria de Educação Especial – MEC/ SEESP**, Centro Gráfico, 2008.

BRASIL, Ministério da Educação. **Política Nacional de Educação Especial na perspectiva da Educação Inclusiva/ Secretaria de Educação Especial – MEC/ SEESP**, Subsecretaria de Edições Técnicas, 2007.

BRASIL, Ministério Público Federal. I Conferência Nacional dos Direitos da Pessoa com Deficiência. **Acessibilidade, você também tem compromisso.** Brasília: Subsecretaria de Edições Técnicas, 2006a.

BRASIL, Ministério Público Federal. **Legislação Brasileira sobre Pessoas Portadoras de Deficiência**. 2. ed. Brasília: Subsecretaria de Edições Técnicas, 2006b.

BRASIL, Ministério Público Federal. **O acesso de alunos com deficiência as escolas e classes comuns da rede Regular**. Procuradoria Federal dos Direitos do Cidadão Brasília. 2. ed. rev. e atual., 2004.

BRASIL. **Constituição da República Federativa do Brasil (1988), com as alterações adotadas pelas Emendas Constitucionais nº 1 a 6/92 a 64/2010 e pelas Emendas Constitucionais de Revisão nº 1 a 6/94**. Brasília: Senado Federal, Subsecretaria de Edições Técnicas, 2010a.

BRASIL. **Construindo o Sistema Nacional de Educação**: o plano nacional de educação, diretrizes e estratégias de ação. Documento-Base. vol. I. Brasília: Subsecretaria de Edições Técnicas, 2010b.

BRASIL. **Convenção sobre os Direitos das Pessoas com Deficiência**: Protocolo Facultativo à Convenção sobre os Direitos das Pessoas com Deficiência: Decreto Legislativo nº 186, de 9 de julho de 2008: Decreto nº 6.949, de 25 de agosto de 2009. 4. ed. rev. e atual. Brasília: Secretaria de Direitos Humanos, Subsecretaria de Edições Técnicas, 2010c.

BRASIL. **Diretrizes Curriculares Nacionais Gerais da Educação Básica**. Ministério da Educação. Secretária de Educação Básica. Diretoria de Currículos e Educação Integral. Brasília: MEC, SEB, DICEI, 2013.

BRASIL. **Documento Nacional Preparatório à VI Conferência Internacional de Educação de Adultos "VI CONFINTEA".** Subsecretaria de Edições Técnicas, 2009.

BRASIL. **Lei de Diretrizes e Bases da Educação (Lei nº 9.394).** Brasília: Senado Federal, Centro Gráfico, 2010d.

BRASIL. **Nota Técnica nº 11.** Brasília: Subsecretaria de Edições Técnicas, 2010e.

BRASIL. **Relatório Final da IV Conferência Nacional de Saúde Mental – Intersetorial.** Brasília: Conselho Nacional de Saúde/Ministério da Saúde. Brasília: Subsecretaria de Edições Técnicas, 2010f.

CAPELLINI, Vera Lúcia Messias Fiallho; MENDES, Enicéia Gonçalves. **Formação Continuada de Professores para a Diversidade.** Porto Alegre: Educação, 2004.

CARLI, Solange Auxiliadora Souza. **Políticas Públicas para a EJA (Educação de Jovens e Adultos) no Sistema de Ensino de Belo Horizonte no período de 1990/2000**: ordenamentos legais e efetivação institucional. – Dissertação (Mestrado em Educação), Pontifícia Universidade Católica de Minas Gerais, 2004.

DAMÁZIO, Mirlene Ferreira. **Atendimento Educacional Especializado para pessoas com surdez.** São Paulo: MEC/SEESP, 2007.

DIAS, Lucia Vera; SILVA, Valeria de Assunpção; BRAUN Patrícia. A inclusão de Aluno com deficiência auditiva na classe regular: reflexões sobre a prática pedagógica.. *In:* GLAT, Rosana (org.). **Educação Inclusiva**: cultura e cotidiano escolar. Rio de Janeiro: 7 Letras, 2007.

DUK, Cynthia. **Educar na Diversidade**: material de formação docente. 3. ed. Brasília: MEC, SEESP, 2006.

FAVERO, Eugenia Augusta Gonzaga; PANTOJA, Luísa de Marillac; MANTOAN, Maria Tereza Eglér. **Atendimento Educacional Especializado – Aspectos Legais e Orientações pedagógicas.** São Paulo: MEC/SEESP, 2007.

FERREIRA, Maria Cecília Carareto; FERREIRA, Júlio Romero. *In:* GÓES, Maria Cecília Rafael; LAPLANE (org.). **Políticas e práticas de Educação Inclusiva.** São Paulo: Autores Associados, 2007.

FERREIRA, Windys B. EJA & Deficiência: Estudo da oferta da modalidade EJA para estudantes com deficiência. *In:* AGUIAR, Marcia Angela da S. (org.). **Educação de Jovens e Adultos**: o que dizem as pesquisas. Recife: Autores Associados, 2009.

FREIRE, Paulo. **Conscientização**: teoria e prática da libertação: uma introdução ao pensamento de Paulo Freire. 3. ed. São Paulo: Centauro, 2001b.

FREIRE, Paulo. **Educação como prática da liberdade**. 14. ed. Rio de Janeiro: Paz e Terra, 2011a.

FREIRE, Paulo. **Educação e mudança**. 34. ed. São Paulo: Paz e Terra, 2011b.

FREIRE, Paulo. **Pedagogia da autonomia**: saberes necessários à prática educativa. São Paulo: Paz e Terra, 2011c.

FREIRE, Paulo. **Pedagogia da indignação**: cartas pedagógicas e outros escritos. São Paulo: UNESP, 2000.

FREIRE, Paulo. **Pedagogia da Tolerância**. São Paulo: Editora da UNESP, 2004.

FREIRE, Paulo. **Política e educação**. 5. ed. São Paulo: Cortez, 2001a.

GAMBOA, Sílvio Sanches. A Dialética na Pesquisa em Educação: elementos de contextos. *In:* FAZENDA, Ivani (org.). **Metodologia da Pesquisa Educacional**. 6. ed. São Paulo: Cortez, 1999.

GLAT, Rosana (org.). **Educação Inclusiva**: cultura e cotidiano escolar. Rio de Janeiro: 7 Letras, 2007.

IRELAND, Timothy. Reflexões sobre a Educação de Jovens e Adultos no Brasil e no Mundo. *In:* BRASIL (org.). **Mais dez**: o legislativo e a sociedade construindo juntos o novo Plano Nacional de Educação: uma nova educação para um novo Brasil: propostas para o PNE, 2011-2020. Rio de Janeiro: Senac Nacional, 2010.

LOUREIRO, Violeta R. Educação e sociedade na Amazônia em mais de meio século. **Revista Cocar**, Belém, v.1, n.1, jan-jun, 2007.

LUCKESI, Cipriano Carlos. **Avaliação da Aprendizagem Escolar**. 4. ed. São Paulo: Cortez, 1994.

LÜDKE, M; ANDRÉ, M. **Pesquisa em Educação**: abordagens qualitativas. São Paulo: EPU, 1986.

MANTOAN, Maria Tereza Egler. **A integração de pessoas com deficiência**. São Paulo: SENAC, 1997.

MANTOAN, Maria Tereza Eglér. **Inclusão Escolar**: O que é? Por quê? Como fazer? São Paulo: Moderna, 2003.

MANTOAN, Maria Tereza Eglér; PRIETO, Rosângela Gavioli; ARANTES, Valéria Amorim (org.). **Inclusão Escolar**: pontos e contrapontos. São Paulo: Summus, 2006.

MARCONDES, Maria Inês; OLIVEIRA, Ivanilde Apoluceno; TEIXEIRA, Elizabeth (org.). **Metodologias e Técnicas em Pesquisa em Educação**. Belém: EDUEPA, 2010.

MARTINS, Gilberto de Andrade. **Estudo de caso**: uma estratégia de pesquisa. 2. ed. São Paulo: Atlas, 2008.

MILÉO, Irlanda do Socorro de Oliveira. **Poder local e a gestão da educação municipal no contexto de Altamira – Pará**. Dissertação (Mestrado em Educação) – Universidade Federal do Pará, Belém, 2007.

MOLL, Jaqueline (org.). **Educação de Jovens e Adultos**. 3. ed. Porto Alegre: Mediação, 2008.

MUNDO JOVEM. **Reconhecidos pelo que são não por uma deficiência**. ano XIV, n. 363, fev. 2006.

OLIVEIRA, Ivanilde Apoluceno de (org.). **Cartografias Ribeirinhas**: saberes e representações sobre práticas sociais cotidianas de alfabetizandos amazônidas. Belém – Pará: CCSE – UEPA, 2004.

OLIVEIRA, Ivanilde Apoluceno de (org.). **Formação pedagógica de educadores populares**: fundamentos teórico-metodológicos freireanos. Belém – Pará: CCSE – UEPA – NEP, 2011.

OLIVEIRA, Ivanilde Apoluceno de. **Leituras Freireanas sobre educação.** São Paulo: UNESP, 2003.

OLIVEIRA, Ivanilde Apoluceno de. Política de Educação Inclusiva nas escolas: trajetórias de conflitos. *In:* JESUS, Denise; BAPTISTA, Claudio Roberto; BARRETO, Maria Aparecida; VICTOR, Sonia Lopes (org.). **Inclusão práticas pedagógicas e trajetórias de pesquisa.** 3. ed. Porto Alegre: Mediação, 2011.

OLIVEIRA, Ivanilde Apoluceno de. **Saberes, Imaginários e Representações Sociais na Educação Especial**: a problemática ética da "diferença" e da exclusão social. Rio de Janeiro: Vozes, 2004.

ORRICO, Helio; CANEJO, Elizabeth; FOGLI, Bianca. Uma reflexão sobre o cotidiano escolar de alunos com deficiência visual em classes regulares. *In:* GLAT, Rosana (org.). **Educação Inclusiva**: cultura e cotidiano escolar. Rio de Janeiro: 7 Letras, 2007.

ROSS, Paulo. **Fundamentos legais e filosóficos da inclusão na Educação Especial.** Curitiba: IBPEX, 2004.

SÁ, C. Pereira de. Representações Sociais: o conceito e o estado atual da teoria. *In:* SPINK, Marie Jane. (org.). **O conhecimento no cotidiano**: as representações sociais na perspectiva da psicologia social. São Paulo: Brasiliense, 1995.

SANTOS, Boaventura de Sousa; MENESES, Maria Paula. **Epistemologias do Sul.** São Paulo: Cortez, 2010.

SAVIANI, Demerval. Sistema de Educação: Subsídios para a Conferência Nacional de Educação. *In:* BRASIL/MEC (org.). **Construindo o Sistema Nacional de Educação**: o plano nacional de educação, diretrizes e estratégias de ação. Brasília, 2010.

SCS. **IBGE divulga Perfil da Educação e Alfabetização de Jovens e Adultos e da Educação Profissional no país.** Disponível em: http://www.ibge.gov.br. Acesso em: 12 jun. 2012.

SEMED. **Regimento Unificado das Escolas Municipais de Altamira – Pará.** Secretaria Municipal de Educação de Altamira. Impressão, 2010.

SEMED. **Relatório da EJA.** Secretaria Municipal de Educação de Altamira. Impressão, 2012.

SOUSA, Fledys do Nascimento; MOURA, Lucas Lima. Uma análise das políticas neo-desenvolvimentistas do estado brasileiro na transamazônica e Xingu e seus reflexos na educação básica. **Revista Eletrônica Arma da Crítica**, a. 3, n. 3, dez. 2011.

SOUZA, Roseane Rabelo. **Representações Sociais de professores sobre a inclusão escolar de educandos com necessidades educacionais especiais**. Dissertação (Mestrado em Educação) – Universidade do Estado do Pará, Belém, 2009.

TREVISAN, Inês. **Práticas de cidadania em narrativas de professores de ciência**: trabalho coletivo de ensino e aprendizagem. Dissertação (Mestrado em Educação) – Universidade Federal do Pará, Belém, 2009.

UNESCO – Organização das Nações Unidas para a Educação, a Ciência e a Cultura. **"Marco de Ação de Belém"**. Brasília, 2010.

ÍNDICE REMISSIVO

A

Acessibilidade 13, 15, 16, 18, 19, 26, 34, 35, 37, 46, 47, 48, 49, 77, 89, 97, 98, 116, 119, 164, 165, 168, 174, 175, 178, 179, 180, 182, 185, 186, 187, 189, 192

Adultos 3, 4, 7, 11, 13, 15, 16, 17, 18, 19, 20, 22, 23, 24, 25, 26, 29, 30, 31, 32, 34, 35, 36, 37, 39, 42, 45, 47, 51, 52, 53, 54, 55, 56, 57, 58, 59, 61, 62, 63, 64, 65, 66, 67, 68, 69, 78, 80, 81, 87, 88, 89, 90, 91, 92, 95, 101, 102, 113, 115, 119, 120, 122, 126, 130, 132, 154, 158, 165, 167, 182, 185, 186, 187, 188, 189, 191, 193, 194, 195, 196

Alfabetização 22, 24, 53, 56, 58, 61, 64, 67, 80, 88, 90, 196

Altamira 8, 11, 13, 15, 16, 17, 18, 19, 25, 26, 28, 29, 30, 34, 35, 36, 37, 71, 72, 73, 75, 76, 77, 78, 79, 80, 82, 83, 84, 86, 87, 88, 89, 91, 93, 95, 96, 97, 103, 105, 116, 154, 163, 165, 175, 176, 185, 186, 187, 189, 191, 195, 196, 197

Alunos 17, 21, 23, 24, 29, 30, 35, 36, 41, 46, 47, 48, 49, 51, 53, 58, 82, 83, 84, 85, 86, 89, 90, 95, 101, 106, 107, 108, 109, 110, 111, 112, 113, 115, 116, 117, 118, 119, 120, 121, 123, 125, 126, 127, 128, 129, 130, 131, 132, 136, 139, 140, 141, 142, 143, 144, 145, 147, 150, 152, 155, 156, 157, 158, 161, 164, 165, 166, 167, 169, 170, 171, 174, 178, 179, 180, 182, 191, 192, 196

Atendimento Educacional Especializado 13, 15, 16, 17, 18, 19, 26, 30, 32, 33, 35, 37, 46, 47, 48, 49, 50, 83, 84, 85, 86, 92, 97, 99, 100, 101, 102, 158, 164, 167, 168, 169, 170, 171, 172, 175, 176, 177, 182, 186, 187, 189, 193

D

Deficiência 13, 16, 21, 23, 24, 25, 29, 30, 39, 40, 41, 42, 45, 46, 47, 48, 49, 50, 51, 55, 62, 66, 68, 76, 77, 84, 85, 86, 90, 92, 101, 102, 116, 164, 166, 168, 172, 173, 178, 179, 180, 181, 189, 192, 193, 194, 195, 196

Diferenças 17, 20, 38, 44, 53, 54, 60, 110, 111, 117, 118, 119, 121, 129, 139, 149, 160, 163, 166, 168, 185, 188

Direitos 4, 15, 16, 23, 38, 40, 41, 42, 45, 47, 49, 55, 68, 73, 74, 76, 77, 78, 112, 121, 123, 144, 165, 166, 178, 181, 182, 189, 192

Diversidade 15, 16, 41, 42, 44, 47, 49, 57, 61, 66, 67, 83, 111, 131, 155, 157, 175, 193

E

Educação de Jovens e Adultos 3, 4, 7, 13, 15, 16, 17, 18, 19, 20, 22, 23, 24, 25, 26, 29, 30, 31, 32, 34, 35, 36, 37, 39, 51, 52, 54, 55, 56, 57, 58, 59, 61, 62, 63, 64, 66, 67, 68, 69, 80, 81, 87, 88, 89, 90, 92, 95, 101, 102, 113, 115, 119, 126, 129, 130, 132, 154, 165, 185, 186, 187, 188, 189, 191, 193, 194, 195

Educação Especial 7, 13, 15, 16, 18, 19, 20, 23, 26, 29, 30, 31, 32, 33, 34, 35, 36, 37, 45, 46, 47, 48, 49, 50, 51, 80, 81, 83, 84, 90, 91, 92, 100, 101, 104, 110, 112, 113, 122, 126, 130, 152, 154, 157, 158, 159, 164, 167, 168, 169, 171, 172, 173, 175, 176, 177, 180, 182, 186, 187, 188, 189, 191, 192, 196

Educação inclusiva 8, 11, 15, 16, 17, 18, 19, 20, 21, 23, 24, 35, 37, 40, 41, 42, 44, 47, 48, 51, 52, 54, 63, 66, 68, 83, 90, 112, 126, 151, 152, 158, 163, 164, 169, 175, 182, 185, 186, 187, 188, 192, 193, 194, 196

Ensino fundamental 7, 13, 16, 18, 29, 30, 50, 51, 54, 62, 78, 80, 81, 87, 90, 91, 92, 96, 101, 132, 152, 154, 160, 161, 163, 168, 173, 176, 185

Escola 7, 11, 13, 15, 17, 18, 19, 20, 21, 22, 23, 24, 26, 28, 29, 30, 31, 33, 34, 35, 37, 38, 41, 42, 43, 45, 48, 49, 54, 55, 68, 69, 78, 80, 82, 83, 84, 85, 86, 87, 89, 90, 92, 95, 96, 97, 98, 99, 101, 102, 103, 104, 105, 106, 107, 108, 109, 110, 111, 112, 113, 114, 115, 116, 117, 118, 119, 120, 121, 122, 123, 125, 126, 127, 129, 130, 131, 136, 138, 140, 141, 142, 143, 145, 146, 148, 149, 150, 151, 153, 154, 155, 156, 157, 158, 159, 160, 161, 162, 165, 166, 167, 168, 170, 172, 173, 174, 176, 177, 178, 179, 180, 182, 183, 185, 186, 187, 188, 189, 191

Escolarização 16, 17, 18, 26, 33, 37, 47, 48, 53, 60, 61, 86, 137, 144, 145, 164, 171, 172, 173, 174, 189, 191

Estudantes 8, 17, 18, 19, 24, 26, 30, 31, 32, 33, 34, 35, 37, 50, 78, 80, 84, 85, 87, 88, 89, 90, 91, 92, 95, 98, 99, 100, 101, 102, 103, 107, 109, 110, 111, 113, 114, 117, 118, 119, 120, 121, 122, 123, 124, 125, 127, 128, 129, 132, 134, 135, 136, 137, 138, 139, 140, 141, 142, 145, 146, 147, 148, 149, 151, 152, 155, 156, 158, 159, 160, 161, 162, 166, 168, 169, 171, 172, 173, 174, 176, 177, 178, 179, 180, 182, 185, 186, 187, 188, 189, 194

F

Formação continuada 21, 90, 116, 131, 140, 152, 154, 155, 158, 175, 177, 193

Formação de professores 13, 16, 17, 19, 35, 47, 48, 90, 119, 122, 153, 164, 175

I

Inclusão 3, 4, 11, 13, 15, 16, 17, 18, 19, 20, 21, 23, 24, 25, 26, 29, 30, 31, 33, 35, 36, 37, 38, 39, 40, 41, 42, 43, 44, 46, 47, 48, 49, 50, 51, 52, 56, 61, 62, 64, 65, 66, 68, 71, 76, 77, 83, 84, 85, 86, 90, 91, 95, 103, 106, 107, 108,

109, 110, 111, 112, 113, 114, 115, 116, 117, 118, 119, 120, 121, 122, 123, 128, 129, 130, 136, 140, 141, 148, 149, 150, 151, 152, 155, 156, 163, 164, 167, 168, 169, 170, 174, 175, 177, 180, 181, 182, 185, 186, 187, 188, 189, 191, 193, 195, 196, 197

Inclusão escolar 11, 13, 16, 17, 18, 19, 23, 25, 29, 30, 33, 35, 36, 37, 39, 44, 48, 51, 68, 85, 106, 107, 108, 110, 111, 112, 115, 118, 122, 136, 151, 152, 164, 170, 182, 186, 187, 195, 197

Intérpretes 8, 26, 30, 31, 33, 35, 37, 47, 84, 107, 111, 112, 116, 118, 119, 120, 127, 129, 130, 131, 139, 140, 145, 148, 149, 154, 156, 161, 174, 177, 179, 185, 187

J

Jovens 3, 4, 7, 11, 13, 15, 16, 17, 18, 19, 20, 22, 23, 24, 25, 26, 29, 30, 31, 32, 34, 35, 36, 37, 39, 42, 45, 47, 51, 52, 53, 54, 55, 56, 57, 58, 59, 61, 62, 63, 64, 65, 66, 67, 68, 69, 78, 79, 80, 81, 87, 88, 89, 90, 91, 92, 95, 101, 102, 113, 114, 115, 119, 120, 122, 126, 129, 130, 132, 141, 154, 158, 165, 167, 185, 186, 187, 188, 189, 191, 193, 194, 195, 196

L

Libras 15, 33, 35, 47, 62, 84, 85, 110, 117, 118, 121, 128, 143, 144, 153, 156, 157, 158, 162, 170, 171, 172, 175, 176, 191

Língua de sinais 15, 35, 40, 47, 121, 126, 156, 170, 172, 183

N

Necessidades educacionais especiais 8, 15, 17, 18, 19, 21, 22, 23, 29, 30, 31, 33, 34, 35, 36, 37, 40, 41, 44, 45, 46, 47, 48, 51, 62, 75, 84, 86, 90, 92, 95, 101, 102, 103, 109, 110, 111, 113, 115, 117, 120, 121, 122, 129, 133, 140, 141, 142, 145, 152, 155, 156, 158, 160, 161, 163, 164, 166, 168, 171, 173, 174, 175, 177, 185, 186, 187, 188, 189, 197

P

Pará 8, 13, 15, 16, 17, 23, 24, 25, 29, 51, 58, 71, 72, 74, 80, 82, 86, 91, 95, 96, 154, 165, 174, 175, 185, 191, 195, 196, 197

Pessoas com deficiência 16, 29, 39, 41, 42, 49, 55, 62, 66, 76, 77, 92, 168, 173, 178, 192, 195

Plano Nacional de Educação 55, 56, 68, 191, 192, 194, 196

Práticas educativas 18, 19, 20, 25, 30, 38, 54, 117, 121, 122, 123, 127, 135, 137, 138, 143, 187, 188, 191

Processo de ensino e aprendizagem 26, 84, 85, 92, 135, 138, 173, 174

Professores 7, 8, 13, 16, 17, 18, 19, 21, 24, 26, 30, 31, 32, 35, 37, 46, 47, 48, 61, 81, 82, 83, 84, 85, 87, 90, 97, 104, 106, 107, 108, 109, 110, 111, 112, 113, 115, 116, 117, 118, 119, 121, 122, 123, 124, 125, 126, 127, 129, 130, 131, 132, 134, 135, 136, 137, 138, 139, 140, 141, 142, 143, 145, 146, 147, 148, 149, 150, 151, 152, 153, 154, 155, 156, 157, 158, 160, 161, 162, 164, 167, 168, 170, 173, 175, 176, 177, 178, 182, 185, 186, 187, 188, 193, 197

Projeto Político Pedagógico 18, 19, 26, 35, 37, 103, 104, 105, 110, 142, 146, 187, 188

S

Sala de recurso multifuncional 18, 19, 30, 35, 84, 100, 177, 185, 187, 188

SOBRE O LIVRO
Tiragem: 1000
Formato: 16 x 23 cm
Mancha: 12,3 X 19,3 cm
Tipologia: Times New Roman 11,5/12/16/18
Arial 7,5/8/9
Papel: Pólen 80 g (miolo)
Royal Supremo 250 g (capa)